0·1·2세 아이와 상호작용 놀이

내 아이랑 뭐하고 놀지?

임미정 저

한 뼘만큼 놀아 주면
한 폭만큼 행복해요

어린이집 표준보육과정에 기초한 기본생활, 신체운동, 의사소통,
사회관계, 예술경험, 자연탐구 육아 놀이 126

#상호작용 #영아 놀이 #아빠육아 #어린이집 #보육교사 #표준보육과정 #가정연계

학지사

프롤로그

0세 · 만 1세 · 만 2세아, 영아-부모 간 상호작용의 힘은 세다.

아이가 태어나서 발달이 급속하게 이루어지는 중요한 시기는 언제일까? 바로 영아기이다. 영아가 행복한 아이로 자라는 건 영아-부모 간의 상호작용과 제2 양육자를 비롯한 주변 환경과 끊임없는 상호작용으로 이루어진다. 이러한 상호작용이 어떻게 이루어지느냐에 따라 아이의 삶의 질이 높아지기도 하고, 낮아지기도 한다.

특히, 영아-부모 간 양질의 상호작용은 영아의 발달에 미치는 영향이 크다. 즉, 영아에게 자주 말을 걸어 주고, 옹알이나 영아가 하는 말과 행동에 관심을 두는 부모의 반응이다. 이러한 상호작용은 영아의 언어 발달에 도움이 된다. 언어능력은 인지 · 정서 · 사회성 발달 등 영아의 전인적 발달에 영향을 미치게 된다.

제2 양육자인 영아-교사 간의 상호작용은 어린이집 평가인증에서도 중요하게 다뤄지고 있다. 이러함에도 불구하고 제1 양육자인 영아-부모 간의 상호작용이나 영아 주변의 사람들에 의한 상호작용은 간과되고 있는 게 현실이다.

다년간 어린이집을 운영하며 영아 보육을 했다. 영아-부모 간의 상호작용에 대해 관심이 많았다. 영아 놀이에 대해서 보고, 듣고, 느낄 수 있었다. 부모의 스마트폰을 들고 와 어린이집 현관에서 더 보겠다고 떼를 쓰는 모습을 보았다. 식당 등에서 동영상을 보며 노는 아이들이 늘었다. 영아 놀이가 스마트폰, 동영상, TV 등으로 바뀌고 있는 게 현실이다.

대부분 부모는 놀이를 위해 문화센터나 키즈카페 등 일정한 장소에 가야 가능하다고 여긴다. "비싼 장난감이 넘치도록 많은데 아이가 금방 싫증을 느끼고 잘 놀지 않는다."는 얘기도 종종 듣는다.

'부모들의 놀이에 대한 인식과 참여 정도'는 어떨까? 학부모 의견수렴을 했다. 이를 주제로 한 연구 논문도 살펴보았다. 부모들의 놀이에 대한 인식과 참여 정도'를 알 수 있었다. 이를 토대로 '영아-부모 간의 상호작용과 놀이 방법 지원'이 필요하다는 것도 알게 되었다.

영아 놀이는 부모의 인식 변화와 아빠의 적극적인 참여로 확장될 수 있다. 비싼 장난감이 아니더라도 탐색 과정을 즐기며, 다양한 놀이를 경험할 수 있다. 생활 주변에서 접할 수 있는 분유 통, 기저귀, 양말, 상자, 신문지 등을 이용할 수 있다. 놀이는 특정한 장소가 아닌 가정의 실내외 공간에서 할 수 있다.

부모는 영아의 먹기, 입기, 자기, 배변하기 등의 일상에 대한 관심과 행동을 언어로 표현해 주어야 한다. 이러한 것들이 놀이로 연결될 수 있도록 해야 한다. 이 외에 아이의 몸과 부모의 몸을 이용한 놀이가 있다. 생활 주변의 컵, 냄비, 바구니, 주걱 등 사소한 물건을 이용한 놀이가 있다. 그리고 자연을 통해 오감을 느끼며 탐색하는 과정은 아이와 부모를 성장하게 한다.

'어떻게 하면 부모와 제2 양육자가 상호작용을 잘할 수 있을까?', 아빠는 엄마의 조력자가 아닌 공동양육의 책임자로서 '놀이를 쉽게 할 수 있을까?'를 염두에 두고 각 장의 내용을 채워 나갔다.

이 책에는 지우와 여러 명의 아이 이름이 등장한다. 지우는 우리 어린이집에 다녔던 영아 중 가장 어릴 때 온 아이다. 제1부 상호작용 예시에 ○○라는 이름 대신 부모님 동의를 얻어 지우 이름을 사용했다. 제2부 놀이 활동사진의 경우는 영아 이름 그대로 썼다.

이 책의 제1부는 상호작용의 이해와 환경 만들기를 뼈대로 구성하였다. '제1장. 아이를 성장하게 하는 상호작용의 힘!' '제2장. 영아의 상호작용 환경 만들기' '제3장. 생활 밀착형 기본생활을 돕는 상호작용' '제4장. 영아의 감각 발달을 돕는 상호작용'에 대해 다뤘다.

제2부는 0세, 만 1세, 만 2세 영아 놀이 126, 부모의 상호작용 실제 편이다.

보건복지부(2013)에서 제시한 어린이집 표준보육과정 0세, 만 1세, 만 2세 프로그램의 기본생활, 신체운동, 의사소통, 사회관계, 예술경험, 자연탐구 6개 영역을 토대로 하였다. 아이들이 어린이집에서 경험한 내용 중심으로 연령별 영아 놀이 126가지와 상호작용에 관해서도 소개하였다.

이 책은 0세, 만 1세, 만 2세 영아를 둔 부모에게 아이 연령에 따른 놀이와 영아–부모 간의 상호작용을 하는 데 도움을 주고자 하였다. 특히, 육아 경험이 없는 첫아이 부모와 아빠의 육아 참여에 용기를 주고, 아빠들이 쉽게 할 수 있도록 제시하였다. 그리고 어린이집 운영자와 보육교사, 조부모, 아이 돌보미 등 제2 양육자에게 도움을 주고자 하였다. 또한, 보육 관련 학과의 예비교사에게 연령별 영아 놀이와 상호작용 방법을 제공하고자 하였다.

이 책을 쓰기까지 많은 분의 도움이 있었다. 먼저 놀이에 즐겁게 참여한 우리 어린이집 영아들과 다양한 놀이 환경을 만들어 준 선생님들께 고마운 마음을 보낸다. 그리고 아이들이 활동한 내용과 소중한 사진들을 사용하도록 동의해 주신 슬기 어린이집 학부모님께 진심으로 감사드린다.

그리고 '어린이집 표준보육과정을 토대로 한 놀이를 가정과 어떻게 연계할까?' 많은 고민의 시간이 있었다. '상호작용'으로 풀어 쓴 내용이 "창의적이고 신선하다."며, 바쁜 가운데서도 흔쾌히 감수해 주신 창원대학교 유아교육과 정영애 교수님과 동남보건대학교 보육과 김혜금 교수님의 고견에 감사드린다. 또한 "구슬이 삼십 말이니 이제 꿰면 되겠다."며 용기를 주신 '꿈꾸는 만년필' 양정훈 코치님께 감사드리며, 부족한 원고를 독자의 입장에서 꼼꼼히 피드백해 주신 7기 문우님들과 학지사 김준범 차장님께도 감사함을 전한다.

끝으로, 이십여 년의 다양한 보육 경험이 이 책을 쓰는 데 많은 기초가 되었다. 어린이집, 가정과의 연계가 필요한 시점이다. 조금이나마 영아와의 놀이, 양육자의 상호작용에 도움이 되었으면 좋겠다. 그리고 이 책을 통해 아이와 부모, 교사가 '한 폭의 행복'을 경험하기를 바라며 이 글을 마친다.

2018년 임미정

차 례

제2부 0세, 만 1세, 만 2세 영아 놀이 126, 부모의 상호작용

제1부
상호작용의 이해

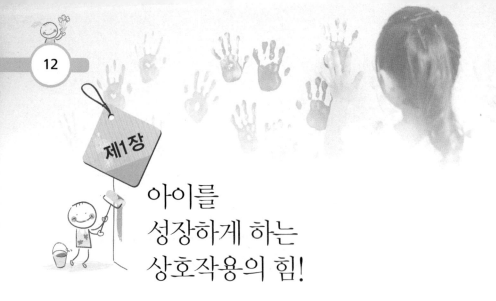

제1장

아이를
성장하게 하는
상호작용의 힘!

1. 영아와 부모 간 상호작용의 기본 원리

달팽이를 분양받았다. 어린이집 영아들이 달팽이 속으로 풍덩 빠진 지 몇 달이 지났다. 달팽이가 하얗고 동글동글한 알을 낳았다. 한참 후 네모난 투명 용기에 흙을 담고, 달팽이를 나눠서 담았다. 어린이집과 가정과의 의사소통수단인 가정통신문과 키즈노트에 공지를 했다. 달팽이를 분양하던 날도 귀가할 때까지 달팽이 이야기는 계속되었다.

'띵똥' 하고 벨이 울리자 여러 명의 영아가 "네~." 하고 대답을 했다.

직장 일을 마치고 퇴근하신 준이 엄마가 현관문을 열고 안으로 들어오셨다. 엄마를 보자 만 2세반 준이가 달려가 엄마에게 안겼다.

"우리 준이 오늘 잘 놀았어요?"

"네~엄마. 친구들이랑 달팽이 봤어요. 엄마, 달팽이 우리 집으로 가지고 갈래요."

"우리 준이 달팽이를 집으로 가져가고 싶구나?"

"네, 달팽이에게 상추를 주어야 해요."

"준아, 그러면 엄마랑 함께 달팽이 잘 키워 보자."

"네!"

하며 준이가 활짝 웃었다.

상호작용은 두 개 이상의 개체(예: 사람과 사람, 사람과 사물, 사람과 현상, 사물과 사물, 사물과 현상, 현상과 현상)가 서로 영향을 미치며, 관계를 맺는 과정을 말한다. 여기서 개체는 앞에서 이야기한 달팽이도 될 수 있고, 동물과 식물도 될 수 있다. 아이들이 좋아하는 인형, 자동차, 가방, 모자, 컵, 색종이 등도 이에 해당한다. 사람과 사람과의 상호작용, 즉 영아와 엄마(아빠)와의 상호작용은 영아와 엄마(아빠)가 서로 영향을 미치며, 관계를 맺는 과정이다.

영아와 엄마(아빠)와의 상호작용

영아: 현이가 운다.① 엄마(아빠)는 하던 일을 멈추고 현에게로 가서 "현이 배고프니? 엄마가 어서 우리 현이 맘마 준비할게, 조금만 기다려줘."라고 한다.

엄마(아빠): 준비한 분유를 현이에게 준다.② 이때 현이는 엄마(아빠)를 바라보고, 엄마(아빠)는 현이를 보며 미소를 짓는다. "우리 현이 배가 많이 고팠나 보구나. 분유 먹자."

영아: 현이가 울음을 그친다.③ 현이는 분유를 주자 기분이 좋아 벙글벙글 웃는다.

엄마(아빠): 현이를 보고 흐뭇해한다.④ "우리 현이 잘 먹으니까 엄마(아빠)가 기분이 너무 좋구나."라고 말하며, 현을 보고 흐뭇한 표정으로 반응한다.

※ 출처: 박찬옥, 구수연, 이옥임(2016). 영아-교사 상호작용의 실제. p. 12.

현이와 엄마(아빠)와의 상호작용을 살펴보면 관계 속에 힘이 되고 있음을 느낀다. 현이의 일반적 요구에 대한 엄마(아빠)의 수동적 반응이라기보다는 현이와 엄마(아빠)의 상호 반응적 관계를 맺으며 서로 힘을 주고 있다. 즉, 엄마(아빠)는 돌보는 활동을 통해 현이에게 힘을 주고, 현이는 벙글거리며 웃는 얼굴로 엄마(아빠)에게 힘을 되돌려 준다.

이처럼 다양한 상호작용 중에서 가장 중요한 것은 사람과 사람과의 상호작용일 것이다. 이 중 영아와 부모와의 상호작용은 '영아기가 인생의 큰 틀을 마련하는 기초가 되는 시기'라는 점에서 매우 중요하다.

영아와 부모와의 상호작용이 어떻게 이루어지느냐에 따라 영아의 삶이 달라질 수 있다. 미래의 삶이 긍정적인 삶이 되기도 하고, 부정적인 삶이 되기도 한다. 이런 점을 고려할 때 부모의 긍정적 상호작용은 영아의 인프라 구축을 위해 중요한 부분이기도 하다.

다년간 영아 보육을 해서인지 영아와 부모 간 상호작용에 관심이 많다. 어린이집 영아 부모와 필자의 친인척 중 영아기 자녀를 둔 부모의 상호작용에도 자연스럽게 관심이 가져졌다. 명절이나 평상시 만남에서도 상호작용하는 모습을 유심히 바라보게 된다. 딸 둘을 키우고 있는 언니네 둘째 조카는 첫아이 때부터 아이와 잘 놀아 주었다. 맞벌이를 하고 있는 조카는 아빠육아를 실천하며, 아이와 상호작용도 잘했다. 상호작용이 아주 자연스럽게 이루어져 때로는 감탄을 했다. 아빠의 지원이 있었던 아이는 언어도 빠르고 창의성 있는 아이로 커 갔다.

이와 다르게 '영아와의 상호작용이 어렵다.'라는 다른 조카의 의견도 듣게 된다. 이들은 친인척이기 전에 영유아기 자녀를 둔 아빠들이다. 어린이집 학부모가 아닌 부모의 육아 경험을 가까이에서 들을 수 있는 좋은 기회다.

영아의 연령이나 일상생활 속에서 경험하는 여러 상황에 따른 상호작용은 육아 경험이 적은 부모에게 도움이 될 것이다. 이에 앞서 영아와 부모와의 상호작용에서 기본이 되는 '상호작용의 기본원리'를 살펴보자.

상호작용의 기본원리

첫째, 부모는 영아의 울기, 짜증 내기 등의 신호를 바로 알아차리고, 요구에 신속하게 반응해 준다. 예를 들어, 영아가 운다면 배가 고파서 우는지, 잠이 와서 우는지 등을 살펴서 우유를 주거나 기저귀를 빨리 갈아 준다.

둘째, 부모는 일상생활 속에서 영아와 얼굴을 마주 보고 미소 짓고, 따뜻한 말을 건네며, 영아와 친밀한 관계를 형성해 나갈 수 있도록 한다. 부모가 영아의 수유, 기저귀 갈기, 잠재우기 등의 일상생활을 할 때 영아의 얼굴을 보며 웃으며 따뜻한 이야기를 해 준다.

"지우가 배가 고팠나 보구나. 우유 줄까? 지우가 쏙쏙 잘 먹네."

셋째, 부모는 영아의 반응에 관심을 보이며 안전띠 채워 보기, 문 여닫기 등 스스로 탐색할 기회를 제공하고 격려한다.

"지우가 안전띠를 만지고 있구나. 이것은 안전띠란다. 안전띠 채워 볼까?"

넷째, 부모는 영아의 놀이에 관심을 보이고 영아의 관심과 욕구를 존중해 주고 영아의 발달을 도와준다.

"지우가 인형을 안아 주고 있구나. 어부바도 해 볼까?"

다섯째, 부모는 영아의 행동이나 인형 놀이, 그림책 보기 활동, 월령에 따른 배밀이, 네발로 기기, 앉기, 서기 등의 새로운 시도에 대해 격려하고 언어적으로 표현하며 확장해 주도록 한다. 언어적으로 표현할 때는 먼저 영아의 주변 상황 관찰하기, 한 가지 주제에 대해 얘기하기, 명확한 단어와 문장 사용하기,

영아의 부정확한 말은 반복해서 명료하게 얘기해 주기, 긍정적 언어 사용하기, 영아 눈높이에 맞는 자세로 얘기하기 등에 유의한다.

"지우가 그림책을 보고 있구나. 이것은 뭘까? 토끼가 깡충깡충 뛰고 있네."

꼭 기억해 두기!

삶의 출발 단계에 있는 영아기는 여러 가지 환경을 접하게 된다. 영아와 부모와의 바람직한 상호작용은 영아가 자아 존중감을 가지고 자신을 잘 표현하며, 더불어 살아가기 위한 기초를 형성하게 한다. 이는 영아가 세상을 살아갈 든든한 힘이 된다. 이러한 힘을 키우는 일은 부모가 해야 할 몫인 것이다.

우는 아기에게 분유를 먹이며 상호작용하는 모습

2. 영아의 기질에 따른 상호작용

영아의 기질은 영아마다 가지고 있는 개인의 특성, 즉 개인차를 나타내는 것을 말한다. 영아는 성향에 따라 순한 기질, 까다로운 기질, 반응이 느린 기질이 있다. 기질은 기쁨이나 슬픔, 화 등 정서적 자극에 대한 민감성과 반응 시간, 반응의 강도 등이 포함된다. 영아가 선천적으로 타고나는 기질도 부모(제2양육자 포함)의 양육 방식과 말에 의해 영향을 받게 된다.

어린이집에서 영아들과 지내다 보면 다양한 사례를 경험하게 된다. 친구가 놀잇감을 요구하면 그냥 주기도 하고, 그냥 가져가도 아주 조용하게 지내는 아이가 있다. 이와는 다르게 놀이터에 갔다가 돌아올 시간이 되었는데 혼자서 더 놀겠다고 떼를 써 교사를 힘들게 하는 영아도 있다. 영아는 자신의 욕구가 채워지지 않으면 막무가내로 떼를 쓰고 운다. 가지고 있던 놀잇감을 던지거나 옆에 있는 친구를 물기도 해 통제를 받기도 한다. 때로는 영아의 행동이 너무 느려 도와주면 도와주었다고 울기도 하는데, 효과적인 상호작용을 하기 위해서는 영아의 기질을 우선 파악하는 것이 중요하다.

기질과 함께 영아의 정서를 이해하는 것이 필요하다. 애니메이션 영화 〈인사이드 아웃〉을 보면 기쁨이, 슬픔이, 버럭이, 까칠이, 소심이의 다섯 감정이 나온다. 이 영화는 정서에 대한 '심리학적인 내용을 쉽게 풀이했다.'는 평가를 받고 있는데 실제 영아의 연령별 정서는 어떨까.

출생~6개월에 막 태어난 아이가 갖는 정서는 기쁨도 슬픔도 아닌 '흥분'이라는 한 가지 상태라고 한다. '울음'을 보이지만 감정이라기보다는 불편함에 대한 표현이라고 할 수 있다. 생후 2개월경이 되면 미소와 웃음으로 표현하는 유쾌와 울음으로 표현하는 불쾌의 두 가지 감정이 생긴다.

6~12개월은 부모나 제2 양육자의 웃는 얼굴과 찡그린 얼굴을 구분하고, 정서를 이해하며 이에 영향을 받는다. 영아는 '관계'를 인식하는 새로운 능력이 생기며, 엄마와 떨어질 때 분노를 표현하는데 이는 불쾌의 정서가 분노나

슬픔, 놀람, 혐오, 두려움 등으로 세분화되었기 때문이다.

만 1~2세는 정서에 대한 반응성이 급속하게 증가하는 시기로 기쁨이나 슬픔 등의 감정표현이 명확해진다. 본인의 요구가 받아들여지지 않으면 화를 내고 떼를 쓰거나 울음을 터트린다. 18개월경부터는 질투 정서가 발달하고, 22개월 정도가 되면 사람들에게 일반적으로 나타나는 기쁨, 슬픔, 행복 등의 정서가 골고루 발달한다.

만 2세가 되면 부끄러움이나 자부심, 부러움 등의 정서와 동생이 울거나 아파하면 눈물을 닦아 주는 등의 감정 이입이 가능해진다. 옷을 입거나 신발을 신는 등 스스로 하고자 하는 욕구가 강해진다. 영아는 어떤 일을 스스로 해내지 못했을 때 부끄러움을 느끼며, 성공했을 때는 자부심을 느끼게 된다.

이제 토마스(Thomas)와 체스(Chess)가 분류한 순한 아이, 까다로운 아이, 반응이 느린 아이에 대해 살펴보자. 그들이 나눈 세 범주 어느 모형에도 속하지 않는 아이는 35%이다. 다음은 대표적인 영아 기질 모형에 따른 상호작용 방법이다.

영아 기질 모형에 따른 상호작용

• 순한 아이(easy child)

수유, 배변, 잠자기 등 일상생활 습관이 규칙적인 순한 기질의 영아는 연구 대상 중 40%가 이에 해당되었다. 순한 아이는 새로운 환경에 적응을 잘한다. 아이가 순해서 자칫 관심에 소홀해질 수 있다. 순하다고 부모의 말에 따르도록 강요하게 되면 아이의 자율성을 떨어뜨리게 된다. 그러므로 스스로 할 수 있도록 배려하는 것이 필요하다. 아이가 혼자서 조용하게 블록 놀이를 하고 있다면 "우리 지우, 블록 놀이가 재미있나 보구나." 하며 관심을 보인다. 격려와 칭찬의 메시지를 전달하는 것도 좋은 방법이다.

• 까다로운 아이(difficult child)

  까다로운 영아는 주의가 산만하다. 연구 대상 영아의 약 10%가 이 유형에 속했다. 영아는 자신의 유쾌, 불쾌의 정서를 강한 방법으로 남에게 알린다. 또래와 잘 놀다가도 갑자기 방해한다. 순한 아이에 비해 통제를 많이 받게 되는데, 초등학생 시기인 학령기에 문제 행동이 나타날 수 있다. 부모는 영아가 에너지를 발산할 기회 제공과 조용한 놀이를 할 수 있도록 배려해야 한다. 상호작용을 할 때는 영아가 흥미 있어 하는 것으로 관심을 돌리는 관심전환기법을 사용한다. 낮잠이나 배변 활동에 불규칙한 경향을 보이므로 융통성 있게 배려를 한다. 까다로운 영아는 서두르는 것을 싫어한다. 그러므로 다음 활동을 미리 알려 주고, 다음 단계별 상호작용 사례를 참고하면 더욱 효과적일 것이다.

-1단계: 영아가 바라는 내용이 무엇인지 살펴보고 인정한다.
  "지우가 미끄럼틀을 더 타고 싶구나."

-2단계: 현재 상황을 인식시킨다.
  "지금은 집에 들어갈 시간이라 더 타고 놀 수가 없단다."

-3단계: 가능한 한 구체적인 대안을 제시한다.
  "지우야, 친구들도 이제 다 가는데 몇 번이면 되겠니? 한 번? 두 번? 세 번?

-4단계: 마지막으로 영아가 선택할 수 있도록 제시하며 도움을 준다.
  "엄마(아빠)는 조금 더 기다려 주기가 힘든데 어떡하지?"
  "지우 혼자서 놀다가 올 거야? 지우가 혼자 있으면 낯선 사람이 데려갈까 봐 걱정이 되는데?"
  "아니면 엄마(아빠)랑 한 번만 더 타고 갈까?"

• 반응이 느린 아이(slow to warm up child)

반응이 느린 영아들은 새로운 것과 환경 변화에서 서서히 나타난다. 연구 대상 영아의 약 15%가 이 유형에 속했다. 일상생활 습관은 까다로운 영아보다는 규칙적이며, 환경 변화에 대해 처음에는 부정적인 반응을 보인다. 부모가 조급증을 내며 더 빨리할 것을 요구하면 영아는 더욱 위축된다. 또한 자아존중감이 낮아지며, 부정적인 방향으로 발달하기 쉽다. 따라서 부모는 반응이 느린 영아를 보살필 때 영아의 입장에서 인내심을 가지고, 느긋하게 기다려 주는 것이 바람직하다.

아이가 혼자서 신발을 신으려고 한다면,

"우리 지우가 스스로 신발을 신고 싶어 하는구나."

하며 관심을 보이고,

"우리 지우 찍찍이 잘 떼네."
"발을 쏙 넣어 보자."

라고 하며 아이가 혼자서 신도록 기다려 준다. 신발을 신을 때 진행 과정을 말로 표현해 주고 잘 되지 않을 경우,

"엄마(아빠)가 도와줄까?"

라고 물어본 후 도움을 준다. 한쪽 신발은 아이가, 다른 한쪽 신발은 부모가 신겨 주며 격려와 칭찬의 메시지를 전달하는 것도 좋은 방법이다.

꼭 기억해 두기!

영아의 기질은 영아 개인마다 차이가 있다. 부모와 제2 양육자는 영아의 기질과 정서를 이해하고, 이를 고려한 바람직한 상호작용이 필요하다. 이는 영아의 긍정적 발달에 도움이 되기 때문이다.

영아가 신발을 혼자 신을 수 있도록 기다려 주는 모습

혼자 신발을 신은 영아를 격려해 주는 모습

3. 아이와 가까워지는 연령별 상호작용

큰아이가 돌 선후로 해서 유독 엄마인 나를 떨어지지 않으려고 해 무척 애를 먹었다. 아빠와 같이 있을 때도 아빠한테는 잘 가지 않았다. 할머니와 할아버지께서 오라고 해도 가지 않아 내가 해야 할 일들을 다른 가족이 대신할 때도 있었다. 잠시라도 떼어 놓으면 아이는 엄마와 떨어진 그 사이를 참지 못했다. 악을 쓰고 울었다. 먹은 우유를 왈칵 쏟아 내기도 했다. 이처럼 첫아이를 키울 때는 육아에 미숙하고 어찌해야 할 바를 몰라 곤혹스러울 때가 있었다. 아이와의 상호작용 기술을 좀 더 알고 있었더라면 아이의 정서적 안정과 육아에 도움이 되었을 것이란 생각이 든다.

이처럼 허둥대며 첫아이를 키우고 이후 둘째와 셋째를 낳아 길렀다. 어린이집에서 많은 영아도 만났다. 이와 함께 영아 보육에 대해 공부를 하면서 많은 것을 알게 되었다. 우리 아이가 그랬던 것처럼 영아는 친숙한 양육자와 애착을 형성한다. 신뢰하고 의지하게 된다. 영아와 부모와의 상호작용은 이를 촉진시킨다.

아이와 가까워지는 연령별 상호작용을 살펴보자.

0세, 만 1세, 만 2세 영아는 발달상 차이가 있어 '연령에 따른 상호작용'을 참고한다면 아이와 아빠(제2 양육자 포함)와의 관계는 좀 더 친숙해질 것이다.

연령에 따른 상호작용

· 0세 영아를 위한 엄마(아빠)의 익숙한 목소리와 일관된 반응은 영아와 엄마(아빠)와의 안정된 애착을 형성하게 한다.

0세 영아와 엄마(아빠)와의 상호작용의 예, '엄마(아빠)의 목소리 듣기'에서처럼 리듬 있는 엄마(아빠)의 목소리가 필요하다.

"지우야, 엄마(아빠)의 목소리는 어디서 나올까? 엄마(아빠)의 입에서 소리가
나요. 아~, 에~, 이~, 오~, 우~."
"엄마(아빠)의 노랫소리 들어 볼래요? ♪엄마(아빠)는 지우를 사랑해! 사랑해!
엄마(아빠)는 지우를 사랑해!"

등의 말을 반복적으로 해 준다.

　0세 영아는 시각이 30~50cm라는 특징이 있다. 이러한 점을 고려해 엄마
(아빠)는 영아와 얼굴을 가까이 마주 보고 다양한 표정을 지어야 한다. 익숙한
목소리와 일관된 반응을 함으로써 영아는 엄마(아빠)에 대한 형상을 이해하
며, 친근감을 통해 엄마(아빠)와의 안정된 애착을 형성할 수 있게 된다. 영아
는 엄마(아빠)라는 존재에 대해 서서히 인식하기 때문에 서두르지 말고 기다
려 주는 것이 필요하다.

　• 만 1세 영아를 위한 엄마(아빠)의 감각적인 활동과 신체 움직임의 욕구를 돕는 상
　　호작용은 영아에게 다양한 체험의 기회를 만들어 준다.
　만 1세 영아와 엄마(아빠)와의 상호작용의 예, '얼음 조각 탐색하기'를 하면
서 눈앞의 상황 그대로 표현해 주는 것이 필요하다.

"지우야, 엄마(아빠)랑 얼음 조각 놀이해 볼까?"
"그릇 안에 무엇이 있지? 냉장고에 있던 얼음 조각이 있구나."
"얼음을 손으로 한번 만져 볼까? 어떤 느낌이 드니?"
"아 차갑다. 미끌미끌하네."
"이쪽 그릇에 손으로 옮겨 담기를 해 볼까?"
"얼음이 없어졌네. 얼음이 어디로 갔지?"

가정에서 쉽게 접할 수 있는 탐색 자료는 냉장고 속의 얼음 조각, 밀가루와

국수, 미역, 아이들이 마시는 우유나 떠먹는 요구르트 등이 있다. 신문지나 광고지, 깨지지 않는 그릇, 쿠킹 포일이나 지퍼 백, 과자 상자나 사과 상자, 과일과 채소, 쌀을 비롯한 다양한 곡류 등은 영아가 감각을 이용하고 탐색할 수 있는 좋은 탐색 환경이 된다. 일상생활과 밀접한 일관성 있는 탐색 활동 지원과 영아와 엄마(아빠)와의 상호작용은 영아에게 다양한 체험의 기회를 만들어 주며, 아이와 놀이를 하는 동안 아빠는 아이와 가까워지며 친근감이 형성된다.

- 만 2세 영아를 위한 엄마(아빠)의 인지적 이해와 자율적 탐색을 돕는 상호작용은 영아가 자율적으로 활동할 수 있게 한다.

만 2세 영아와 엄마(아빠)와의 상호작용의 예, '그림책 읽기'에서 엄마(아빠)는 영아가 하고 싶은 것을 말로 대신 풀어 주는 상호작용이 필요하다.

> "지우가 그림책을 보고 있구나."
> "어떤 그림책일까?"
> "지우가 책장을 잘 넘기고 있네."
> "이번에는 엄마(아빠)가 책을 읽어 줄까?"
> "어떤 책을 읽어 줄까?"
> "지우가 보고 싶은 책을 꺼내어 와 보자."
> "와, 지우가 재미있는 책을 가지고 왔구나. 책 속에 무슨 내용이 있는지 한 장씩 읽어 볼까?"

만 2세 영아는 만 1세 미만의 영아와 다르게 영아 스스로 탐색할 수 있도록 하는 것이 중요하다. 영아가 엄마(아빠)나 친구, 집에 있는 자동차나 인형, 영아의 옷, 신발, 모자 등의 물품을 탐색하게 한다. 엄마(아빠)의 옷과 다양한 소품, 그림책 등의 놀잇감에 대해서도 천천히 탐색하게 한다.

만 2세 영아는 엄마(아빠)와의 애착 관계를 중요시하기보다는 놀잇감과 또래의 친구 등 다양한 대상에 애착을 형성하게 된다. 엄마(아빠)는 영아가 관계를 맺는 대상이 다양하다는 것을 먼저 수용해 주어야 한다.

꼭 기억해 두기!

영아와 엄마(아빠), 제2 양육자와의 연령에 적합한 상호작용이 이루어져야 한다. 바람직한 상호작용이 이루어지면 엄마(아빠)도 제2 양육자도 아이와 잘 교감할 수 있다. 특히, 엄마보다 거리감이 있는 아빠는 영아와의 사이가 더욱 가까워진다. 이로 인해 엄마 혼자 감당해야 하는 육아의 어려움을 함께 나눌 수 있을 것이다

영아에게 아빠의 목소리를 들려주는 모습

4. "안 돼." 보다는 "해 보렴." 하는 긍정적 상호작용

아이를 키우다 보면 "안 돼." "하지 마."라는 말을 자주 사용하며 아이를 통제하게 된다.

> "지우야, 교구장 위에 올라가면 안 돼."
> "칼이나 가위를 만지면 안 돼."
> "밥만 먹으면 안 돼."
> "장난감 너 혼자만 가지고 놀면 안 돼."
> "친구 때리면 안 돼."

등 "안 돼." 하며 아이를 제재하고, 실랑이를 하다 보면 엄마(아빠)는 아이에게 미안해진다. 아이와의 긍정적인 대화(칭찬과 격려, 이유 설명, 필요할 때 대안 제시)는 부모와 자녀 간의 신뢰감을 높이고, 아이의 자존감을 키우게 한다.

아이들에게 "안 돼."라는 말을 구분해서 사용하기란 쉽지 않다. 아이들은 탐색하는 과정을 통해 세상의 이치를 이해하고 배워 나간다. 그렇기 때문에 무조건 하지 말라고 하는 것은 아이의 성장을 가로막는 것이다.

아이에게 "안 돼."라는 말을 사용하지 않고, 자유를 허용해야 하는 경계는 어디까지일까? 어느 목장이 말을 잘 키워서 그 비결을 물어보니 이런 대답을 했다고 한다.

> "울타리는 높게 쳐 두고 대신 울타리 안에서는 자유롭게 키웠지요. 울타리
> 너머에는 맹수들이 있어서 말들이 나가면 죽으니까요."

아이에게 안전과 생명을 위협하는 '경계'에 대해서는 확실하게 못을 박아

두고, 경계 안에서는 아이 마음대로 하도록 도와주면 "안 돼."라는 부정어 사용은 줄어들게 될 것이다. 아이에게 자유와 허용이 고민이 될 때 '울타리는 높게, 울타리 안에서는 자유롭게?'이다. 이것은 바로 '흔들리는 엄마의 소신에 균형을 잡아 주는 무게 중심이다. 이 말은 『3세 아이에게 꼭 해 줘야 할 49가지』(중앙 Mb 주니어)에 나온다.

  부모는 영아의 발달적 특징이나 가정의 분위기, 부모의 행동 등의 여러 가지 요소에 의해 아이가 영향을 받는다는 것을 알고 긍정적 방법을 사용해야 한다. "안 돼." 등의 부정적 언어 사용보다는 "해 보자." 등의 긍정적 언어를 사용해 영아의 자존감을 향상시키고, 자신감을 가질 수 있도록 하는 변화가 필요하다.

"지우야, 밥만 먹으면 안 돼." → "지우야, 반찬도 먹어 보렴."
"지우야, 만지면 안 돼." → "지우야, 만지면 위험해."
"지우야, 때리면 안 돼." → "지우야, 때리면 친구가 다치게 돼."
"지우야, 때리면 안 돼." → "지우야, 때리면 친구 기분이 나빠져."
"지우야, 하지 마." → "지우야, 이렇게 해 보렴."
"지우야, 하지 마." → "지우야, 던지면 깨져."
"지우야, 떠들지 마." → "지우야, 조용히 하렴."

등으로 바꿔 보자.

  긍정적인 언어를 사용하며 멋진 아이로 키울 수 있다. 육아종합지원센터에서 시행하고 있는 클로버 부모교육은 멋진 아이로 키우기 위한 지원을 한다. 아빠와 엄마가 아이에게 응원을 한다. 아빠와 엄마의 응원은 아이에게 최고의 선물이기 때문일 것이다. '아빠 응원 최고!'에서 멋진 대화는 아이를 사랑하는 긍정의 대화, 아이를 사랑하는 사실적 대화, 아이의 자존감을 키우는 경청의 대화가 소개된다. '엄마 응원이 최고!'에서는 생각을 한 후 답을 하는 열린

질문과 긍정의 언어를 사용하여 묻는 긍정질문을 하게 한다.

어린이집에 설치된 CCTV가 먼저 떠오르는 '대화 CCTV'도 소개된다. CCTV는 영유아와 부모 모두에게 부정적인 영향을 미치는 대화이다. 대화의 종류는 4가지로 C(Command): 명령하기, C(Criticize): 비난하기, T(Tag): 꼬리표 달기, V(Vex): 잔소리하기이다(클로버 부모교육, 2017).

① 명령하기: 부모가 아이에게 강압적으로 요구하고 지시한다.
  "거기는 색연필 말고 크레파스로 그려라. 파란색으로!"

② 비난하기: 부모가 아이의 행동을 비하한다.
  "뭘 그렇게 꾸물대니? 제대로 하는 게 하나도 없어."

③ 꼬리표 달기: 부모가 아이에게 부정적 용어로 낙인찍는다.
  "너는 매일 천천히 먹니? 느림보 거북이처럼. 답답해 죽겠네."

④ 잔소리하기: 부모가 아이에게 명령, 비난, 꼬리표 달기를 반복한다.
  "신발 좀 바로 정리해. 신발 하나 제대로 정리 못 하니? 못난이같이."

아이에게 사용하지 않아야 할 CCTV 대화는 몇 번이나 될까? 멋진 아이로 키우기 위해 메모지에 아이에게 자주 사용하는 CCTV 대화를 적어 보는 것도 좋다. "안 돼." "하지 마." "빨리빨리 해." "동생보다 못해!" 등 버려야 할 대화가 있을 것이다. 다음으로 CCTV 대화를 적은 메모지를 쓰레기통에 확 구겨서 버리자. 이제는 CCTV 대화를 사용하지 않겠다며 멋진 다짐도 해 보자.

부모는 긍정적인 방법으로 아이의 행동 지도가 필요하다.

긍정적인 방법의 행동 지도

첫째, 부모는 영아의 행동 지도에 칭찬과 격려, 이유를 설명해 준다. 그리고 필요할 때 대안을 제시하며 지도해야 한다.

둘째, 부모는 영아와 간단한 규칙을 함께 정한다. 규칙이 필요한 이유에 대해 영아와 함께 이야기하며, 영아의 자율적인 행동을 칭찬한다.

셋째, 부모는 영아가 다른 사람들이 어떻게 느낄지에 대해 생각해 볼 기회를 자주 얻도록 한다. 그리고 왜 그렇게 했는지 이유를 묻는다.

마지막으로, 부모는 긍정적 태도로 영아의 바람직한 행동 모델이 되어야 한다.

영아의 행동과 관련된 그림책 활용도 도움이 된다. "지우야, 밥만 먹으면 안 돼."→"지우야, 반찬도 먹어 보자."의 경우 그림책을 통해 음식에 관심을 끌게 하고 바른 식습관에 대해 알려 준다. 『밥 먹기 싫어』(그린북), 『맛있게 냠냠- 알록달록 아기 그림책 7』(시공주니어), 『냠냠 식사 놀이』(웅진주니어), 『요리는 즐거워요』(효리원)를 읽어 주면 좋다. 『밥 먹기 싫어요』(키득키득), 『난 토마토 절대 안 먹어』(국민서관) 등의 그림책은 편식 등의 나쁜 식습관이 있는 아이에게 도움이 된다.

꼭 기억해 두기!

부모는 "안 돼." 등의 부정적 언어를 자주 사용한다. 영아는 이를 통해 '내가 해서는 안 되는 일이 너무 많구나.'라고 생각하게 된다. 부모는 아이가 이런 생각이 들지 않게 "해 보자."라는 말을 사용해 '나는 잘할 수 있구나.'를 더 많이 생각할 수 있도록 해야 한다. '나는 무엇이든 당당하게 할 수 있다.'는 자존감과 자신감은 부모의 긍정 언어 사용으로 싹을 틔울 수 있다. 이것이야말로 부모가 아이에게 물려줄 수 있는 최고의 선물이 아닐까.

5. '단동십훈(檀童十訓)' 전통육아 몸 놀이의 상호작용

단동십훈(檀童十訓)은 『곤지곤지 잼잼』(푸른숲 주니어)과 『불아불아』(언어세상) 그림책에도 소개되었다. 단군왕검 때부터 전해 내려온 왕족들의 아기 교육법으로 오랜 옛날부터 전해 온 우리 민족의 전통육아법이다. 단동십훈에는 0~3세 영아의 발달 단계에 알맞은 10가지 몸 놀이가 있다. 입에서 입으로 전해온 아름다운 노랫말과 놀이는 지금도 우리의 삶에 그대로 스며들어 있다.

아이를 키우는 가정에서는 아이를 어르는 전통육아법인 몸 놀이 "도리도리도리" "짝짜꿍짝짜꿍" 등을 한 번쯤은 해 봤을 것이다. 전통육아법은 다양한 놀잇감을 매개로 하는 놀이와 차이가 있지만 부모와의 친밀감 형성과 즐거움을 주며 영아의 발달에 도움이 된다.

"성아, 엄마(아빠)랑 불아불아 해 볼까?"

몸을 왼쪽 오른쪽으로 흔들며 "불아불아 불아불아 금을 주고 너를 살까?" "불아불아 불아불아 우리 성이 예쁜 성이." 등 이제 막 첫돌이 된 성이와 몸 놀이를 할 때, 놀잇감을 사용할 때처럼 즐거워하는 모습을 보였다.

아이를 크게 하는 〈단동십훈(檀童十訓)〉을 살펴보자.

단동십훈

제1훈 불아불아(弗亞弗亞)	
	아기의 허리를 양손으로 잡고 세워서 왼쪽 오른쪽으로 흔들며 "불아불아 불아불아 / 금을 주면 너를 살까 / 불아불아 불아불아 / 우리 아기 예쁜 아기."라고 노래♪ 한다. '세상을 비추는 밝은 빛이 돼라.'라는 뜻을 담고 있다.

제2훈 달강달강(시상시상: 恃想恃想)

아기를 세우거나 마주 앉아서 앞뒤로 밀었다 당기면서 "달강달강 달강달강 / 앞으로 나갔다 뒤로 물러났다 / 무엇 무엇이 보이니 / 달강달강."이라고 노래♪한다. '시상시상'이라고도 한다. '자신을 소중히 여기고, 다른 사람을 존중할 줄 아는 아이로 자라라.'라는 뜻을 담고 있다.

제3훈 도리도리(道理道理)

아기의 머리를 왼쪽 오른쪽으로 돌리면서 "도리도리 도리도리 / 왼편을 보아라 오른편을 보아라 / 도리도리 도리도리."라고 노래♪한다. 여기저기 잘 살피고 슬기롭게 살아라.'라는 뜻을 담고 있다.

제4훈 잼잼(지암지암: 持闇持闇)

두 손을 앞으로 내어 손가락을 쥐었다 폈다 하면서 "잼잼잼잼 잼잼잼잼 / 쥐었다 폈다 폈다 쥐었다 / 좋은 생각은 고이고 / 나쁜 생각은 버려라."라고 노래♪한다. '좋은 것과 나쁜 것을 잘 헤아리면서 살아가라.'라는 뜻을 담고 있다.

제5훈 곤지곤지(坤地坤地)

왼손을 쫙 펴서 오른쪽 집게손가락으로 왼쪽 손바닥을 콕콕 찍으면서 "곤지곤지 곤지곤지 / 둥게둥게 얼뚱아기 / 쑥쑥 자라 어서자라 / 신랑각시 되려무나 / 곤지곤지 곤지곤지 / 좋은 엄마 되려무나 / 좋은 아빠 되려무나."라고 노래♪한다. '세상 모든 생명과 조화를 이루면서 살아가라.'라는 뜻을 담고 있다.

제6훈 따로따로(섬마섬마: 西摩西摩)

손바닥 위나 바닥에 아기를 똑바로 세우고 "섬마섬마 섬마섬마 / 방실방실 우리 아기 / 잡지 않고 바로 서네 / 따로따로 따로따로 / 혼자서도 잘도 걷네 / 하늘 떠받칠 기둥 되겠네."라고 노래♪한다. 따로따로라고도 하며 '무엇이든 혼자 할 수 있는 용기와 독립심을 키워라.'라는 뜻을 담고 있다.

제7훈 에비에비(업비업비: 業非業非)

두 팔을 앞으로 뻗어 손바닥을 좌우로 흔들면서 "에비에비 넘어질라 / 에비에비 다칠라 / 에비에비 사이좋게 놀아야지 / 우리아기 착한아기 / 우리아기 튼튼 아기 / 벌써 벌써 다 컸네."라고 말한다. '아이가 좋지 않은 행동을 하거나 위험한 곳에 가지 않도록 한다.'라는 뜻을 담고 있다.

제8훈 아함아함(亞合亞合)

입을 동그랗게 벌리고 손바닥으로 입을 막으면서 "아함아함 나무를 품어라 / 아함아함 하늘을 머금어라 / 세상이 아이 몸에 다 드네 / 우리 아기 온 누리네 / 우리 아기 잘도 하네."라고 소리를 낸다. '아이가 얼마나 소중한 존재'인지 알려 주는 뜻을 담고 있다.

제9훈 짝짜꿍(작작궁작작궁: 作作弓作作弓)

두 손바닥을 마주치며 짝짝 소리를 내면서 "짝짜꿍 짝짜꿍 / 손뼉 치고 춤을 추어라. / 하나를 가르치니 열을 아네 / 열을 가르치니 백을 아네 / 짝짜꿍 짝짜꿍 / 우리 아기 잘도 하네." 라고 노래♪한다. '착한 마음을 갖고 신나고 기쁘게 살아가라.'라는 뜻을 담고 있다.

제10훈 질라아비훨훨(질라아비훨훨의: 地羅亞備活活議)

두 팔을 활짝 벌리고 위아래로 흔들면서 "질라아비 훨훨 질라아비 훨훨 / 가슴을 활짝 펴고 훨훨 / 하늘 끝까지 날아라 / '질라아비 훨훨 질라아비 훨훨"이라고 노래♪한다. '어떤 질병도 오지 말고, 건강하고 활기차게 자라라.'라는 뜻을 담고 있다.

'짝짜꿍' '곤지곤지' '잼잼' 등의 손 놀이는 소근육 발달을 도와 두뇌 발달에 좋은 영향을 준다. 사랑과 축복이 가득 담긴 '불아불아' '달강달강' '도리도리' 등의 놀이는 아이의 몸과 마음을 자라게 해 정서적인 안정감을 주게 된다. 자존감이 큰 아이로 자라게 하는 단동십훈은 아이와 부모 모두에게 도움이 된다. 이처럼 옛 선조들은 놀잇감이 없어도 몸 놀이로 아이를 지혜롭게 길렀다.

전통육아서인 『젊은 부모를 위한 백만 년의 육아 슬기』에는 저자 문재현

씨의 아빠육아 경험이 담겨 있다. 아이를 키우면서 문헌과 마을 어른들로부터 찾아낸 자장가와 아기 어르는 소리로 가득하다. 1개월부터 할 수 있는 아기 어르는 소리는 '쭈까쭈까 쭉쭉'이 있다. 2~4개월에는 '까꿍' '짱짱짱' '어부바', 5~6개월에는 '도리도리' '잼잼' '짝짜꿍' '달강달강' '엄마 손이 약손이다' 등이 있다. 7~9개월에는 '곤지곤지' '질라아비 훨훨' '에비에비' '지지'가 있고, 10~12개월에는 '따로따로' '나 잡아 봐라' '우리 아기 장사' '걸음마' '목말 타기'가 있다. 16개월에는 '말 탄 사람 꺼덕이'가 있고, 만 1세 전후의 똥오줌 가릴 때인 배변훈련 단계에는 '단지 팔기' '꼬부랑 할머니'가 있다. 아이가 똥을 눌 때 「꼬부랑 할머니」 노래를 불러 주면 '아이의 아랫배에 힘이 들어가서 자연스럽게 똥을 누게 된다.'는 내용 등은 부모들의 육아에 도움이 된다.

꼭 기억해 두기!

아이가 올바르고 행복하게 자라길 바라는 마음은 어느 부모나 똑같은 마음이다. 단동십훈(檀童十訓)에는 다른 사람을 존중하는 아이, 배려하는 아이, 지혜로운 아이, 더불어 살아가는 아이, 용기 있는 아이, 자신을 사랑하는 아이, 건강한 아이로 커 가길 바라는 부모의 마음이 담겨 있다. 아기 어르는 소리, 자장가를 함께 불러 주며 아이와 재미있게 놀아 주자. 콩나물시루에 콩나물이 자라듯 아이는 쑥쑥 성장할 것이다.

아기 어르는 소리

놀이	시기	놀이 방법
쭈까쭈까 쭉쭉	1개월	아이가 기지개를 켤 때나 젖을 먹인 뒤, 기저귀를 갈고 나서 해 준다. 발목부터 시작해서 사타구니까지 올라가면서 꾹꾹 눌러 주고 어깨까지 눌러 준다.
둥기둥기 둥기야	1개월	어른이 아기를 안고 좌우로 흔들어 주는 놀이이다. 한 손은 엉덩이를 받치고 다른 한 손은 등을 받쳐서 흔들어 주거나 공중에 살짝 던졌다 받기도 한다. 너무 심하게 흔들면 아이가 불안해하거나 몸이 굳어져 보챌 수 있다.
까꿍	2개월	• 아이 몰래 얼굴을 잠시 숨겼다가 갑자기 나타나면서 아이와 눈을 마주치며 "까꿍." 한다. • 앉아서 할 때는 손뼉 치고 (새눈은) 주먹 쥐고 (깜빡), 손뼉 치고 (올 애기) 주먹을 쥐었다가 (반짝)
짱짱짱	3개월	아이를 눕혀 놓고 아이의 두 다리를 90도로 구부린 후 손바닥으로 발바닥을 눌러 주면서 노래한다. 그러면 아이가 다리에 힘을 준다.
어부바	3, 4개월	아이를 등에 업는다.
달강달강	6개월	앉은 상태에서 허리나 손을 잡고 앞뒤로 흔들어 주는 놀이이다.
엄마 손이 약손이다.	6개월	아이가 아플 때나 심심해할 때 배를 문질러 준다.
물리물리	8개월	두 팔과 손을 부딪치지 않고 원을 그리면서 돌리는 놀이이다. 물리물리는 앞으로 돌리고 범버꿍이는 반대로 돌린다.
야야 잘도 간다	8개월	"야야 잘도 간다 우리 강아지도 잘도 간다." "야야 잘도 간다 두꺼비보다 잘도 간다."는 아이 앞에서 불러 주면서 아이가 더 잘 기도록 부추겨 주는 노래이다.
지지	8, 9개월	아이가 더러운 것을 만지거나 만지려고 할 때 하는 말이다.
따로따로	10개월	한 손으로는 누워 있는 아이의 손을 잡고 다른 손은 손바닥으로 아이의 발을 받치면서 아이를 손바닥 위로 올려 세워 놓는다.
나 잡아 봐라	10개월	• "지우 잡아라."라고 하면서 기는 아이를 쫓아가는 놀이이다. • 스스로 말을 할 수 있게 되면 엄마와 아빠를 쫓는 놀이를 하는데, 이때는 '나 잡아 봐라.' 하면서 도망친다.

우리아기 장사	10개월	다치거나 어디에 부딪쳐서 아파할 때 아이가 잘 견딜 수 있도록 힘을 주는 말이다.
걸음마	12개월	• 부모가 아이 손을 잡고 '걸음마걸음마' 하면서 뒷걸음을 친다. • 엄마가 아이 몇 걸음 앞에 앉아서 "걸음마걸음마." 하고 노래를 부른다. • 아이가 오면 "아이고 우리 애기." 하고 박수를 치면서 안아 준다.
징가징가징가야	12개월	• 어른이 누워서 다리를 모아 90도로 굽힌 후 발등과 정강이에 아이를 앉힌다. • 무릎과 발등에 아이를 태운 후 무릎을 가슴 부근까지 앞뒤로 흔들어 주는 놀이이다.
솔개미 떴다	12개월	어른이 누워서 두 발에 아이를 태운 후 발을 공중에 들고 "솔개미 떴다 삐약이 감춰라." 하면 아이는 "삐약삐약." 한다.
목말 타기	12개월	부모가 아이를 목말 태우면서 새로운 시야를 즐기게 하는 놀이이다.
말탄사람꺼덕	16개월	어른이 엎드려서 아이를 등에 태우고 기어 가면서 노래한다.
꼬부랑 할머니	똥오줌 가릴 때	아이가 똥을 눌 때 「꼬부랑 할머니」 노래를 불러 주면 아이의 아랫배에 힘이 들어가서 자연스럽게 똥을 누게 된다.
단지 팔기	똥오줌 가릴 때	어른들이나 다 자란 형제가 아이를 허리 뒤로 가로 업고 "똥 단지 사려 똥 단지 사려." 하고 불러 준다.

※ 출처: 문재현(2016), 젊은 부모를 위한 백만 년의 육아 슬기(p. 231). 서울: 도서출판 살림터.

6. 영아와 부모를 성장하게 하는 상호작용

내 스마트폰에는 우리 세 사녀의 이름이 저장되어 있다. 이름 앞에 '든든한' '멋진' '사랑스러운'을 붙여 주었다. 그래서 든든한 큰아들, 멋진 둘째 아들, 사랑스러운 막내아들이다. 이름이 다른 만큼 세 자녀 모두 성장하면서 각기 다른 특성을 보였다. 성격이 다르고 말과 걸음마를 시작하는 시기도 달랐다. 아이들이 어릴 때 세 아이 모두 좋아하는 음식도 다르고 식성도 달랐다. 유독 먹는 것 자체를 거부했던 막내아들은 분유도, 이유식도, 밥도 잘 먹지 않아 엄마인 나를 안타깝게 했다.

보통 아이들이 분유를 먹는 데 20분 정도 시간이 걸린다면, 사랑스러운 막내아들은 한 시간 정도는 걸렸던 것 같다. 어른들 말씀이 "배가 고프면 먹는다."고 하셨다. 배가 고플 만한데도 잘 먹지 않았던 아이에게 분유 한 통을 타서 먹이기 위해 온갖 관심을 쏟을 수밖에 없었다. 너무 먹지 않아 '목구멍에 몸에 무슨 이상이라도 있는 것일까?' 염려를 하기도 했다. 안고 분유를 먹이다가 꾸벅꾸벅 졸기를 밥 먹듯 했다. 먹이기 위한 자세를 오랫동안 하고 있어 허리도 아프고, 다리를 잘 펴지 못할 때가 한두 번이 아니어서 여간 힘든 게 아니었다. 두 아이를 키운 경험 없는 엄마였다면, 어린이집 아이들 보육 경험이 없었다면, 특히 인내심이 없었다면 막내아들을 잘 키우지 못했을 것 같다.

어려웠던 육아의 경험은 글을 쓰는 지금도 주마등처럼 스친다. 분유를 먹이기 위해 "엄마가 섬 그늘에♪" 등의 동요와 동시, "나비야 청산 가자♪" 등의 시조를 들려주었다. 아이가 너무 먹지 않아 뭔가를 남다르게 준비해야만 했다. 새로운 물건을 보여 줄 때는 "민아, 이것 봐. 부드럽네." 하며 손에 물건을 쥐여 주었다. 아이는 요리조리 탐색하며 물건에 집중해 그때만큼은 젖병을 잘 빨았다. 색종이, 포일, 부스럭거리는 과자 봉지, 그림이 있는 작은 과자 상자, 병뚜껑과 콩을 넣은 요구르트 병 등은 아이의 놀잇감이 되었다. 아이가 보이지 않게 준비해 놓았다. 하나씩 보여 주고 싫증을 내면 바꿔 주면서 아이와 상호작용을 했다. 그때 엄마의 관심과 상호작용은 아이가 성장하는 데 큰 힘이 되었고, '아이가 크면서 부모도 성장한다'는 것을 경험했던 시간이었다.

이처럼 영아와 엄마(아빠)와의 상호작용은 영아와 엄마(아빠)가 서로 영향을 미치며 관계를 맺는 과정을 말한다. 이 같은 상호작용은 어느 한 시점에서 한 번의 기회로 끝나는 것이 아니다. 첫 번째 상호작용은 그다음의 상호작용이 일어날 수 있게 한다. 이는 또 그다음 상호작용으로 이끌어서 점진적으로 영아와 엄마(아빠)와의 관계가 확장되어 가는 모습을 보게 된다.

영아는 주변의 환경 중 영아와 직접 상호작용을 하는 부모와의 관계를 통해서 자신의 실체를 인식하게 된다. 또한 사물과의 관계와 자기와 사물이 상호작용하는 관계를 통해 인식한다. 예를 들어, 영아는 자기가 울면 달려와 주고 기저귀를 갈아 주며 마주 보고 웃는 엄마(아빠)를 통해 존재감을 느낀다. 또한 손에 든 딸랑이를 흔들고 소리 나는 것을 들으며 자신이 소리를 나게 한 실체임을 인식한다.

영아의 실체감은 신체 움직임으로 나타난다. 이와 함께 영아의 사회 정서적 측면, 언어적 측면, 인지적 측면이 함께 작용한다고 할 수 있다. 영아기 신체 움직임 활동은 자신을 발견하고 세상을 알아 나가는 수단일 뿐 아니라 인지를 비롯한 다른 영역과도 밀접하게 관련되어 영아의 전인적 발달에 기초가 된다(『영아-교사 상호작용의 이론과 실제』, 박찬옥 외).

『내 아이를 위한 아빠의 3분 육아』(오타 토시마사)에서는 공감을 주는 아빠의 말 한마디가 자존감 있는 아이로 성장시킨다고 한다. 겨우 3분밖에 안 되는 짧은 시간일지라도 자녀와의 대화는 아빠의 생각을 전할 수 있는 소중한 기회이며, 아빠의 말 한마디는 아이를 성장시킬 수 있다. 이때 중요한 것은 마음에 울리는 대화인데 특별한 말이 필요한 것은 아니다. 아이가 알 수 있는 쉽고 간단한 말이면 충분하다. 여기에 아이를 사랑하는 아빠의 마음과 좋은 기분을 담는 것이 중요하다고 한다.

아침에 아이가 눈을 떴을 때 품에 꼭 안아 주며,

"오늘도 너를 볼 수 있어 기뻐."

아이가 아빠~ 하고 품에 달려들 때 꼭 안아 주며,

"너는 아빠의 보물이야."

아이의 생일날,

"네 덕분에 아빠가 될 수 있었단다."

등이 그것이다. 짧은 시간이지만 칭찬은 아이의 창의력을 키운다.
  상황에 따라,

"좋은 질문이야."
"좋은 것을 알았네."
"좋은 생각이야."
"알아보고 아빠한테도 가르쳐 줘."

등의 칭찬을 한다.
  가끔 엉뚱한 행동을 하는 경우,

"재밌는 장난이네."
"네가 장난감 정리를 잘하니 아빠는 기분이 좋아. 고마워"

밥을 잘 먹지 않던 아이가 밥이나 반찬을 한 입 먹으면,

"대단해."

라고 칭찬해 주자.

칭찬을 통해 아이는 창의력 있는 아이로 성장한다.

꼭 기억해 두기!

상호작용은 영아의 성장에 있어 중요한 역할을 하게 된다. 부모는 일상적 양육에서 영아와의 상호작용을 통해 영아의 특성을 파악하고, 영아에게 발달적으로 적합한 경험이나 놀이를 제공할 수 있다. 이러한 과정은 영아가 부모나 또래와 긍정적인 관계를 형성하게 한다. 이를 바탕으로 영아는 건강하게 성장하게 되며, 영아가 성장하는 만큼 부모도 성장의 변화를 경험하게 된다.

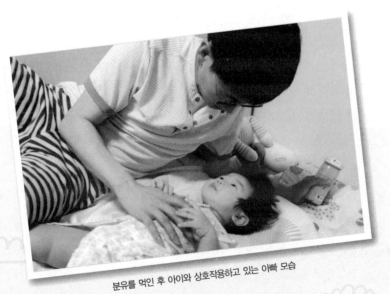

분유를 먹인 후 아이와 상호작용하고 있는 아빠 모습

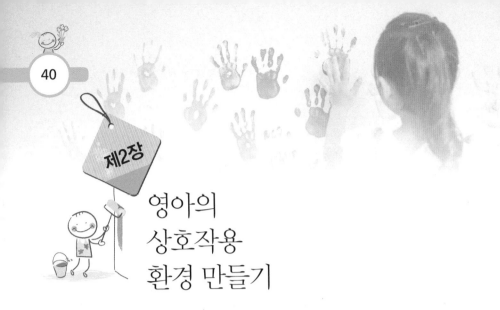

제2장

영아의
상호작용
환경 만들기

1. 놀이는 아이들의 밥이다

어린이집에서는 실내외의 다양한 영역에서 연령과 주제에 맞는 준비를 통해 자유 놀이를 하게 한다. 자유 놀이는 오전과 오후를 나누어서 하루 2시간 30분 이상 하도록 권장하고 있다. 놀이를 할 때 교사 주도가 아닌 영아가 주도적으로 놀이를 하고 있다. 교사는 영아의 놀이를 격려해 준다. 상황에 따라 놀이에 함께 참여하기도 한다.

오전 자유 놀이 시간에 쌓기 영역에서 준이가 블록 놀이를 하고 있었다. 격자 모양 빨간 블록으로 뭔가를 만든 후 빤히 쳐다보고 있었다. 그 모습을 바라보고 있던 내가 하던 일을 멈추고 준이에게 물었다.

"준이 뭐 만들었어요?"
"쓰레기차 만들었어요."

끝에 네모 모양으로 만든 것을 가리키며,

"여기는 쓰레기 싣는 곳이에요."

라고 말한다.

"그래, 준이가 쓰레기차를 만들었구나."

내 말이 끝나자마자 준이는,

"여기다가 쓰레기를 담아요. 공사 쓰레기도 담고, 돌멩이도 담고, 유리 조각
도 담고, 음식 쓰레기도 담고."

하자 내가 준이 말을 그대로 따라 했다.

"그래, 쓰레기차에 많은 것을 실을 수 있구나."

하자 준이는 또 말을 이어 나갔다.

"여기에 먼지도 담고, 미세먼지도 담고."

준이는 무려 7개 정도를 담을 수 있다고 했다. '미세먼지를 비롯해 어른도
바로 이어서 말하기 쉽지 않은데 만 2세 아이가 어쩜 이렇게 표현할 수 있을
까.' 하고 감동했다. 담임선생님과 얘기를 나누다가 웃음이 팡 터졌다. 최근 미
세먼지 농도가 높아 산책하러 나가기 어려울 때가 있어 미세먼지에 대해 얘
기를 자주 해 주곤 했었다. 준이는 미세먼지 때문에 놀이터에 나갈 수 없는 아
쉬운 마음에 미세먼지도 쓰레기차에 실어 보내고 싶었나 보다.

이처럼 아이들이 즐거움을 느끼고, 발달에 있어 중요하게 여기는 놀이란
어떤 것일까? 놀이를 한마디로 정의하면 '놀이는 아이들의 언어다.'라고 할

수 있다(명지대 아동심리과 선우현 교수). 아이들은 놀이를 통해 자신이 경험한 것, 자기 생각과 감정 등을 표현한다. 놀이란 부모가 자식에게 물려주고 싶은 수많은 가치를 놀면서 스스로 터득하는 것이다(〈놀이의 반란〉, EBS 놀이의 반란 제작팀). 놀이와 아이들, 그들은 갈라놓을 수 없는 한 몸이고 동무이다(편해문).

영아는 놀이를 통해 배운다. 보건복지부에서 발행한 부모교육자료 『놀이를 통해 배워요』에는 영유아기 놀이에 대한 내용이 알차게 소개된다. 이를 중심으로 '영아기 놀이의 필요성과 진짜 놀이'에 대해 좀 더 살펴보자.

영아기 놀이는 왜 필요할까?

영아는 놀이를 통해 즐거움을 느끼며 전인적 발달과 학습을 즐기는 성향을 만든다. 놀이는 뇌 발달에 영향을 미치기도 하지만 부족한 경우 아이에게 문제 행동이 나타날 수 있으므로 다양한 놀이 경험이 필요하다.

첫째, 놀이는 영아의 전인적 발달을 돕는다.

움직임의 놀이는 신체 기능을 발달시키고, 사물 놀이는 물리적 세계에 대한 이해와 문제해결력을 증진시킨다. 상상 놀이는 추상적 사고와 언어능력의 발달을, 부모와 또래와의 놀이는 사회관계 증진의 효과가 있다.

둘째, 놀이는 학습을 즐기는 성향을 만들어 준다.

놀이의 가장 큰 특징은 재미이다. 뇌 학자들의 연구에 따르면 인간의 뇌는 어릴 때부터 놀이에 재미를 느끼고, 재미있는 것을 반복하게 되면 그 과정에서 학습이 이루어진다고 한다.

셋째, 놀이는 영유아기의 뇌 발달에서 긍정적인 감정선의 형성을 촉진한다.

학자들의 연구에서 '뇌는 놀이 때문에 발달이 이루어지며, 재미나 즐거움 같은 긍정적인 감정의 발달이 촉진된다.'는 것이다. 최근의 연구들은 놀이가 원초적인 감정들을 담당하는 피질 하부의 변연계에 의해 표출된다고 결론짓고 있다

넷째, 놀이가 부족할 경우 아이에게 문제 행동이 나타날 수 있다.

놀이가 부족한 상황이 지속하게 되면 즐거움과 배움의 기회를 놓쳐 정상적인 발달을 어렵게 한다. 놀이와 뇌 발달을 연구하는 학자들은 어린 시기에 놀이가 부족하게 되면 사회성이 모자라고, 우울한 성향, 충동조절장애, 반사회성 등이 나타나는 중요한 요인으로 보고 있다. 즉, 영아는 놀이를 통해서 자신의 정서를 표출한다. 놀이의 기회가 없으면 영아는 자신의 부정적인 감정을 표출하기 어렵다. 이러한 결과로 또래 관계 형성에 어려움을 겪기도 하며, 문제 행동이 나타날 수 있다.

진짜 놀이와 가짜 놀이는 어떤 것일까?

진짜 놀이는 아이가 자발적으로 하는 놀이로 이를 통해 재미를 느끼며 자발성을 가진다. 엄마(아빠)와 아이가 공감하면서 놀이를 즐길 때 진짜 놀이를 경험한 영아는 자기 자신을 알고 살아갈 수 있다. 또한 스트레스를 해소할 기회를 가지며 용기도 생긴다. 이와 반대로 가짜 놀이는 부모가 놀이를 의도하거나 통제하는 놀이를 말한다. 부모는 놀이를 주입식 교육수단으로 여기고 아이와 함께 있는 것만으로 아이와 놀아 주고 있다고 생각하는데, 이것은 가짜 놀이이다

엄마(아빠)는 진짜 놀이의 중요성을 알고, 아이를 가르치려고 하지 말아야 한다. "아나운서가 돼라."는 말처럼 부모는 너무 개입하지 말고, 놀이 상황이나 감정을 읽어 주며, 아이를 자율적으로 놀게 해야 한다. 아이를 위해 관심 있게 귀를 기울여 주고, 아이가 놀이할 때 계속 재미를 느끼는지 관찰이 필요하다. 필요한 경우에 놀이에 함께 참여해야 한다.

꼭 기억해 두기!

놀이는 영아의 발달 지표가 되며, 대나무 죽순이 쑥쑥 크는 것처럼 영아들은 놀이를 먹고 자란다. 아이가 밥을 잘 먹어야 건강하게 자라듯 놀이 밥도 꼬박꼬박 먹여야 아이가 잘 큰다. 놀이 밥을 충분히 먹고 자란 아이는 세상을 살아갈 든든한 힘을 얻게 된다는 것을 부모는 새겨 둘 필요가 있다.

소품을 이용해 악기 놀이와 모자 쓰는 흉내를 자유롭게 표현하는 영아 모습

소품을 이용해 후루룩 마시는 흉내를 내는 영아 모습

블록으로 뭔가를 만들기 위해 집중하고 있는 영아 모습

블록으로 쓰레기차를 만들어 돌멩이를 싣고, 미세먼지도 싣겠다고 하는 영아 모습

2. 아이와 교감하는 아빠놀이 프로젝트

상호작용의 환경에는 인적 환경과 물적 환경이 있다. 인적 환경은 영아를 돌보는 부모나 교사 등을 말한다. 물적 환경은 실내외의 놀이 환경이다. 즉, 교재나 교구, 놀이터 등 영유아 놀이 활동에 필요한 다양한 환경을 말한다. 상호작용은 두 개체가 서로 영향을 미치는 관계인데, 영아와 부모 간의 다양한 상호작용을 알아보자.

보건복지부가 마련한 어린이집 표준보육과정은 지역이나 기관에 관계없이 양질의 보육서비스를 제공하여 영유아의 전인적 발달을 위한 것이다. 건강한 생활과 안전한 생활을 위한 기본생활 영역, 다양한 운동능력을 기르기 위한 신체운동 영역, 듣고 말하고 읽고 쓰기의 기초능력을 기르기 위한 의사소통 영역, 애착 형성과 더불어 살아가기 위한 기본적인 사회적 관계를 익힐 수 있는 사회관계 영역, 창의성과 감성을 기르게 하는 예술경험 영역, 일상생활과 관련된 경험과 감각을 기초로 다양한 탐색이 이루어지는 자연탐구 영역의 6개 영역으로 구성되어 있다.

우리 어린이집에서는 자녀와 아빠가 함께 참여해 '아빠와 함께하는 놀이 프로젝트'를 6주 동안 가정과 연계해 진행했다. 아빠가 참여하기 어려운 경우에는 엄마가 함께 해 볼 수 있도록 했으며, 놀이는 어린이집 표준보육과정을 기초로 했다.

'아빠놀이 프로젝트'를 진행했던 것은 자녀와 놀아 주는 시간이 부족한 아빠들에게 일부러 시간을 마련해서라도 아이와 교감하는 시간을 갖게 하고, 놀이 방법을 안내해 주기 위해서였다. 가정에서의 놀이가 대체로 엄마 위주로 진행된다는 점을 감안하여 엄마의 육아 부담을 덜어 주고자 하였다. 또 하나 아빠의 놀이 참여를 통해 아빠와의 유대감을 형성하고, 아이가 즐겁고 행복한 시간을 가질 수 있도록 하기 위해서였다.

놀이를 진행하기에 앞서 가정통신문을 이용해 '아빠와의 유대감 및 친밀감 형성을 위해 놀이를 진행한다는 것'과 '아빠 엄마의 적극적인 협조를 부탁한다'는 내용에 대해 안내하였다. 이후 연령별 놀이를 가정에서 쉽게 따라 할 수 있도록 놀이 활동 계획안을 영역별로 작성하여 주 1~2개의 놀이를 아빠(엄마)와 함께 해 보는 시간을 가졌다.

가정과 연계한 놀이 활동을 마치고 7주차에는 어린이집에서 아빠와 자녀가 함께 참여해 놀이를 했는데 만 2세반의 경우 '신호등 김밥 만들기'를 했다.

> "건너가는 길을 건널 땐 빨간불 안 돼요. 노란불 안 돼요. 초록불이 돼야죠.
> 신호등이 없는 길에선 빨간불 안 돼요. 노란불 안 돼요. 손을 들고 가야죠."

라고 신체로 표현하며 노래를 함께 불렀다.

이번에는 작게 자른 네모 모양의 까만 김을 손으로 만지며 느낌을 탐색한 후 김을 바닥에 눕혔다.

> "어떤 재료부터 넣어 볼까?"

아빠의 말이 끝나기도 전에 현이는 주황색 당근을 김 위에 올려놓았다.

> "우리 현이가 또 골라 보자."

현이는 노란색 단무지를 집어 들었다. 마지막으로 초록색 시금치를 아빠와 함께 올려놓았다.

> "이번에는 김을 돌돌 말아 볼까?"
> "야, 다 되었다."

김밥을 도마에 놓고 자르니 동글동글 신호등 김밥이 되었다.

"이제 먹어 볼까?"

"아빠 먼저 드세요."

"이것은 엄마 갖다 드리자."

"아빠, 재미있어요."

아빠와 함께한 하나의 활동으로 사회관계, 자연탐구 등 다양한 영역의 활동을 통합적으로 경험할 수 있었다.

아빠와 놀이를 하는 동안 즐거운 표정으로 쉼 없이 종알대는 아이와 자녀의 물음에 성의껏 대답해 주는 아빠의 행복한 미소를 볼 수 있었다.

놀이에 참여한 아빠들은,

"참 행복했습니다."

"평소 아이와 많이 놀아 주지 못해 아이에게 정말 미안하네요."

"앞으로 자주 놀아 주어야겠어요."

"아이들에게 놀이는 참 필요한 것 같아요."

라며 마치 약속이라도 한 듯 합창을 하셨다.

아빠놀이 프로젝트는 짧은 기간에 이루어진 활동이었지만 자녀와 교감하며 다양한 영역의 활동들을 경험하는 시간이 되었다. 놀이 안내를 통해 어린이집에서 이루어지는 놀이에 대한 이해도를 높일 수 있었고, 놀이 방법이 필요하다는 것도 알게 되었다. 활동 후 부모를 대상으로 한 설문을 통해 부모님의 마음을 보다 더 읽을 수 있었다. 엄마는 교수활동(가르쳐 주고 배우는 활동) 위주의 놀이를, 아빠는 자주 하지는 못하지만 아이들이 좋아하는 몸으로 놀아 주는 신체 활동 위주의 놀이에 참여하고 있었다.

꼭 기억해 두기!

아빠놀이 프로젝트를 통해 '아빠육아'의 필요성이 요구되고 있음을 경험하였다. 육아를 엄마 혼자 감당하기에는 시간이 부족하고 육체적인 어려움도 크다. 워킹 맘의 경우는 어려움이 가중될 수밖에 없다. 아이들이 흥미로워하는 놀이 유형에 따라 아빠가 놀이에 참여한다면 신뢰감 형성에 도움이 된다. 그리고 엄마가 느끼는 육아의 어려움도 줄어들 것이다.

아이와 함께 신호등 김밥을
만들고 있는 아빠 모습

아이와 상호작용하며 김밥을 주는 아빠 모습

3. 아빠놀이, 시간을 선물해요!

어린이집에서 아이와 놀아 줄 시간이 부족한 아빠들을 위해 프로그램을 진행하였다. '아이와 놀이로 교감하는 아빠놀이 프로젝트'는 영아와 아빠가 함께 어린이집에 참여한 내용이다. 아빠의 퇴근 시간에 맞춰 시작했다. 놀이의 결과도 좋았지만 아이와 교감하며 놀이에 참여하는 과정은 매우 즐겁고 따뜻해 보였다.

아이와의 놀이를 위해서는 시간이 필요했다. 평소 퇴근 시간이 늦었던 아빠도 시간을 내서 참여한 경우도 있었다. 아이가 즐겁고 행복함을 느낄 수 있는 아빠놀이, 아빠와 함께한 놀이 시간은 아이들에게 소중한 선물이었다.

놀이가 진행되는 동안 영아와 아빠를 격려하며 영아-아빠와의 상호과정이 어떻게 이루어지는지 관심 있게 보게 되었다. 신호등 김밥을 만들었던 만 2세 반에 있다가 영양샌드위치를 만들고 있는 만 1세반으로 갔다. 아이와 함께 놀이에 참여한 우야 아빠께서는 이렇게 말씀하셨다. 옆에서 소곤소곤 얘기를 나누며 놀이하는 옆 친구네를 보시면서,

"평소에 아이와 잘 놀아 주지 못했더니 역시 차이가 나네요."

하고 웃음을 보이셨다. 맞벌이 가정으로 함께하는 육아를 하고 계시는 우야 아빠는 청소와 아이 씻기는 것은 잘하시지만, 아이와 놀이하는 시간은 많지 않으셨던 것 같다.

음식 놀이를 마친 후 '아빠 짱! 놀이 짱!' 현수막 앞에서 차례로 사진 촬영을 했다. 모든 일정을 거의 마쳐 갈 때쯤에 아빠와 함께 서 있던 현이가 아빠의 두 손을 잡더니 두 발로 아빠의 다리에서 배 있는 곳까지 오르다가 몸을 구부려 한 바퀴 몸을 돌리는 유연함을 보여 깜짝 놀랐다.

"우와."

하자 현은 신나 했다. 현이가 "비행기 하자."고 하자 평소 아이와 잘 놀아 주시며, 특히 '몸 놀이를 자주 하신다'는 현이 아빠는 아이를 한 손으로 높이 올려 비행기 '쉬~잉' 하는 모습도 보여 주셨다. 짧은 시간이었지만 아이들은 즐겁고 행복한 모습으로 참여하고, 아이와 아빠 모두 행복한 모습으로 어린이집을 나섰다.

대부분 육아는 엄마의 몫이다. 몇 분의 엄마는 육아의 고단함 때문인지 영아가 아빠와 함께 어린이집에서 보낸 시간에 "여유로움이 있어 참 좋았다."라고 하시며 "이런 시간이 자주 있었으면 좋겠다."라고 하셨다. 첫아이를 보낸 찬이 엄마는 찬이가 "엄마를 찾지 않고 아빠랑 잘 참여할 줄은 정말 몰랐다."라고도 하셨다.

평소에 부모가 아이와 함께 지내며 놀이하는 시간은 얼마나 될까?

OECD의 '2015 삶의 질(How's life?)' 보고서에 따르면 한국 어린이들이 부모와 함께하는 시간은 하루 48분이다. OECD 국가 평균은 151분인데 OECD 국가 가운데 가장 짧다. 한국 아빠와 아이의 교감 시간도 하루 6분으로 OECD 국가 중 가장 짧고, OECD 평균(47분)과 차이가 크다. 아빠가 같이 놀아 주거나 공부 또는 책을 읽어 주는 시간이 3분이고, 신체적으로 돌봐 주는 시간도 3분이다. 이웃 나라 일본 어린이들만 해도 아빠와 함께 놀거나 공부하는 시간이 하루 12분, 돌봐 주는 시간은 7분으로 한국보다 길다(SBS 뉴스, 2015. 10. 19.).

최근 정부는 저출산 해결 방안의 하나로 육아휴직 수당 인상 등의 지원 정책으로 아빠의 육아 참여를 독려하고 있다. 아빠가 육아에 참여하려고 해도 현실적으로 엄마보다 적극적으로 참여하는 것이 어렵다. 어려움이 있더라도 아이가 잘 성장하게 하기 위해서는, 아빠가 짧은 시간이라도 시간을 정해 규칙적으로 아이와 자주 놀아 주어야 한다. 엄마와 아빠는 아이와 놀아 주는 놀이 형태가 달라 아이에게는 '아빠놀이'가 꼭 필요하다. 많은 연구자와 놀이에 참여한 아빠들은 '아빠놀이'가 필요하고, 아빠놀이의 효과에 대해서 이렇게 말한다.

첫째, 대·소근육 활동으로 신체 발달이 빨라진다.

둘째, 놀이할 때 사용하는 어휘는 언어 발달에 영향을 준다.

셋째, 아빠와의 관계를 통해 사회성 발달에 도움이 된다.

넷째, 자존감이 향상되며 리더십 있는 아이로 성장하게 한다.

다섯째, 좌절과 성취감, 논리적인 아빠가 의견에 관해 결정하는 과정을 통해 창의성 있는 아이로 자라게 한다.

이처럼 아이의 성장에 도움이 되는 아빠놀이와 대화를 거창하게 생각할 필요는 없다. 1분이면 된다. 아이를 자주 안아 주고 눈을 맞추며 스킨십부터 하면 된다.

"우리 지우 참 예쁘네."

"지우 잘했어."

"지우를 보니 아빠는 행복해."

"지우 멋있는데?"

"최고야."

짧은 몇 마디지만 아이와의 교감으로 아빠는 아이와 금세 친해질 수 있다.

놀이할 때는 자녀가 좋아하는 놀이를 선택하게 한다. 짧은 시간이라도 정해진 시간에 규칙적으로 놀아 주자. 즐겁고 효과적인 놀이를 위해서는 결과보다는 과정 중심의 놀이가 필요하다. 놀잇감이 없어도 1분 동안에 할 수 있는 쉽고 간단한 놀이에는 어떤 것들이 있을까. 짝짝 박수 놀이, 손 마주 대기, 손가락으로 피아노 치기, 손가락 알아맞히기, 손가락 씨름하기, 배꼽을 누르며 하는 배꼽 단추 놀이, 엄지와 중지 두 손가락으로 손끝에서 팔로 이동하는 손가락 개미 놀이, 손가락 간지럼 놀이, 아빠 다리에서 미끄럼 타기, 비행기 타기, 목마 타기 등 손과 몸을 이용한 놀이가 있다.

『아빠의 놀이 혁명』에서도 아빠와 할 수 있는 1분 놀이가 소개된다. 조물조물 만들며 즐기는 1분 놀이로는 종이공 축구, 종이공 야구, 전화 놀이, 딱지 접기, 신문지 칼싸움이 있다. 그리고 집안의 사물이나 소품을 이용한 1분 놀이, 머리 쓰며 즐기는 1분 놀이, 왁자지껄 1분 놀이, 아빠가 힘이 절로 나는 1분 놀이, 아이 기분 띄워 주는 1분 놀이와 집 밖에서 즐기는 1분 놀이 등이다. 좋은 아빠가 되기 위한 1분 놀이, 『아빠의 놀이 혁명』의 저자 권오진은 "당신도 1분이면 좋은 아빠가 될 수 있다!"고 말한다. 1분 놀이의 시작은 아빠놀이를 가능하게 한다. 1분 아빠놀이는 아빠의 관심과 노력으로 할 수 있으며, 아이에게 소중한 선물이 된다. 3분, 5분, 10분…… 으로 놀이 시간을 늘려 아이와 교감해 보자.

꼭 기억해 두기!

가족과의 시간은 양보다 질이다. 3분이라도 아이와 알차게 보낸다면 '거기서부터 변화'가 일어난다.(『내 아이를 위한 아빠의 3분 육아』, 오타 토시마사). 아이들은 단순해서 짧은 시간만 놀아 주어도 아빠를 좋아한다. 쉽고 간단한 놀이부터 시작해 보자. 아빠의 작은 변화는 아이의 인생을 변화시킨다. 소중한 자녀가 즐겁고 건강하게, 행복하게 성장하기를 바란다면 힘이 센 놀이 시간을 선물하자.

4. 아빠육아를 위한 실속형 보물찾기

창문에 비친 밝은 햇살이 아이들을 유혹했던 날이다. 파라솔로 가리고 싶은 햇볕과 약간은 덥게 느껴지는 바람이 있었다. 꽃향기를 맡으며 만 1세 병아리반 영아들과 어린이집 뒤뜰에서 실외 활동을 했다. 중간에 입소한 영아의 부모님이, 신입 원아 적응을 마쳤지만 아직 마음을 놓지 못하시는 것 같아 함께 산책길에 나섰다. 실내에서 여러 가지 소리를 탐색한 후 실외 활동과 연계해 '통 놀이'를 하기 위해서였다. 그런데 덤으로 나무 사이에 매달린 거미를 보며 호기심을 가지고 탐색했다.

아이들 손에는 우유를 마시고 난 후 깨끗이 씻어 말린 빈 통이 하나씩 들려 있었다. 뚜껑 바로 아래에는 버리지 않고 모아 두었던 생일 케이크를 감쌌던 끈이 길게 달려 있다. 끈으로 우유 통을 묶으니 분리수거 통에 버려졌을 빈 통은 금세 아이들의 멋진 놀잇감으로 변신했다.

아이들은 빈 통을 끌며 덜덜덜 소리 나는 통 놀이를 했다. 선생님의 얘기에 귀를 쫑긋하고 주위를 살피며, 돌멩이를 주워 구멍에 넣어 보기를 했다. 큰 돌멩이가 구멍에 들어가지 않자 더 작은 돌멩이를 찾는 아이들의 진지한 탐색 모습도 볼 수 있었다. 돌멩이를 통에 넣고 뚜껑을 닫아 흔들어 보기, 통을 덜컹덜컹 끌며 달려 보는 아이들의 얼굴에는 즐거움과 기쁨으로 가득 찼다.

첫째, 놀이에 대한 아빠(엄마)의 인식 변화 필요

아이들의 놀이는 비싼 장난감이 아니더라도, 준비된 특정한 장소가 아니더라도 즐겁게 할 수가 있다. 영아들을 상담하다 보면 '문화센터나 놀이 시설에 가야만 아이가 잘 놀 수 있다.'라고 생각하는 부모도 있었다. "장난감을 자주 사 주지만 쉽게 싫증을 느낀다."라고도 하신다. 실제로 집에 장난감이 너무 많다고 하시며 어린이집에 보내 주시기도 하신다. 놀이에 대한 생각을 바꾸면 영아와 상호작용하며 놀이할 수 있는 것들이 뜻밖에 많다. 놀이는 '무엇을' 가지고 놀기보다는 '어떻게' 노는 것이 더 중요하기 때문이다.

둘째, 자연은 영아들에게 상상의 날개를 달아 주는 공짜 놀이터

밖에 나가 아이와 무엇이든 놀잇감으로 쓸 수 있는 놀잇감 찾기를 해 본다. 나뭇가지 두 개를 주워 '탁탁' 치며 소리를 내 보고, 평소에 부르던 동요에 맞춰 치면 나뭇가지 악기가 된다. 작은 가지로 큰 가지를 긁어 본 후 생채기를 관찰해 보는 것도 좋다.

나뭇가지를 가지고 길게 곧은 줄을 그어 선 따라 걷기를 해 본다. 직선 걷기, 지그재그 선 따라 걷기, 바닥에 있는 색깔 블록 따라 걷기도 하고, 땅바닥에 동그라미, 네모, 세모 등의 도형을 그려 부모와 손을 잡고 도형 안으로 들어갔다 나왔다 놀이를 해 본다. 나뭇잎의 색깔, 모양, 크기와 냄새를 맡아 보고 촉감을 느끼며 나뭇잎을 이용한 놀이도 해 본다. 나뭇잎을 뜯어 비빔밥도 만들고 반찬도 만들어 밥상을 차려 본다. 대형마트에 있는 장난감 판매대가 아니더라도 작은 돌멩이, 모래, 나무, 꽃, 구름, 바람 등도 좋은 놀잇감이자 친구이며, 아이들의 창의력 계발에도 도움이 된다.

셋째, 영아와 할 수 있는 가장 손쉬운 놀이는 신체 놀이

신체 놀이는 부모와 교감하며 성장하게 하는 실속형 놀이이다. 아이와 쉽게 할 수 있는 신체 놀이는 장소에 따라 다르게 할 수 있다. 가정이나 넓고 편안한 장소에서는 아이와 함께 기고, 뒹굴고, 잡고, 뛰고, 발로 차기, 손으로 던지기 등의 대근육 활동을 이용한 신체 놀이가 좋다.

힘 있게 놀아 주는 아빠와의 신체 놀이를 아이들은 더 좋아한다. 음식을 기다려야 하는 식당이나 조용히 해야 하는 장소에서는 손과 손가락을 이용해 손가락 알아맞히기, 손가락 뽀뽀 놀이 등의 소근육을 이용한 신체 놀이를 융통성 있게 할 필요가 있다. 감각 있는 부모의 준비 물품을 이용한 색종이 접기, 스티커 붙이기, 색연필로 끼적이기, 그림책 책장 넘기기 등의 소근육을 이용한 신체 놀이도 도움이 된다. 냅킨 접기, 냅킨이나 포일 뭉쳐 젓가락으로

옮기기, 나무젓가락 쌓기, 이쑤시개 쌓기 등의 놀이는 가정에서 할 수 있는
소근육을 이용한 활동이지만, 식당에서는 피해가 갈 수 있으므로 삼갈 필요
가 있다.

넷째, 생활 주변에 널려 있는 실속형 놀잇감

집안 곳곳을 둘러보면 주방 도구나 신문지, 분유 통, 홍보지, 홍보 전단 책
자, 비닐봉지, 크고 작은 상자, 우유 곽, 요구르트 병, 뽁뽁이, 포일 빈 통, 병뚜
껑 등의 재활용품이 있다. 아이들이 먹는 음식과 수박, 참외, 사과, 포도, 오이,
토마토 등의 과일과 채소도 놀이에 도움이 된다.

다섯째, 아이를 크게 키우는 놀잇감

아이를 크게 키우는 놀잇감이 있다. 정서적으로 안정감을 갖게 하며 이성
과 감성을 고르게 자극하는 것에는 어떤 것이 있을까. 모래는 이를 충족시켜
주는 놀잇감이다. 장난감 칼은 아이의 공격성을 조절하고 해소하게 하는 통로
와 같은 역할을 한다. 물건을 꺼냈다가 담을 수 있는 정리 상자나 만족 지연
을 키워 주는 달력, 부모와 현장학습 때 필요한 장바구니는 마음만 먹으면 주
변에서 구할 수 있는 놀잇감이다. 아이의 관찰력을 배가시켜 주는 루페, 아빠
양육에 힘을 실어 주는 자전거, 아무리 놀아도 질리지 않는 공, 젓가락, 연, 끈,
성장앨범, 보자기, 지도 등이 『장난감 육아의 비밀』(정윤경, 김윤경)에 소개된
다. 또한 아이를 변화시키고, 아이의 문제 행동에 도움이 되는 상황별 실생활
놀이책 『엄마도 놀이전문가』(이영애)도 실속형 육아에 도움이 된다.

다양한 장난감은 아이의 놀이 매개체로 훌륭한 소재가 되고, 발달장애가
있는 아이들의 치료에 이용되기도 한다. 하지만 이런 장난감을 아이들이 보채
니 귀찮아서, 부모가 바빠 놀아 주지 못해 미안해서, 다른 아이가 가지고 있으
니까, 아이들이 가지고 놀다 보면 창의력이 길러질 테니까, 밖에서 놀면 위험
하니까 등 아이들에게 '도구'로서의 장난감이라기보다는 '소유'로서의 장난

감으로 탐닉하는 모습이 안타깝게 여겨진다(『장난감을 버려라. 내 아이의 인생이 달라진다』, 이병용).

　　아이들에게 주어지는 값비싼 장난감들이 오히려 아이의 몸과 마음 그리고 영혼을 병들게 한다는 사실에 주목할 필요가 있다. '아이의 손에 장난감을 쥐여 주기 전에 먼저 아이의 손을 잡아 주어야 한다'는 것을 부모들은 미처 깨닫지 못하고 있다(부산대학교 유아교육과 임재택 교수).

꼭 기억해 두기!

상호작용이 가능한 놀이가 최고의 놀잇감이다. 무한한 잠재력이 있는 영아, 싹을 키울 수 있는 씨앗과도 같은 영아의 손에 값비싼 장난감을 쥐여 주기 전에 아이를 먼저 안아 주자. 그리고 길고 긴 인생 여정의 시작 단계에 있는 영아와 실속형 놀이를 함께 해 보면 어떨까.

풀, 나무, 햇빛 등을 탐색하며,
솔방울 던지기 놀이를 하고 있는 영아 모습

감, 밤, 대추 등 열매를 탐색하며 수 놀이,
밥상 차리기를 하고 있는 영아 모습

5. 아빠 냄새, 좋아!

어린이집에서 귀가 후 놀이터에서 놀아 주는 아빠가 계신다. 퇴근 후 가정에서 아이를 씻기고, 저녁을 먹이며 엄마의 퇴근을 기다리는 아빠육아가 증가되고 있다. 아빠의 사랑과 육아 참여는 아이에게 귀한 선물이 아닐 수 없다. 아이들은 아빠 냄새를 맡으며 무럭무럭 커 간다. 아이들은 엄마 냄새처럼 아빠 냄새도 좋아한다. 세상을 살아갈 아이들에게 든든한 힘이 될 아빠 냄새, 어린이집에서 만난 지우, 린이를 비롯한 아이들을 통해 느꼈다.

어린이집을 운영한 지 스무 해가 훌쩍 넘었다. 그동안 셀 수 없을 만큼 많은 영아와 영아의 부모를 만났다. 그중 지우는 3개월이 채 안 되었을 때 입소를 했다. 어린 지우를 안아 주고, 먹이고, 어르고, 잠을 재울 때는 아이 셋을 낳아 길러 본 경험과 다년간의 보육 경험이 있지만, 매우 조심스러웠다.

지우가 '사랑의 냄새'를 진하게 맡아야 할 시기에 어린이집에 보내지게 된 것은 뜻하지 않은 일이 생겼기 때문이다. 원래 계획은 할머니께서 돌보시다가 6개월 정도 지난 후 어린이집에 보내기로 했었다고 한다. 그런데 외할머니의 갑작스러운 교통사고로 돌보기가 어려워 어린이집에 맡겨졌다. 오빠와 함께 어린이집에 오게 된 지우는 우리 어린이집과 같은 아파트, 같은 통로로 이사를 와 유치원에 들어갈 때까지 어린이집에 다녔다. 아빠가 일찍 퇴근하실 때는 어린 지우와 오빠를 데리고 가셨다. 집과 어린이집이 가까워서 어린이집 이용이 쉬웠겠지만, 아빠가 아이를 돌보는 일은 결코 쉽지만은 않았을 것이다.

아빠 냄새를 맡고 자란 지우는 올해 초등학교 1학년이 되었다. 지우는 엄마 아빠의 보살핌 속에 오빠만큼 키가 쑥 자랐다. 얼마 전에는 현관문을 '딩동' 해 문을 열었다. 지우는 기특하게도 '선생님이 보고 싶고 고맙다'며 작은 메모지에 편지를 써서 어릴 때 담임선생님께 편지를 주고 갔다. 어린이집이 바로 아래층에 있어 지우를 자주 보게 된다. 창문 너머로 아빠와 손을 잡고 다정하게 걸어가는 모습이 멀어질 때까지 물끄러미 바라보았다. 처음 지우를 맞이

했을 때는 너무 어려 안기조차 조심스러웠던 모습이 주마등처럼 스쳤다. 지우 아빠의 육아 참여가 없었더라면, 지우에게 아빠 냄새를 충분하게 맡게 하지 않았다면 지우는 건강하게 자라기 어려웠을 것이다.

지우가 지냈던 0세 예삐반에 다니고 있는 12개월 된 린이는 3월에 입소했 다. 린이 아빠는 초보 아빠가 가져야 할 육아 상식을 터득하신 듯 육아에 여 유가 있어 보인다. 퇴근 후 어린 린이를 돌보기가 쉽지 않으실 텐데 잘 돌보 신다. 린이는 등원할 때는 엄마와 함께 오지만 하원할 때는 아빠와 함께 간다. 아빠는 "아이를 씻기고, 수유도 하고, 기저귀도 갈고, 잘 놀아 준다."고 하신 다. 린이와 따뜻함이 느껴지는 상호작용을 하시며, 어린이집에서 진행하는 부 모교육에도 관심이 많으셨다.

'띵 똥' 6시 30분 전후로 벨이 울린다. 현관문을 열고 린이 아빠가 들어오 신다. 선생님과 잘 놀다가도 아빠를 보고 좋아하는 린이의 눈빛과 표정은 선 생님보다 더 진한 '아빠 냄새'를 느끼기 때문인지도 모른다. 이와 대조적으로 아빠를 보고도 선생님과 놀겠다며 아빠한테 가지 않으려는 영아도 있다. 린이 의 경우는 다른 영아와 다르게 눈빛으로, 표정으로 아빠를 반갑게 맞이하며 아빠의 품에 안긴다. 이 시간은 린이가 맡고 있는 아빠 냄새의 진한 농도를 느 낄 수 있는 순간이다. 어린이집에서 '부모 못지않게 잘 돌보고 있노라.'고 자 부하지만, 아이와의 교감이 더 필요함을 느끼게 하는 순간이기도 했다.

영아들이 '아빠육아'를 통해 맡게 된 '아빠 냄새'는 몇 %나 될까? '엄마 냄 새가 100%라고 한다면, 아빠도 엄마와 같은 육아의 주체이므로 엄마 냄새와 같은 비율로 보는 것도 무리는 아닐 것이다.'란 생각이 든다.

아이에게 일정한 온도의 '아빠 냄새'를 지속해서 맡게 하는 것은 아빠가 아 이에게 줄 수 있는 최고의 선물이다. 특히, 3세 이전의 영아에게는 생명을 키 워 내는 산소 같은 조건이기도 하다. 아이가 진정 행복하고 성공하기를 바란 다면 엄마 냄새와 함께 아빠 냄새를 충분히 맡게 해 주어야 한다. 유전적 근접 성을 가리키는 용어인 근연도에 따르면 그렇다. 100%의 엄마 냄새와 아빠 냄 새로 아이가 감정적 안전을 완성하는 데 3년이 걸린다면, 아이와 50%의 적합성을 보이는 50%의 할머니 냄새로는 얼마나 걸릴까? 분명히 6년이라는 답을 얻겠지만 '정답은' 아무도 모른다이다. 제2 양육자의 심성과 조화로움에 따라 4년이 되고 8년이 되기도 한다. 아이가 사랑의 냄새를 충분하게 맡지 못하면 갓난아기에게 총체적 불안감을 유발할 가능성이 높다(『엄마 냄새』, 이현수).

'아빠육아'에 영향을 미친 방송 프로그램이 있다. MBC의 〈아빠 어디 가〉, KBS의 〈슈퍼맨이 돌아왔다〉 프로그램은 아이와 연예 활동 등으로 바쁜 아빠가 함께 여행과 일상생활의 경험을 통해 아빠 냄새를 맡는 경험을 한다.

아이들은 즐거워했으며, 아빠와 거리감이 있었던 아이는 아빠와 함께하는 동안 친밀감이 형성되었다. '불행을 행복으로 마음에 담을 수 있을 정도로 마음이 엄청나게 자란 것 같다.' '내 딸아이는 생각보다 내가 행복을 느끼게 해 주려고 나타난 작고 귀여운 친구'라는 생각을 했던 아빠, '아버지로서 나이를 많이 먹는다고 해서 좋은 아빠가 되는 것은 아니다.' '아이와 소통을 더 많이 해야겠다.'는 아빠, 가슴 벅찬 눈물을 흘리는 아빠가 있었다.

짧은 시간이지만 아이가 변하고 아빠가 변했다. 엄마와 떨어져 지낸 아이도 어려움을 겪었던 아빠도 아이와 함께 지내는 동안 성장을 했다(〈아빠 어디 가의 힘, 연예인을 누구의 아빠로 만들다〉, 티브이데일리).

꼭 기억해 두기!

핵가족 시대에 아빠의 육아 참여는 아이에게 귀한 선물이 아닐 수 없다. 3세 이전의 영아들에게 필요한 영양분인 '아빠 냄새'를 맡게 하자. '아빠 냄새'는 아이의 심신을 건강하게 하며, 아이가 안정적으로 성장하게 한다. 아빠 냄새는 짧은 시간이라도 아이와의 교감으로 가능하다. 아이가 세상을 살아가는 데 든든한 선물이 되는 '아빠 냄새'는 아빠의 작은 관심에서 비롯된다는 사실을 잊지 말자.

6. 아빠육아, 책에서 답을 찾는다

'육아' 하면 어떤 단어가 먼저 떠오를까? 다소의 차이가 있겠지만, 결혼, 임신, 출산, 수유, 이유식, 수면, 배변, 그림책, 동요, 산책, 장난감, 놀이터, 친구, 싸움, 교육기관, 전업주부, 독박육아, 워킹 맘, 육아휴직 등이 있을 것이다. 여기에 해도 해도 끝이 없는 정리와 청소, 가슴을 철렁하게 하는 안전사고 등도 '육아' 하면 빼놓을 수 없는 단어일 것이다.

이처럼 육아는 다양한 환경과 만나게 된다. 아이와 엄마 아빠와의 만남은 축복이며, 좋은 경험을 위해서는 시간이 필요하다. 어릴 때 아이와 함께하는 시간은 부모의 친밀감 형성에 비례하며, 함께한 시간이 적은 경우에는 관계가 소원해진다. 이러한 상태에서 아이가 성장 후에 친밀감을 가지려고 하는 경우 친밀감은 쉽게 형성되지 않는다.

대부분 육아는 엄마 몫이다. 우리나라에서 아빠의 육아 참여는 직장 생활로 인한 시간 부족 등으로 참여에 어려움을 느낀다. 아빠도 아이들과의 놀이에 참여하고 싶지만 어떻게 해야 할지 모를 때가 있고, 익숙하지 않은 육아 참여에 아이 엄마로부터 핀잔을 들을 때가 있음을 호소하기도 한다. 이러한 현실은 아이가 엄마와 지내는 시간이 많아 엄마의 존재감은 크지만 대부분 아빠의 존재는 점점 작아지고 소원해지게 하기도 한다. 엄마와 아빠는 성향이 다르고 '보완 육아'는 중요하기에 전업주부와 워킹 맘 모두에게 '함께하는 아빠육아'가 필요하다.

보건복지부 실태 조사에 따르면 아빠도 엄마와 같은 '육아의 주체'라는 생각이 점차 확대되고 있지만, 참여율은 낮은 것으로 나타났다. '도와주는 아빠육아'에서 '함께하는 아빠육아'로의 변화가 요구되는 현실 속에 지난 2016년 출생아 수는 40.6만 명으로 역대 최저 수준을 기록했다. 저출산은 맞벌이 부부의 증가, 자녀 교육비 증가, 결혼을 하지 않는 'N포 세대' 등 다양한 이유가 있다(보건복지부).

저출산 극복 방안의 하나로 아빠의 적극적인 육아 참여가 도움이 될 것으로 보고 있다. 이를 위해 최근에는 아빠의 육아휴직을 권장하는 상향된 지원 정책과 보건복지부의 아빠의 육아 참여를 확대할 방안으로 저출산을 위한 가족문화 만들기 캠페인(가족문화 개선, 나부터 다 함께: 가나다 캠페인)이 진행되었다. 이는 '함께하는 아빠육아' 확산을 위한 노력으로 보이며, 녹록치 않는 현실은 다각적인 방안과 노력이 필요하다.

'함께하는 육아'를 위해 아빠육아 노하우가 담긴 '아빠육아' 관련 도서도 도움이 된다고 생각한다. 초보 아빠나 육아에 익숙하지 않은 아빠들에게 용기를 갖게 하며, 안내자의 역할을 톡톡하게 할 것으로 본다. '아빠육아와 아빠놀이'에 대한 책 중 몇 권을 소개해 본다.

아빠 효과
강현식 / 도래할 책

아빠는 아이들에게 엄마가 줄 수 없는 고유의 강력한 영향력을 가졌다. 두 아들을 둔 아빠의 생생한 육아 기록으로 아빠의 존재를 부각하며, 아이 키우는 일은 오로지 엄마 몫이라는 편견을 깨 주었다. 과학적인 연구 결과 사례로 입증된 아빠 효과는 '아빠도 좋고, 엄마도 좋고, 아이의 미래는 더 좋다!'라고 소개된다.

엄마가 모르는 아빠 효과
김영훈 / 베가북스

아빠는 아이의 인생을 바꿀 수 있다. 아빠가 육아에 적극적으로 참여할수록 아이의 인성은 물론 두뇌도 발달한다. "아버지 한 사람이 백 명의 스승보다 낫다."라는 E-허버트의 말을 인용하며, 행복한 영재를 원하면 아빠도 육아에 나서라고 권한다.

내 아이를 위한 아빠의 3분 육아
오타 토시마사 / 한국경제신문

하루 3분 만으로도 아이에게 큰 변화가 일어난다! "엄마의 역할을 분담하지
마라. 스마트폰 한 번 만질 시간에 아이에게 '사랑한다'고 말하라."라는 메시
지가 담겨 있다. 일과 육아를 병행하고자 하는 아빠들에게 현실적인 육아법
을 제시하며, 엄마가 몰랐던 아빠의 3분 육아법을 소개한다.

하루 20분, 놀이의 힘
이상화, 임희숙 / 조선앤북

맞벌이를 하는 가정의 부모가 '하루 20분' 자녀와 놀이를 해 줌으로써 놀이
의 큰 힘을 경험한다. 사교육 없이 영재 재혁이를 만들어 준 0~10세 단계별
발달 놀이 90가지가 소개된다. 실제 아이를 키우다 보면 자주 겪는 상황에서
바로바로 해 볼 수 있는 놀이라서 바쁜 아빠, 맞벌이 엄마도 언제 어디서든
놀이 교육을 실천할 방법을 알려 주는 책이다.

0~3세, 아빠육아가 미래를 결정한다
리처드 플레처 / 글담출판사

만 3세 이전 아이의 두뇌 성장에 아빠가 어떤 영향을 미치는지에 대한 다양
한 연구 사례와 아빠 양육법을 담았다. 유대감을 쌓는 방법과 상황별 놀이법
과 연령별 놀이법, 초보 아빠를 위한 육아 상식까지 아빠가 알아야 할 모든
것이 담겨 있다.

젊은 부모를 위한 백만 년의 육아 슬기
문재현 / 살림터

새로운 세상을 여는 공동체 육아 인문학이다. 아기는 사회의 도움을 받으면
서 세상에 대한 완전한 믿음을 가지게 되며, 이러한 믿음으로 공동체 속에서
잘 지낼 수 있다. 이에 아기 어르는 소리는 세계 최고의 육아 문화유산이며,

아빠가 찾고 불러 준 아기 어르는 소리와 다양한 자장가가 소개된다.

아빠는 육아휴직 중
야마다 마사토 / ANTENNA

세 자녀를 둔 아빠가 막내 다카시가의 출생을 계기로 1달의 유급휴가와 1년의 육아휴직을 하고 경험한 내용을 쓴 책이다. 이 경험이 『일본경제신문』에 연재되면서 일본 사회에 남자의 육아휴직에 대한 관심을 불러일으켰다. 숱한 편견과 우려를 깨고 터득한, 엄마들은 모르는 아빠만의 생존육아법이 담겨 있다.

우리 아빠가 달라졌어요
이보연 / 끌레마

좋은 아빠가 되고 싶은 마음은 간절하지만, 그 방법을 몰라서 답답한 아빠들을 위한 책이다. 아이의 문제 행동, 사랑의 표현이 서툰 아빠들이 아이와 깊이 교감하는 방법, 육아에 대해 자신감을 느끼고 아빠의 역할을 해내 가는 방법, 시간이 부족한 아빠들도 간단하게 실천할 방법들이 소개된다.

이 외에도 『아버지의 성』(EBS 아버지의 성 제작팀), 『초보 아빠가 알아야 할 육아의 모든 것』(닉 하퍼), 『아이의 미래를 바꾸는 아빠의 습관혁명』(권오진), 『놀이의 반란』(EBS 놀이의 반란 제작팀), 『아빠가 놀아 주면 아이는 확 달라진다』(김종석) 등의 아빠육아 관련 책이 있다.

꼭 기억해 두기!

'함께하는 아빠육아'는 쉽지 않은 현실이다. 변화를 위해서는 육아는 '엄마의 몫'이라는 인식의 변화와 지원 정책이 있어야 할 것이다. 이와 함께 '아빠육아'를 위한 책 속의 다양한 경험은 용기를 갖게 하며, 아빠육아에 큰 힘을 더해 줄 것이다.

아빠와 목욕 놀이를 하고 있는 영아의 모습

퇴근하신 아빠를 보며 좋아하는 영아의 모습

제3장

생활 밀착형
기본생활을 돕는
상호작용

1. 영아 기저귀 갈기와 배변훈련을 돕는 상호작용

기저귀 갈기는 하루에도 몇 번씩 영아의 젖은 기저귀를 새것으로 갈아 주는 것을 말한다. 배변훈련이란 영아가 오랫동안 사용해 오던 기저귀를 떼고 변기에 배변하게 되는 전이 단계를 말한다. 영아가 기저귀를 뗀다는 것은 어려운 분리의 경험이다. 기저귀 갈기와 배변훈련 시 영아와 부모 간의 상호작용과 단계적인 배변훈련 과정은 영아의 발달에 긍정적인 영향을 미치게 된다.

먼저 상호작용에 대해 살펴보면, 영아의 기저귀 갈기와 배변훈련을 할 경우 영아와 부모 간의 상호작용은 매우 중요하다. 영아의 욕구 해결 후 부모가 안아 주어 정서적 지원을 할 때 영아는 부모에게 신뢰감을 느낀다. 이를 기초로 세상에 대한 기본적인 신뢰감을 형성하게 되는데, 다음과 같은 '기저귀 갈기 및 배변훈련 상호작용 원칙'을 참고할 필요가 있다.

기저귀 갈기 및 배변훈련 상호작용 원칙

• 기저귀 갈기의 상호작용

부모는 영아의 울기와 불편한 표정 등 신호에 민감해야 한다. 그리고 영아의 표현 수단인 울음 등의 요구에 민첩하게 반응해야 한다. 기저귀 갈기 시간은 영아의 얼굴을 보고 미소 지으며, 영아의 반응을 따뜻한 언어로 표현해 주는 등 영아와 질적으로 상호작용하는 시간으로 활용해야 한다.

• 배변훈련의 상호작용

부모는 수용적인 상호작용을 한다. 수용적인 상호작용은 영아를 인정하고 격려하며 도와주려는 부모의 행동을 말한다. 즉, 영아가 인정을 받고 있다는 느낌을 줄 수 있도록 하는 것이다. 두 번째는 충분한 시간을 두고 계획한다. 영아를 편안하고 익숙해진 기저귀에서 분리한다는 것은 쉽지 않다. 따라서 부모는 체계적으로 배변훈련을 안내하고 격려해 줄 수 있도록 한다. 세 번째는 천천히 기다려 주며 안내한다. 화장실에 가고 싶은지 너무 자주 묻거나 변기에 너무 오래 앉혀 두면 영아가 불안해하고 부담스러워한다. 이때 5분을 넘기지 않도록 한다. 마지막으로 시도하거나 성공했을 때 칭찬과 격려를 해 준다. 실수했을 때 화를 내거나 벌을 주어서는 안 된다. 실수는 언제나 할 수 있다는 것을 알게 한다.

배변훈련 과정에 있는 영아들의 모습을 보면 예기치 않은 일이 발생할 때가 많다.

배변훈련 중인 성이의 쉬를 시키기 위해 화장실에 갔던 병아리반 선생님이,

"선생님, 빨리 와 보세요."

하고 부른다. 마침 가까이에 있던 내가 화장실 문을 빨리 열었다.

"선생님 무슨 일이에요?"

"원장님, 성이 옆에 좀 있어 주세요."

상황을 보니 성이는 기저귀 가득 변을 본 상태였다. 선생님이 쉬를 시키기 위해 팬티 기저귀를 내리자 성이의 허벅지와 선생님 손에 똥이 듬뿍 묻어 선생님이 먼저 손을 씻지 않으면 안 될 상황이었다. 성이와 눈을 맞추며,

"성아 괜찮아. 성이가 급했나 보구나."

하며 격려를 해 주었다.

영아는 용변의 의사가 있을 때 표정이 바뀌거나 얼굴이 발개진다. 성기를 움켜쥐고 다리를 꼬거나 쪼그리고 앉는 등의 행동 특성을 보이기도 하며, 배변훈련 과정에서 실수도 하고 좌절도 하게 된다. 이를 극복하고 성공해 변기에 앉아 용변을 보게 되면 신뢰감이 형성되고, 자율성과 자존감이 향상된다. 이러한 성공 과정은 이후 다른 발달에도 긍정적인 영향을 미칠 수 있기에 이에 대한 이해와 배변훈련의 중요성이 강조되고 있다.

그러면 영아의 배변훈련 시작 시기는 언제부터일까. 배변훈련은 영아가 화장실에 가기 위해 용변의 욕구를 느끼고, 쉬나 응가를 언어로 표현하는 등의 준비가 되어야 시작할 수 있다. 이는 영아마다 개인차가 있으며 완성 기간(보통 2~3주 걸리나 준비도에 따라 4~8주가 되는 경우도 있다.)도 개인에 따라 다르다. 일반적으로 두 돌을 전후해 시작되고, 90% 정도가 세 살쯤에 완성되는데 배변훈련 단계를 거치게 된다.

배변훈련 단계도 양육자에 따라 차이가 있다. 배변훈련 단계는 '응가는 깨끗한 것'이라고 알려 주는 1단계를 시작으로 성인이 먼저 시범 보이기, 낮에 팬티 입히기, 배변훈련을 도와주는 그림책 읽어 주기, 마지막으로 칭찬하기가 있다. 여기서는 배변놀이 단계, 배변연습 단계, 배변훈련 단계, 혼자 화장실 가

기의 '배변훈련 과정 네 단계'를 살펴보고자 한다.

배변훈련 과정 네 단계

• 첫 번째, 배변놀이 단계

대략 15~18개월 영아가 배변훈련에 관심을 가지도록 준비하는 단계이다. 이 시기에는 변기에 인형 앉혀 보기, 화장지 가지고 놀기, 화장실에 친근감 느끼게 하기(변기 물 내려 보기, 손 씻기) 등을 해 본다.

• 두 번째, 배변연습 단계

대략 18~24개월 영아가 부모의 도움 없이 배변연습을 해 보는 단계이다. 이 시기는 변기에 앉았다 내려오기, 옷을 입은 채 변기에 앉아 용변 보는 흉내 내기, 찰흙이나 포일 등으로 응가 만들기, 기저귀 벗고 차 보기, 바지 올리고 내리기, 『응가하자 끙끙』(보림), 『똥이 풍덩』(비룡소), 『변기에 누가 앉을까?』(키득키득), 『팬티를 입었어요』(길벗 어린이) 등 배변 관련 그림책 읽어 주기, 손 씻기,

> "지우야, 이것은 변기통이야. 여기에 응~, 쉬~를 할 수 있어."

라고 변기 사용법 알려 주기 등을 해 본다.

• 세 번째, 배변훈련 단계

대략 24~30개월 영아의 배변훈련은 영아가 아침에 일어났을 때, 아침 식사 후, 외출 전, 욕조에 들어가기 전, 낮잠이나 잠자리에 들기 전에,

> "쉬해 볼까?"
> "변기에 앉아 볼래?"

등의 질문을 해 영아가 자신의 몸을 점검하고 화장실에 다녀올 수 있도록 도와준다. 남자아이의 소변보는 습관을 길러 주는 그림책『내 쉬 통 어딨어?』(그린 북)와 여자아이에게는 새로 산 소변기에 소변 가리기를 성공하는 내용이 담긴『혼자 쉬해요』(중앙출판사) 등을 읽어 주면 좋다.

• 네 번째, 혼자 화장실 가기 단계

대략 30개월 정도가 되면 영아 스스로 자신의 욕구를 해결할 수 있는 것이 있다. 영아가 용변을 봤을 때 영아의 이름을 불러 주며,

"지우가 변기에 소변을 보았구나! 우리 지우 참 잘했어."

하며 칭찬과 격려를 해 준다. 용변 후에는 반드시 손을 씻도록 지도하고 손 씻는 습관이 들 수 있도록 하는 것이 중요하다.

꼭 기억해 두기!

부모는 영아의 배변행동 특성을 잘 이해하고 배변훈련의 시작 시기를 잘 판단해야 한다. 배변훈련의 어려움을 겪는 영아에게 강요하거나 수치심을 느끼게 해서도 안 된다. 또한, 익숙해진 기저귀 갈기에서 낯선 배변훈련으로 전이될 수 있도록 체계적으로 영아의 배변훈련을 안내한다. 이와 더불어 배변훈련을 지원하고 격려해 영아가 건강한 삶을 유지할 수 있도록 도와주어야 한다.

영아의 배변훈련 과정 모습

1. 배변놀이 단계: 변기에 인형 앉혀 보기

'옷 입고 변기에 앉아 보기'를 하는 영아 모습

2. 배변연습 단계: 포일로 응가 만드는 모습

"여기가 변기통이야." 하고 알려 주는 모습

3. 배변훈련 단계: 변기에 "쉬' '응가' 해 볼까?"
   도와주는 모습

화장실에 다녀올 수 있도록 도와주는 모습

4. 혼자 화장실 가기 단계 : 혼자서 용변을 본 후
   변기의 물을 내리는 모습

용변 후 손 씻기를 하는 모습

2. 영아의 수면을 돕는 부모의 상호작용

아기가 잠자는 모습을 바라보면 천사같이 예쁘고 사랑스럽다. 하지만 영아의 불규칙한 수면은 부모를 매우 힘들게 한다.

　'언제쯤 돼야 몇 번씩 깨지 않고 아이가 잘 잘 수 있을까?'

첫아이를 낳고 밤에 여러 번 일어나 모유 수유를 하며 피곤함이 누적되어 무척 힘들었던 때가 떠오른다. 아마도 아이를 키워 본 부모라면 이러한 상황을 견디는 일이 얼마나 어렵고 심각한지를 잘 알 수 있을 것이다.

수면은 영아가 성장하고 발달하는 데 아주 중요한 역할을 한다. 특히, 두뇌 발달에 지대한 영향을 미치게 된다. 낮잠이나 밤잠을 통해 두뇌가 휴식을 취하게 되는데, 이런 수면 시간이 부족하면 영아가 피로를 느끼고 짜증을 낸다.

영아의 수면 요구는 월령에 따라 다르며 수면의 양과 횟수, 자는 방법 등에서 개인차를 보인다. 신생아~3개월 영아의 수면 패턴을 보면 대부분 신생아는 16~20시간을 자며, 수면 주기는 50분 정도이다. 아직 밤낮의 구별이 생기지 않고 수면 시간이 불규칙해 엄마를 힘들게 하지만, 영아의 뇌는 빠르게 발달한다.

3~6개월 영아의 수면 형태는, 첫 3개월까지는 배고픔에 아기가 밤낮으로 잠을 깬다. 6개월이 되면 낮과 밤을 구별하게 되고 밤에 5시간 이상 푹 자기 시작한다. 이 시기에 아이가 좋은 습관을 지니게 하려면 먹이는 것과 안고 흔들어 재우는 것을 조금씩 줄이면서 잠들게 해야 한다.

6~12개월 영아의 수면 형태는, 6개월 아기는 낮의 활동이 많은 것과 분리불안이 생기기 시작하는 시기라 잠자기를 거부하고, 밤에 깨는 횟수가 부쩍 늘어난다. 가능하면 아기 혼자 스스로 자게 유도하는 것이 좋다. 9개월에 70~80%의 영아는 보통 두 번의 낮잠과 밤에 6시간 정도 잔다. 치아가 나오는 시기이므로 젖병을 물고 자지 않도록 주의한다.

만 1~3세의 영아는 하루 1~2번 정도의 낮잠과 12시간 정도의 수면이 필요하다. 6개월 정도일 때 밤에 잔다는 것을 배우기 시작하고, 2세경이 되면 습관이 형성된다.

어떻게 하면 아이를 잘 재울 수 있을까? 영아를 잘 재우려면 잠들기 전에 잠들 수 있는 적절한 환경을 만들어 주어야 한다. 영아는 밝고 약간 소음이 있는 공간에서 잘 자기도 하지만, 대체로 방 안이 조용하고 어두운 환경에서 잘 잔다. 부모는 어떤 수면 환경이 잘 맞는지 파악한 후 아이가 좋아하는 수면 패턴 방법을 선택해 줄 필요가 있다. 잠들기 전에 따뜻한 물에 목욕을 시키고, 기저귀를 갈거나 화장실을 다녀오게 한다. 음식(수유)을 너무 많이 먹는 것도 삼간다. 또한 잠자기 전에 심한 놀이로 아이가 흥분하지 않도록 적절하게 놀아 주는 것이 필요하다.

영아의 수면을 위해서 잠자기 전에 아이를 혼내는 것은 금물이다. 편안한 잠자리로 이끌어 주는『잘 자요, 달님』(시공 주니어) 그림책을 읽고,

> "우리 지우 잘 자."
> "그림책아 잘 자."
> "전등도 잘 자."

하며 방 안에 있는 물건들과 인사를 건네 본다. 영아가 잠을 자기 전과 후, 잠을 재우는 방법 및 각 상황에 따라 상호작용을 다르게 해 볼 수 있다.

• 안고 재우는 경우

몸을 가볍게 움직이거나 흔들면서 간단한 리듬을 콧노래를 불러 줄 수 있다.

> "우리 지우가 잠이 오는구나, 엄마가 안아 줄게."

라고 하며 토닥토닥 자장가를 불러 준다. ♪

• 잠자리나 침대에 누운 영아

　　"우리 지우 잘 자고, 예쁜 꿈꾸자."

하며 몸을 토닥거려 준다.

　　"여기 모빌이 있네."

하고 모빌을 보여 주거나,

　　"엄마랑 음악 들어 볼까?"

라고 하며 음악을 들려준다. ♪
　이때 침대에서 추락하지 않도록 주의를 기울여야 한다.

• 업어서 재우는 경우

　　"지우야, 엄마가 업어 줄게, 코하고 자자."
　　"다음에는 엄마랑(토끼 인형이랑) 바닥에 누워서 자 보자."

라고 하며 몸을 가볍게 흔들어 주면서 자장가를 불러 준다. ♪
　계속 업어서 재우기는 어렵다. 늦어도 6개월이면 모든 아기는 낮과 밤을 구별할 수 있으므로 영아가 잠자리에 누워 혼자서 잘 수 있도록 한다.

• 영아가 안고 자는 인형이나 물건이 있는 경우

　　"지우야, 엄마랑 이불 펴 볼까?"

"이제 지우가 여기서 코하고 잘 거야."

"지우야, 토끼 인형하고 같이 잘까?"

"토끼가 지우한테 잘 자라고 인사하네."

"지우도 토끼한테 잘 자! 하고 인사해 보자."

라고 해 본다.

• 잠을 잘 이루지 못하는 영아

"지우야, 잠이 잘 안 오니? 엄마가 옆에서 재워 줄게."

라고 하며, 영아의 옆에 앉거나 영아와 함께 누워서 자장가를 불러 주고♪, 그림책을 읽어 준다. 심리적으로 안정감을 가질 수 있는 자장가 운율을 담은 그림책 『잘 자라 우리 아가』(중앙 출판사)는 "잘 자라 우리 꼬마~"라는 말이 반복되어,

"잘 자라 우리 지우~"

하고 반복해서 불러 주면 편안하다. 『북쪽 나라 자장가』(보림), 『잠자는 책』(풀빛) 등의 그림책도 함께 읽어 주면 도움이 된다.

내 아이의 잠 습관을 평화롭고 행복하게 가르치기 위한 『잠들면 천사』(북하이브), 아기도 잘 자고 엄마도 잘 자는 행복한 수면법을 안내하는 『밤마다 꿀잠 자는 아기』(페이퍼 스토리), 내 아이에게 '꿀잠' 선물하기 프로젝트인 『똑게 육아』(아우름) 등의 육아서도 도움이 될 것이다.

• 잠을 자고 일어난 영아

"우리 지우가 일어났구나. 잘 잤어요?"

"엄마랑 쭉쭉이 체조해 볼까?"

"쭉쭉 쭉~ 우리 지우 기분이 좋지? 쭉쭉 쭉~우리 지우 쭉쭉 크세요."

라고 하며 리듬에 맞춰 온몸을 주물러 준다.

꼭 기억해 두기!

수면은 영아의 성장 발달에 있어 중요한 요소이다. 영아의 수면과 관련한 내용 중 아이를 '안전'하게 재우는 것 또한 무엇보다도 중요하다. 접하고 싶지 않은 내용이 겠지만 수면 중에 갑자기 영아가 사망하는 것을 '영아돌연사'라고 한다. 이를 예방하기 위해서는 아이 등을 바닥에 대고 바로 눕혀 재우기, 수유 후 트림시키기, 푹신한 매트리스 사용하지 않기, 너무 덥게 하지 않기, 고무젖꼭지 적절하게 사용하기, 영아 옆에서 부모의 흡연 삼가기 등의 실천이 필요하다. 이러한 실천은 영아를 잠재적 위험으로부터 좀 더 자유롭게 할 것이다.

아이 등을 바닥에 대고 바로 눕혀 재우는 모습

3. 영아의 수유와 식사(간식)를 돕는 상호작용

3세 이전 영아의 균형 잡힌 영양 상태는 영아가 일생 동안 건강한 생활을 유지할 수 있는 기초가 된다. 영아의 성장에 있어 가장 기본적이고 우선해야 할 것은 수유(식사)와 간식하기를 통한 영양소 섭취이며, 바람직한 식습관 형성을 위한 지도와 부모와의 적절한 상호작용은 영아의 건강한 생활을 위해 매우 중요하다.

건강한 생활을 위해 영아는 우선 잘 먹어야 한다. 영아가 편식하지 않고 골고루 먹기 위해서는, 먹기 습관을 위한 그림책 『냠냠 식사 놀이』(웅진주니어), 『냠냠냠 맛있다』(창비) 등을 읽어 주는 것이 좋다. 영아의 영양소 섭취와 식습관 형성을 위해 엄마, 아빠를 비롯한 가족들이 음식을 맛있게 먹는 식사의 모델링도 효과적이다.

영아의 식사 특징을 이해하는 것도 도움이 된다. 영아들이 숟가락질을 막 배우는 시기에는 흘리는 음식이 많으므로, 떨어뜨리는 양을 고려해 음식을 충분히 준비해 주어야 한다. 영아가 앉기에 편안한 의자나 식탁을 제공하거나 의자 양쪽에 팔걸이가 있는 부스터를 이용하면 아이들이 편안하고 즐거워한다.

영아들에게 음식을 먹는 일은 단순히 영양을 공급하는 시간만이 아니다. 영아들에게 있어 음식은 탐색과 학습의 대상이 되기도 한다. 영아는 음식을 통해 새로운 맛을 알고 색과 모양, 질감을 알아보는 감각적인 시간이 되는 것이다. 또한 이 시간은 부모와의 친밀감을 증진해 줄 뿐만 아니라 '부모와의 질적인 상호작용'을 통해 학습할 기회를 갖게 한다.

수유를 돕는 부모의 상호작용

• 수유할 때

영아와 눈 맞춤을 하고,

"우리 지우 우유 먹자. 엄마(아빠)가 따뜻한 우유를 줄게."

"와, 우유가 따뜻하고 맛있다!"

"우유 젖꼭지를 입에 쏙 넣어 보자."

"흰 우유가 입으로 쏙쏙 들어가네."

"꿀꺽꿀꺽 목으로 넘어가는 소리가 나네."

라고 말해 준다.

• 수유를 마친 후

"와, 우유 맛있게 잘 먹었다."

"우리 예쁜 지우, 우유 맛있었어요?"

"이제 배가 쏙 나왔네."

"잘 먹었다고 인사해 보자."

"엄마 잘 먹었습니다."

"이제 일어나서 트림해 볼까?"

영아를 안고 등을 토닥이며,

"쑥쑥 내려가라. 지우가 먹은 우유 쑥쑥 내려가라."

트림하고 나면,

"우리 지우 이제 소화가 다 되었네요."

"다 먹었으니 엄마랑 입안을 닦아 보자."

라고 말해 준다.

식사(간식)를 돕는 부모의 상호작용

• 이유식이나 죽을 먹을 때

"오늘은 주황색 호박죽이네."

"지우야, 맛있는 죽을 먹어 볼까?"

"으흠, 무슨 냄새가 나지? 와, 맛있는 냄새가 나네. 무슨 맛일까?"

"지우야, 입을 크게 벌리고 먹어 보자."

"자, 엄마가 한 숟가락 떠서 줄게요."

"지우 입에 쏙, 야~ 지우가 잘 먹는구나."

"지우가 입을 오물오물하며 맛있게 먹네."

"호박죽 먹고 우리 지우 건강하고 튼튼하게 자라자."

"다 먹었으니 엄마랑 입안을 닦아 보자."

라고 말해 준다.

• 숟가락을 사용해 음식을 먹을 때

"지우가 숟가락을 들었구나. 숟가락은 어떻게 생겼지?"

"여기 끝이 움푹 들어갔네. 길쭉한 손잡이를 잡아 보자."

"숟가락에 음식을 떠서 입에 쏙 넣어 보자."

"와, 잘했어요. 이제 음식을 입에 넣어 볼까?"

"입으로 쏙, 우리 지우 잘 먹네."

"이제 한 번 더 먹어 보자. 숟가락이 입에 쏙 들어갔네."

"와, 우리 지우 이제 다 먹었다."

라고 말해 준다.

- 포크를 사용해 음식을 먹을 때

"지우가 포크를 들었구나. 포크가 어떻게 생겼지?"
"여기 끝이 뾰쪽하게 생겼네."
"포크를 사용할 때는 장난치면 위험해."
"여기 길쭉한 손잡이를 잡아 보자."
"포크에 음식을 콕 찍어서 입에 쏙 넣어 보자."
"이제 음식을 입에 넣어 볼까? "
"입으로 쏙 우리 지우 잘 먹네."

라고 말해 준다.

- 과일즙을 맛볼 때

"이것이 무엇일까? 둥글둥글 생겼네."
"우리 같이 토마토를 만져 볼까? 말랑말랑하네."
"냄새를 맡아 보자. 무슨 냄새가 날까? 와, 향긋한 냄새가 나네."
"이제 먹어 볼까? 지우 입으로 토마토가 들어가네."
"무슨 맛이 나지? 새콤달콤한 맛이네."
"이제 지우가 떠서 먹어 보자. 입으로 쏙."

이라고 말해 준다.

- 음식을 소개할 때

"오늘은 무슨 반찬일까? 콩밥, 조개 된장국, 시금치나물, 소고기 볶음, 김치
가 있구나."

"지우가 좋아하는 반찬은 뭘까?"
"우리 지우는 소고기 볶음을 참 좋아하는구나."
"된장국도 떠먹어 볼까? 여기 조개도 들어 있네."
"시금치나물이랑 김치도 먹어 보자."
"지우가 맛있게 먹네."

라고 말해 준다.

• 잘 먹지 않는 반찬을 먹어 보게 할 때

"지우는 콩만 남겼네. 콩을 싫어하는가 보구나."
"콩을 먹으면 키도 쑥쑥 크고, 몸도 튼튼해지는데."
"엄마가 먼저 먹어 볼까? 아이 맛있다."
"콩이 지우한테 나도 먹어 보라고 말하네."
"콩 하나만 입에 넣어 먹어 볼까?"

지우가 콩을 씹으면,

"어떤 맛이니? 어떤 느낌이 드니?"

먹지 않으면,

"다음에 엄마랑 같이 먹어 보자."

하며 반복해서 시도해 본다.

• 영아와 음식을 함께 준비할 때

　“저녁 먹을 시간이구나. 오늘은 무슨 음식을 먹을까?”

음식을 그릇에 담으면서 여러 가지 음식에 대하여,

　“오늘은 수수밥이네.”
　“맛있는 어묵 국이구나. 국 속에 동글 어묵, 길쭉 어묵이 들어 있구나.”
　“여기 네모난 깍두기가 있네.”
　“우리 지우가 좋아하는 생선 부침도 있구나.”

라고 말해 준다.

　영아는 처음 보는 음식을 거부하는 경향이 있다. 영아가 음식을 거부할 때는 다른 날 배가 고플 때 먹이게 되면 거부 반응이 줄어들게 된다. 또한 음식을 쏟고 문지르고 던지는 행동을 할 때 부모는 힘들고 화가 날 수 있지만, 긍정적인 마음으로 음식 재료를 탐색해 보는 시간을 갖는 것도 좋다. 영아가 계속해서 장난을 칠 때는 배가 고프지 않다는 뜻이다. 다만 3세 이후에는 영아 자신이 현재 어떤 행동을 하고 있는지를 말해 주고, 먹는 것으로 장난을 치는 시간이 아니라 먹는 시간이라는 것을 알려 주어야 한다.

꼭 기억해 두기!

영아들과의 식사 지도 및 상호작용은 항상 즐거운 것만은 아니다. 영아기 자녀를 둔 부모의 인내심과 긍정적인 마음이 요구된다. 이러한 내용이 허락될 때 수유(식사)와 간식하기를 통해 영아의 바람직한 식습관이 형성될 것이다.

4. 영아의 손 씻기와 이 닦기를 돕는 상호작용

영아의 손 씻기를 돕는 상호작용

기생충 박사 서민 교수와 소아청소년과 강병철 전문의가 쓴 『서민과 닥터 강이 똑똑한 처방전을 드립니다』라는 책이 있다. 여기에서 강병철 의사는 '어린이의 경우는 손만 잘 씻어도 아이가 앓는 질병의 70~80%를 예방할 수 있다.'고 손 씻기의 기본을 강조한다. 질병 예방을 위한 손 씻기와 이 닦기는 어린이집 평가인증에서도 다뤄지고, 이를 평가에 반영하며, 중요하게 다뤄지고 있다.

면역성이 약한 영유아의 질병 예방을 위해 부모는 음식을 다루거나 영유아에게 음식을 먹이기 전, 투약(특히 안약)하기 전, 상처를 소독하거나 밴드를 붙이기 전에 손을 씻어야 한다. 기저귀를 갈아 주거나 영유아의 변기 사용을 도와준 후, 부모의 화장실 사용 후, 애완동물을 만진 후, 익히지 않은 육류와 가금류를 만진 후에도 손을 씻어야 한다. 또한 쓰레기통을 사용한 후나 아이가 흘린 코를 닦아 준 후에도 손을 씻어 부모가 모델링할 필요가 있다.

영유아가 손을 씻고 이를 닦아야 할 때는 언제일까. 영유아는 음식을 먹기 전, 실외 활동 후, 대소변 후에는 손을 씻어야 한다. 애완동물을 만진 후, 피가 나거나 토사물, 코 흘린 것 등 신체 분비물을 만진 후에도 반드시 손을 씻어야 한다. 손 씻기를 습관화하면 청결한 생활은 물론, 감기 등의 질병도 예방할 수 있다.

손 씻기를 습관화하기 위해서는 부모의 모델링이 필요하다. 손을 깨끗이 씻기 위해서는 '국민 손 씻기 운동본부의 손 씻는 방법'을 익히는 것도 도움이 된다. 아이와 함께 건강을 위한 세 가지 약속을 해 보자. 그리고 올바른 손 씻기 6단계를 아이와 함께 오늘부터 바로 실천해 보는 것도 좋을 것이다.

영아의 올바른 손 씻기 6단계 방법 실천하기

새끼손가락 하나를 내밀며,

"지우야, 엄마(아빠)랑 손 씻기 약속해 볼까?"

"'자주 씻어요.' '올바르게 씻어요.' '깨끗하게 씻어요.', 이것이 손 씻기 세 가지 약속이란다."

"지우야, 손 씻기에는 6단계가 있단다."

"오늘부터 엄마(아빠)랑 해 볼까?"

"손바닥과 손바닥을 마주 대고 문질러 보자."

"손가락을 마주 잡고 문질러 보자."

"손등과 손바닥을 마주 대고 문질러 주자."

(양손 모두 해 줌)

"엄지손가락을 다른 손으로 돌려 가며 문질러 보자."

"손바닥을 마주 대고 깍지를 끼고 문질러 주자."

"손톱 부분을 반대쪽 손바닥에 대고 문질러서 손톱 밑을 깨끗이 씻어 주자."

영아의 손 씻기 지도는 연령에 따라 차이를 두어 0~만 1세는 부모가 도움을 주고 만 2세 정도가 되면 서서히 스스로 해 볼 수 있도록 한다. 화장실에 손 씻는 순서와 이 닦는 방법을 부착해 아이와 대화를 나누며 실천한다면 올바른 습관 형성에 도움이 될 것이다.

손을 씻을 때는 '물은 아껴서 사용해야 한다'는 것과 안전지도가 함께 이루어져야 한다. 영아들은 수돗물을 사용할 경우 냉수와 온수의 구분이 쉽지 않다. 이때 주의해야 할 점은 뜨거운 물로 인해 화상을 입지 않도록 온수 조절기(안전 잠금장치)를 수도꼭지에 부착해 안전사고를 예방해야 한다.

영아의 이 닦기를 돕는 상호작용

다음은 치아 관리에 대해 살펴보자. 치아 관리라고 하면 이 닦기를 먼저 떠올리겠지만, 치아 안전사고에 대해서도 생각해 볼 필요가 있다. 영유아들은 자동차를 밀고 다니다가 바닥에 넘어져 이가 흔들리고, 놀이 기구를 타고 놀다가 부딪혀 이가 부러지거나 빠지기도 한다. 빠진 이는 절대로 물에 씻으면 안 되며, 재빨리 식염수나 우유에 담가 치과에 가져가야 한다.

치아 관리가 얼마나 중요한지 사례를 통해 살펴본다.

우리 큰아이의 경우 친구의 장난으로 무방비 상태에서 넘어져 영구치인 앞니가 빠졌다. 이가 빠져 구멍이 뻥 뚫린 상태는 아찔함과 산후조리를 하고 있던 나의 가슴을 철렁하게 했다. 다행히 초등학교 양호선생님께서 뽑힌 치아를 식염수에 담가 치과에 가지고 오셔서 우여곡절 끝에 치아를 다시 심었다. 이후 하얀 치아는 회색빛 치아로 변했다. 민감한 사춘기를 보내고 대학에 들어갈 무렵에 임플란트(상실된 치아를 인공 치아로 대체하는 방법)를 하게 되었다. 인공 치아를 바로 심을 수가 없었던 것은 아이의 턱과 잇몸이 성장 과정에 있었기 때문이다. 안전사고가 발생하면 그 후유증이 크기에 각별한 주의가 필요하다.

아이의 치아는 성인의 치아보다 충치 균이 발생하기 쉬워 부모의 보다 적극적인 치아 관리가 필요하다. 영아는 개인차가 있으나 6개월 정도가 되면 이가 나기 시작해 유치는 20개가 된다. 아이가 6살이 되면서 하나씩 빠지기 시작해 32개의 영구치가 나오게 된다. 유치의 앞니가 빠지기 전에 어금니 제일 안쪽에 맨 처음으로 나오는 영구치를 '6세 구치'라고 한다. '6세 구치'는 음식을 씹는 기능은 물론 다른 치아들이 적절한 위치에 자리를 잡을 수 있도록 도와주는 중요한 치아인데도 불구하고 관리 소홀로 나오자마자 충치가 되는 경우가 많다. '6월 9일', 치아의 날이 정해진 것도 6살에 나오는 영구치를 잘 관리하며 모두 치아를 튼튼하게 하자는 의미에서 만들어졌다고 한다. 이 닦는 습관은 하루아침에 길러지는 것이 아니기 때문에 영아기 때부터 습관이 형성될 수 있도록 해야 한다.

이가 나기 전의 영아는 수유 후 끓였다 식힌 물을 거즈 손수건에 살짝 적셔 잇몸을 닦아 주며, 이가 나기 시작하면 손가락 칫솔 등에 영아용 치약을 묻혀 잇몸을 마사지하고 이를 닦아 준다. 13~24개월 영아의 유치 관리를 위해 밤에 젖병을 물리지 말고 젖병을 확실히 끊어 치아우식증을 예방한다. 단것을 적게 먹이고 엄마와 함께 반드시 양치질하고 충치가 생기면 바로 치료를 해 준다.

영아가 칫솔을 사용하게 될 경우 영아용 작은 크기의 칫솔로 시작해 점차 연령이 증가함에 따라 칫솔 크기도 변화를 준다. 올바른 이 닦기를 위해 '3·3·3 법칙', 즉 하루 3번, 음식 섭취 후 3분 이내, 3분 동안 양치질하는 습관을 기른다.

* 영아의 3·3·3 법칙을 이용한 치아 관리

영아가 이를 닦기 싫어하는 경우는,

"지우야 치카치카 놀이할까?"

라고 하며 이 닦는 흉내를 내든지 치아 모형 틀을 가지고 치카치카 놀이를 해 본다. 『치카치카 삼총사』(연두비), 『치카치카 양치질 안 할래』(시공 주니어), 『이 닦기 놀이 그림책』(그레이트 키즈), 『이가 튼튼 그림책』(국민서관) 등의 그림책도 도움이 된다.

"싹싹 닦아라 윗니 아랫니♪ 싹싹 닦아라 아랫니 어금니♪"
"이 잘 닦는 아이는 하얀 이 예쁜이♪ 웃을 때는 반짝반짝 참 예뻐요♪"

등의 동요를 불러 주는 것도 좋다.

꼭 기억해 두기!

영아는 손을 자주 씻음으로써 청결 유지, 질병 예방, 건강한 생활을 유지하게 된다. 부모도 손을 자주 씻어 영아를 위생적으로 보살피고 모델링함으로써 청결한 생활 습관이 형성될 수 있다. 손 씻기 지도와 함께 식사 후 올바른 이 닦기 방법을 지도해 영아가 평생 건강하게 지낼 수 있는 기초를 마련해 주는 것은 부모의 몫이 아닐까.

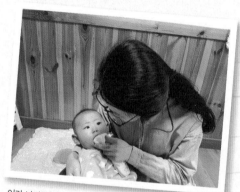

이가 나기 전 영아에게 끓였다 식힌 물을 거즈 손수건에 적셔 입안을 닦아 주는 모습

이가 나기 시작한 영아에게 손가락 칫솔에 영아용 치약을 묻혀 잇몸을 마사지하고 이를 닦아 주는 모습

혼자 이 닦기 전 치아 모형 틀을 가지고 '치카치카 놀이' 하는 영아의 모습

혼자 이 닦기를 시도하는 영아의 모습

5. 영아의 목욕하기와 머리 관리를 돕는 상호작용

영아의 목욕하기를 돕는 상호작용

목욕은 피부를 청결하게 한다. 혈액 순환을 쉽게 하고, 신진대사와 발달을 촉진하는 효과가 있다. 매일 몸을 깨끗이 씻고 머리를 청결하게 관리하면 세균 감염을 예방하는 데 도움이 된다. 특히, 면역력이 약한 영아는 질병에 걸릴 위험이 높아 청결과 위생에 대한 관리가 필요하다.

아이들은 움직임이 많아 땀을 많이 흘리기 때문에 매일 씻어 주어야 한다. 아이를 안아 주고 머리를 쓰다듬다 보면 아이가 씻었는지 그렇지 않은지 느낌을 바로 알 수 있다. 어린이집에서 귀가할 때 머리를 쫑쫑 따 주거나 예쁘게 묶어 준 머리가 며칠째 그대로 있을 때도 있어 이럴 때 '아이의 기분은 어떨까?' 생각해 보게 된다.

영아는 목욕하는 것을 대부분 좋아하지만 싫어하는 아이도 있다. 이럴 때는 목욕을 놀이처럼 느낄 수 있도록 고무 인형이나 플라스틱 장난감, 페트병 등을 욕조에 넣어 주면 좋다. 비닐 그림책을 보게 하거나 비닐봉지에 구멍을 뚫어 물을 담아 묶어 누르면 물이 '펑' 하고 나온다. 종이배를 접어 물에 띄워 주면 배가 '둥둥' 뜨는 것을 보고 영아는 욕조에 빨리 들어가고 싶어 할 것이다.

이처럼 영아가 목욕을 놀이처럼 느낄 수 있도록 하며, 평소에 목욕에 흥미를 느낄 수 있도록 그림책을 읽어 주면 좋다. 욕조에서 동물들과 목욕하는 놀이를 상상할 수 있는 『목욕은 즐거워』(한림), 동물들이 서로 등을 밀어 주며 목욕하는 장면이 나오는 『쓱쓱 싹싹 목욕탕』(한림) 등의 그림책과 『아빠랑 목욕해요』(북뱅크), 『저런, 벌거숭이네』(비룡소), 『목욕은 싫어요』(사파리) 등의 그림책을 함께 읽어 주면 도움이 된다.

목욕은 언제 해야 할까? 분비물이 많은 영아의 경우 목욕은 매일 시키는 것이 좋고, 몸이 허약한 경우에는 피로를 느끼기 쉬우므로 영아의 건강 상태와

계절에 따라 조절하는 것이 좋다.

목욕은 매일 일정한 시간에 시키는 것이 좋다. 오전 10시~오후 2시 사이가 좋으며, 목욕에 걸리는 시간은 5~10분 정도가 적당하다. 수유 직전이나 직후 30분~1시간 사이는 목욕을 피하는 것이 좋고, 씻길 때는 부드러운 거즈 수건이나 목욕 수건을 사용한다.

목욕을 시킬 때는,

> "지우야, 엄마(아빠)랑 씻어 볼까?"
>
> "물을 만져 보자."
>
> "물이 따뜻하네."
>
> "비누 냄새가 참 좋구나."
>
> "부드러운 수건으로 닦아 보자."

등의 말로 상호작용하며, 목욕을 시키는 구체적인 방법과 순서를 살펴본다.

• 영아의 목욕시키는 방법과 순서

① 목욕탕과 목욕통 바닥에 목욕 수건이나 미끄럼 방지 깔판을 깔아 영아가 미끄러지지 않도록 한다.
② 팔꿈치나 온도계를 사용해 물의 온도(38~40℃)를 알아본다.
③ 옷을 벗긴 후 목욕 타월로 싼 다음 눈은 안쪽에서 바깥쪽으로 닦고, 얼굴, 귀 등을 깨끗이 씻어 준다.
④ 귀에 물이 들어가지 않게 엄지손가락과 약지 손가락 끝으로 귓밥을 눌러 귀를 막는다.
⑤ 머리에 물을 적시고 손이나 거즈에 비누 거품을 내 머리를 감긴 후 수건으로 닦아 말려 준다.
⑥ 발끝부터 천천히 물에 넣어 닦아 주고 겨드랑이, 사타구니, 엉덩이, 다리

　　순으로 씻겨 준다.
⑦ 타월로 몸을 감싸고 물기를 닦아 준 후 옷을 입힌다.

목욕을 하고 나서는,

　"지우가 몸을 깨끗이 씻었구나."
　"목욕하고 나니 기분이 어떠니?"
　"로션 발라 볼까?"
　"보들보들 예쁜 손이 킁킁킁 좋은 냄새가 나네."
　"엄마(아빠)랑 손을 빙글빙글 비벼 볼까?"
　"지우 손이 보들보들 부드러워졌네."
　"로션이 어디로 갔지?"

등의 말로 영아와 상호작용한다.

영아의 머리 관리를 돕는 상호작용

　영아는 물속에 있는 것에 흥미를 느끼고 목욕을 마치고 나면 기분 좋아한
다. 하지만 머리를 감을 때는 두려움을 느끼고 잘 감지 않으려고 하기도 한다.
이때 영아의 머리 앞쪽에 안전거울을 놓고,

　"지우야, 여기 거울을 쳐다보자."
　"보글보글 비누 거품이 나네."
　"이번에는 눈을 꼭 감아 보자."
　"지우 머리에도 보글보글 거품이 나네."
　"이제 거품을 씻어 주자."

등의 말로 비누 거품이 이는 모습을 먼저 보여 주면서 머리 감는 일은 즐거운 일이라는 것을 경험하게 하며, 거품이 눈에 들어가지 않도록 주의한다.

머리를 감긴 뒤에는 젖은 머리를 잘 말려 아이들이 청결을 유지할 수 있도록 해야 한다. 가끔은 어린이집 아이 중에 머릿니가 있어 깜짝 놀랄 때가 있다. 청결 상태가 좋지 않거나 머리가 잘 마르지 않고 묶은 머리를 제때에 감기지 않을 경우 머릿니가 생기기도 한다. 머릿니 발생은 대체로 청결하지 않은 환경에서 발생하나, 최근에는 가정 환경의 청결함이나 빈부의 격차와 관계없이 모든 아이에게 감염될 수 있는 흔한 감염증으로 알려졌다.

머릿니의 초기 증상은 머리를 가려워한다. 아이들이 머리가 가렵다고 할 때는 반드시 머릿니나 서캐가 있는지 눈으로 확인해야 한다. 머리빗, 베개, 모자, 머리띠 등을 함께 사용하거나 머리가 서로 맞닿을 경우에도 전염될 수 있다. 아이가 어린이집에서 단체 생활을 할 경우 바로 어린이집에 얘기를 해 주어야 한다.

머릿니의 치료 및 예방법은 약국에서 머릿니 약을 사서 머리를 감기고 참빗을 사용해 서캐를 모두 제거해야 한다. 최근 사용한 옷은 끓는 물에 넣어 세탁하고, 이불과 베개는 세탁 후 햇볕에 말린다. 머리빗과 브러시 등은 뜨거운 물에 씻어 말린 후 각자 따로 사용하도록 한다.

꼭 기억해 두기!

영아의 건강 관리에 있어 목욕하기와 머리 관리하기도 빼놓을 수 없는 부분이다. 청결 습관 유지는 바로 영아의 건강 습관을 유지하는 것이기에 더욱 세심한 부모의 관심과 지원이 필요하다.

6. 영아 옷 입기(양말)를 돕는 상호작용

아빠 손을 잡고 등원한 30개월이 된 지우는 입을 오물오물하며 들릴 듯 말 듯한 작은 소리로,

"감사하는 어린이가 되겠습니다."

라고 이달의 인사를 했다. 이후 선생님의 도움을 받아,

"아빠 잘 다녀오세요."

라고 인사를 한 후 신발장에 나란히 붙여진 운동화 컷 그림 위의 자기 이름을 찾아 신발을 가지런히 올려놓았다.

이번에는 입고 온 겉옷(외투)을 옷걸이에 걸기 위해 유희실 한쪽에 비치된 옷장 있는 쪽으로 갔다. 다른 날처럼 빨강, 분홍, 초록, 하늘색 옷걸이를 바라보며 '어떤 색깔 옷걸이에 걸까.'라고 생각을 하는 듯 물끄러미 옷걸이를 바라보다가 두어 번 시도 끝에 빨간색 옷걸이를 집어 들었다.

영아들 키 높이에 맞게 마련된 옷장이지만 옷걸이 끝이 굽어 있어 살짝 들어야 옷걸이를 뺄 수 있다. 두어 달 전만 해도 잘 빼지 못했던 지우는 옷걸이를 꺼내 땅에 놓고 외투 한쪽 소매를 옷걸이에 끼우고 다른 쪽을 끼우기 위해 안간힘을 쓴다.

"지우야, 선생님이 도와줄까?"

하자 지우는 '혼자서 하고 싶다'는 듯 한 번 바라본 후 옷을 자기 앞으로 잡아당겼다. 잠시 후 지우를 바라보던 선생님이,

"지우야, 선생님이 도와줄까?"

하자 고개를 끄덕이며 선생님 앞쪽으로 내밀었다. 지우는 선생님 도움을 받아 옷장에 옷을 걸었다.

"김 · 지 · 우! 잘 · 했 · 다."

하고 칭찬 박수를 쳐 주었다.

화요일도 수요일도 목요일도 지우는 마음에 드는 색깔 옷걸이를 찾아 옷을 걸었다.

아이들이 어린이집에 오면 신발과 겉옷(외투)을 벗어 정리를 한 후 자기 사물함을 찾아 가방을 갖다 놓는다. 미끄러지지 않게 양말도 벗는다. 벗은 양말 두 짝을 가방(양말 사물함)에 넣는 아이가 있는가 하면 한 짝씩 내던지는 아이도 있다.

'세 살 버릇 여든까지 간다.'는 말이 있다. 영아가 옷(양말)을 입고 벗는 것, 옷 갈아입기는 아이가 평생 지닐 습관 중의 하나로 어릴 때 습관을 바로잡아 주는 것이 매우 중요하다. 영아가 옷을 입고 벗고 정리하는 일, 즉 영아의 의생활 습관을 위해서는 영아 스스로 해 볼 기회를 많이 주는 것이 필요하다. 느긋하게 기다려 주고, 반복적인 활동을 하며, 필요한 경우 도움을 준다. 그리고 인형 옷 입혀 주기, 내 옷 찾아보기, 옷 촉감 느껴 보기, 같은 색깔 옷 찾아보기, 양말 짝짓기 놀이 등 옷을 벗고 입는 것을 놀이처럼 즐기며 상호작용해 본다.

영아의 옷 입기를 돕는 상호작용

"지우야, 엄마(아빠)랑 옷 입어 볼까?"
"오른쪽 소매를 끼워 보자."
"팔이 쏙 들어갔네."

"이번에는 왼쪽 소매를 끼워 보자."

"단추를 잠가 보자."

"단추가 구멍으로 쏙 나왔네."

"양말을 신어 보자."

"지우 발이 쏙 들어갔네."

"양말을 위로 당겨 보자"

라고 하며 아이와 상호작용하며 놀이처럼 한다면 즐거운 기분으로 자연스럽게 옷(양말)을 입을 수 있다.

그림책을 보여 주는 것도 도움이 된다. 『저런 벌거숭이네』(비룡소)는 아이가 옷을 벗고 목욕하러 가는 모습을 통해 씻기 습관을 기를 수 있는 그림책이다. 그림책을 읽고 나서 옷을 하나씩 벗게 하면 아이들이 좋아해 옷을 벗는 데도 도움이 된다. 『손이 쏙 나왔네』(한림출판사)는 영아가 혼자서 옷을 입을 수 있도록 도와주는 그림책이다. 『옷을 입자 짠짠』(비룡소)은 영아의 옷을 입는 습관 형성에 도움이 된다.

영아의 의생활 습관은 영아가 스스로 옷을 입고 벗는 자율성을 기르게 한다. 좋은 의생활 습관은 자신의 옷을 정리하고, 계절과 상황에 맞는 옷을 입는 능력을 길러 영아가 건강한 생활을 할 수 있게 한다.

영아의 옷 갈아입기는 먼저 벗는 것부터 시도해 보는 것이 좋다. 아이가 혼자서 벗고 싶어 하면 엄마(아빠)가 중간까지만 도와주고, 아이가 해 볼 수 있도록 한다. 티셔츠처럼 앞이 막힌 옷이라면 팔을 빼는 것까지는 엄마(아빠)가 해 주고 마지막으로 머리를 빼는 것은 아이가 하게 한다. 바지는 엉덩이 부분까지는 엄마(아빠)가 내려 주고 나머지는 영아 스스로 해 보게 한다.

영아에게 옷을 갈아입힐 때는 기분 좋은 상태에서 빨리 입힐 수 있도록 한다. 특히, 신생아의 경우 급격한 온도 변화를 겪지 않도록 실내 온도가 적당한지 살펴본 다음 재빨리 옷을 벗기고 담요나 수건으로 감싼 상태에서 옷을 입힌다. 이때 손가락을 다치지 않도록 조심하고, 옷을 입힐 때 눈이나 코에 자극이 가지 않도록 주의해야 한다.

단추가 달린 옷을 입힐 때도 주의가 필요하다. 단추를 꿰맨 실이 약한 상태인지, 단추가 단단하게 고정되어 있는지 수시로 확인을 해야 한다. 영아가 떨어진 단추를 입에 넣게 되면 목에 넘어갈 위험이 있어 3.5cm 이하의 물건에 해당하는 바둑알이나 동전처럼 주의가 필요한 것이다. 옷을 입고 벗을 때 단추를 잠그고 풀고 해 봄으로써 자조 기술의 발달과 소근육 발달에 도움이 되기에 영아가 천천히 해 볼 수 있도록 기다려 주고 격려해 준다.

남아의 경우 지퍼가 달린 바지를 입힐 때 세심한 주의가 필요하다. 오래전 일이기는 하지만 내가 병원에 근무할 때 아이 엄마가 당황한 모습으로 네 살 정도의 남자아이를 안고 헐레벌떡 병원에 오셨다. 아이는 청으로 된 짧은 반바지를 입었는데 지퍼에 성기 끝이 꼭 끼어 빨갛게 부어오른 상태였다. 의료 기구를 이용해 빼기는 했으나 아이는 아파하며 심하게 울었다. 이러한 예기치 않은 안전사고는 성인의 부주의로 인해 생길 수 있으므로 주의해야 한다.

영아의 옷을 선택할 때도 주의가 필요하다. 영아가 스스로 입고 벗기 편한 옷, 피부를 자극하지 않는 면으로 된 옷, 내구성이 좋고 가벼운 옷, 긴 끈이나 레이스 장식이 많지 않은 활동에 편리한 옷, 발육 단계를 고려해 약간의 여유가 있는 옷을 준비해 입히도록 한다.

꼭 기억해 두기!

영아의 옷 입기를 위한 상호작용은 기본생활 습관 형성에 도움이 되며, 영아의 적절한 옷차림은 건강한 생활을 하게 한다. 부모는 청결한 옷 관리와 영아가 입고 벗기에 편안한 옷차림을 준비하고, 활동과 놀이에 적당한 옷차림, 계절과 날씨에 맞는 적절한 두께의 옷 입기를 하도록 해 영아가 건강을 유지할 수 있도록 도와주어야 한다.

영아의
감각 발달을 돕는
상호작용

1. 영아의 신체 발달을 돕는 상호작용

두어 달 전만 해도 엄마 품에 안겨 어린이집에 왔던 수야 동생이 삑삑이 신발을 신고 '삑삑삑' 소리를 내며 걸어서 왔다. 만 2세반에 있는 수야가 1세 병아리반일 때 태어난 동생은 다른 아이들과 마찬가지로 뒤집고, 기고, 앉고, 무언가를 잡고서 겨우 섰다가, 두 손을 모두 놓고 혼자서 섰다. 걸음을 떼려다 '쿵' 주저앉기를 반복하다가 혼자 힘으로 걸음마를 하게 된 아이는 몇 개월 후면 신체 발달이 이루어져 세상을 향해 뛰기 시작할 것이다.

영아기의 신체운동능력은 각 연령 간의 수준 차이가 클 뿐 아니라 같은 연령에서도 개인차가 크다. 또한 개인이 가지고 있는 운동능력 내에서도 더 발달한 능력과 덜 발달한 능력이 있을 수 있다. 그러므로 가능한 한 영아 자신의 능력 범위 내에서 신체를 움직이도록 해야 한다. 이를 통해 기본적인 운동능력이 충분히 습득되었을 때 다음 활동을 진행하고, 수준별로 놀이 활동을 지원해야 영아 자신도 성취감과 만족감을 느끼게 된다.

부모가 영아의 균형 잡힌 발달을 도우려면 무엇보다 먼저 영아의 발달 특성을 알아야 하며, 연령에 따른 주요 행동에 대해 살펴볼 필요가 있다.

출생에서 12개월 사이 영아의 가장 중요한 발달과업은 뒤집기, 앉기, 서기를 하는 등 급격한 신체 발달을 보인다. 12개월 정도가 되면 개인차에 따라 걷기도 한다.

12개월이 지나 두 돌 사이의 영아는 스스로 자기 몸을 이동할 때 큰 변화가 생긴다. 영아는 이동능력이 생기면서 주변 세계에 대한 탐색을 시작한다. 만 1세에서 만 2세 사이의 가장 중요한 발달과업은 신체조절능력과 이동능력의 증진으로 능동적인 학습을 하게 되며, 2세 영아의 가장 핵심적인 특징은 영아가 호기심을 가지고 주변을 활발하게 탐색하는 것이다.

이러한 호기심은 만지고 싶은 마음을 억제하지 못한다. 그래서 눈에 보이는 것은 무엇이든 만지며, 밀거나 넘어뜨리고 당겨 보기도 한다. 의자나 서랍 등을 딛고 높은 곳에 올라가기도 하고, 침대나 미끄럼틀 위에서 뛰어내리기도 한다. 영아의 사고는 눈 깜짝할 사이에 발생하기 때문에 부모는 아이의 행동을 잘 관찰하고 주의하며 안전사고가 발생하지 않도록 거실, 부엌, 놀이터, 화장실 등 장소에 따른 위험 요소를 사전에 제거해야 한다.

영아는 일상생활 속에서 다양한 신체 활동에 자발적으로 즐겁게 참여하며 신체 움직임에 대한 욕구를 마음껏 표현한다. 이러한 경험을 통해 신체적 · 정신적으로 건강한 상태가 되고, 영아의 전인적 발달에 중요한 기초가 되기에 이를 위한 부모의 지원이 필요하다.

부모가 영아의 놀이에 참여하는 유형은 어떨까? 영유아 놀이 관련 선행연구를 보면 엄마는 교수 놀이 위주로 참여하고, 아빠는 신체 놀이 위주로 참여하였다. 대부분 영아는 교수 놀이보다 몸으로 놀아 주는 신체 놀이를 좋아했다. 아빠의 신체 활동 참여는 엄마와 이루어지는 교수 놀이나 언어에 의한 정적인 상호작용을 보완해 줄 수 있으며, 영아의 신체 발달을 돕는다(『아버지만이 줄 수 있는 것이 따로 있다』, 로스 D. 파크)

영아의 신체 발달을 돕는 활동은 곧 신체 움직임 활동이 된다. 신체 움직임 활동은 인지를 비롯한 다른 영역의 발달과 밀접한 관계가 있으며, 영아는 주변 세계를 탐색하면서 다양한 개념을 형성해 나간다. 이때 부모의 상호작용이 중요하므로 '신체 움직임 활동을 돕는 상호작용의 원칙'을 살펴보자.

신체 움직임 활동을 위한 상호작용의 원칙

첫째, 안전을 고려한 신체 움직임 활동 지원이 필요

이때 주의해야 할 점은 너무 안전에만 생각이 치우쳐 영아가 움직이는 것을 통제해서는 안 된다. 안전과 생명을 위협하는 '경계'에 대해서 확실하게 하되 경계 안에서는 아이가 자유롭게 신체 활동을 할 수 있도록 도와주어야 한다.

둘째, 영아에게도 안전교육이 필요

영아의 신체 움직임 활동은 늘 위험이 뒤따르지만, 위험한 상황을 모두 완벽하게 보호해 주기 어렵다. 영아가 서서 미끄럼을 타는 경우,

> "지우야, 미끄럼틀은 앉아서 타는 것이란다. 서서 타면 넘어져 다치게 돼."
> "앉아서 타 보렴."

하며 영아 스스로 안전감각을 가질 수 있도록 반복적으로 안전지도를 한다.

셋째, 영아의 신체 움직임 활동 관찰이 필요

영아가 어떤 신체 움직임을 하고 반응하는지를 관찰하며, 이를 언어로 표현해 준다.

> "지우가 바닥에 붙여진 스티커를 만지고 있구나."
> "지우야, 이건 어떤 모양일까?"
> "이건 발바닥 모양이네."

"지우 발이랑 맞춰 볼까?"

하고 영아의 신체 움직임 활동과 반응을 언어로 표현해 주며, 영아의 감정을 읽어 준다.

넷째, 영아의 신체 움직임 활동에 부모의 참여가 필요

영아 스스로 신체 움직임 활동을 즐겁게 할 수 있도록 하고, 엄마(아빠)가 활동에 함께 참여해 활동을 촉진시킨다. 엄마(아빠)가 신체 움직임을 보여 주며,

"지우야, 엄마(아빠)가 앞으로 걷고 있어요. 한 걸음, 두 걸음, 엄마가 앞으로 걸어갑니다."
"이번에는 우리 지우도 걸어 볼까?"
"우리 지우도 엄마(아빠)처럼 걷고 있구나."
"한 걸음, 두 걸음, 발을 떼고 있네."

하고 영아를 격려해 준다.

엄마(아빠)의 애정 어린 스킨십과 신체 마사지는 잠을 깊이 자게 하며, 면역력을 증가시켜 신체를 성장시킨다. 이와 함께 0세 아이를 위한 그림책인『뒹굴뒹굴 짝짝』(백연희),『구두구두 걸어라』(하야시 아키코),『코코코코 코!』(애플비 편집부)와 만1~2세 그림책『걷는 게 좋아』(하영),『모두 달아났네』(기시다 에리코),『오리처럼 뒤뚱 뒤뚱』(엄혜숙 외),『폴짝』(관상주) 등의 그림책을 읽고, 동작을 흉내 내며 따라서 해 보는 활동도 신체 발달과 신체 움직임 활동에 도움이 된다.

꼭 기억해 두기!

영아의 신체 발달과 신체 움직임 활동을 위한 상호작용은 안정적인 신체의 성장을 돕는다. 부모는 영아의 안전을 고려한 신체 움직임 활동 지원과 영아가 다양한 감각 경험을 통해 주변 환경을 탐색할 수 있도록 돕는다. 또한 다양한 신체 활동을 통해 영아의 기초 체력이 향상되도록 도와주어야 한다.

신체 이동능력 증진으로 생활 주변을 탐색하고 있는 영아에게 "슬아, 변기에 올라가는 것은 위험하단다."라며 주의를 주는 모습

영아와 두 손을 잡고 앞으로 당겼다 뒤로 했다 반복하는 신체 놀이 모습

영아를 위로 올렸다 내렸다 반복하는 신체 놀이 모습

2. 영아의 언어 발달을 돕는 상호작용

아이가 출생 후 '엄마'라는 말을 하기까지는 다양한 소리를 수천 번 듣고, 셀 수 없을 만큼 여러 번의 소리를 내야 한다. 아이는 '엄마'라는 단어 하나를 배우게 되면 마치 약속이라도 한 듯 이모, 할머니, 선생님도 모두 '엄마'라고 부른다. 아이가 두 돌 정도가 되면 대부분 할머니를 '하미'라고 부르고 할아버지를 '하비', 자동차는 '자도차', 선생님은 '선새미'라고 부르는데 만 4세 정도가 되면 발음이 정확해진다.

영아의 언어 발달은 영아의 전인적 발달의 토대가 되므로 아이의 힘든 언어 발달의 여정에서 부모는 안내자가 되며, 상호작용을 해 줄 수 있는 든든한 지원자가 되어야 한다.

우리 어린이집 원아 중 제일 막내는 3월 초에 입소한 이제 70일 된 현이다. 현이는 이목구비가 또렷한 남자아이로 아직 목을 가누지 못해 매우 조심스럽게 다루고 있다. 안고 있으면 미소를 짓고, 입을 벌리고, 찡그리며 하품을 한다. 울기도 하고, 목소리를 내기 위한 연습인 쿠잉을 하며 입을 오물거린다. 선생님은 영아의 몸짓이 보내온 신호를 알아차리고 작은 젖병에 분유 60$m\ell$를 타주자 '애' '이' '오'와 유사한 소리를 내며 젖병을 빨았다. 젖 먹는 시간을 이용해,

> "현이가 먹고 싶었나 보구나."
> "젖병을 쪽쪽 잘 빠네."

하며 상호작용해 주었다. 이후 영아는 3~6개월 정도가 되면 옹알이로 의사소통이 가능한 시기가 된다.

이번에는 7개월 된 남자아이 온이의 언어 활동이다. 온이는,

"음마."

"음, 음마."

소리를 내며,

"안녕."

"빠이빠이."

"어부바."

등의 의미를 알고 주의를 기울이기도 한다. 자신의 이름을 부르면 머리를 돌려 부르는 쪽을 바라본다. 친숙한 문장에 반응하며, 고개 끄덕이기, 밀쳐 내기, 당기기, 기분이 좋을 때는 몸을 들썩이는 등의 몸짓을 한다. 배가 고플 때는 강한 울음으로 먹고 싶은 욕구를 표현해 신속하게 먹을 것을 준비한다. 이후 영아가 9~12개월이 되면 첫 낱말의 징조가 보이고, 12~16개월이 되면 하나의 낱말로 상황을 표현하는 시기가 되며, 16~20개월이 되면 할머니도 선생님도 모두 "엄마."라고 부르는 시기가 된다.

선생님을 엄마라고 부르는 22개월이 된 여아 빛이는 '선생님 엄마'의 손을 잡고 요구사항을 말과 몸짓으로 표현한다.

"엄마."

하고 부르며 손을 끌고 와 색깔의자에 앉으라고 하며, 노란 칸을 가리키며 전날 보았던 『곤지곤지』 책을 꺼내 보여 달라고 한다. 손을 펴서 책 속의 '곤지곤지'와 '짝짜꿍'을 따라 하며 즐거워한다. 영아가 20~24개월이 되면 어휘력이 폭발적으로 늘어나는 시기가 된다. 24~30개월이 되면 세 개의 단어를 이어서 말하는 시기가 되고, 30~36개월 사이는 문법을 폭발적으로 익히는 시기가 된다(『두뇌가 좋아지고 자존감이 커지는 말 걸기』, 조하연).

아이가 태어나서 36개월까지는 언어 발달에 있어 매우 중요한 시기이다. 영아기의 언어 활동 능력은 각 연령 간의 수준 차이가 클 뿐 아니라 같은 연령에서도 개인차가 크게 나타난다. 영아의 언어 발달에 도움을 주기 위해서는 계속 말 걸어 주기, 아이가 필요한 것을 말로 표현할 때까지 천천히 들려주고 기다려 주기, 새로운 경험을 통해 하고 싶은 말이 많아지도록 도와주기, 아이가 한 말에 덧붙여 반복해서 말해 주기, 아이가 한 행동을 보고 언어로 말해 주기 등 아이의 생각을 엄마(아빠)가 말로 대신 하는 방법이 있다. 언어 감각을 키워 줄 수 있는 생활 놀이로는 신체를 지적하며 노래하기, 동물 소리 흉내내기, 인형 등을 이용한 역할 놀이, 전화 놀이, 하루 30분 아이에게 집중하는 시간 갖기 등이 있다(『아이에게 꼭 해 줘야 할 58가지』, 중앙mb 주니어).

영아의 의사소통 능력은 주변의 소리, 말소리, 그림, 글자에 대한 관심 속에 다양한 기회와 환경을 자연스럽게 접하면서 듣기, 말하기, 읽기, 쓰기에 대한 의사소통 능력의 기초를 갖추게 되는데 '엄마(아빠)의 상호작용 원칙'은 다음과 같다.

엄마(아빠)의 상호작용 원칙

첫째, 영아와 친밀한 관계를 만드는 것을 원칙으로 한다.

둘째, 언어 발달은 물론 사회, 정서, 인지 등 전인적 성장을 지원한다.

셋째, 매일 반복되는 일상생활의 의사소통 상황에 영아와 함께 즐겁게 참여한다.

"싹싹 닦아라 윗니 아랫니♪"

"싹싹 닦아라 아랫니 어금니♪"

"이 잘 닦는 아이는 하얀 이 예쁜이♪"

"웃을 때는 반짝반짝 참 예뻐요♪"

등의 일상적 양육에 노래나 리듬, 재미있는 말 패턴으로 즐거운 언어적 환경을 만든다.

넷째, 엄마(아빠)의 바르고 고운 언어 사용은 언어 발달의 좋은 모델이 된다. 듣기, 말하기, 읽기, 끼적이기의 좋은 모델이 되기 위한 '엄마(아빠)의 상호작용 전략'을 살펴보자.

엄마(아빠)의 상호작용 전략

• 듣기

① 부모는 영아의 말에 몸과 마음을 다하여 들어 준다. 이것은 영아가 상호작용하고자 할 때 설거지나 세탁 등의 일을 멈추고 영아를 바라보며 진심을 담아 들어 주라는 것이다.

② 영아의 울음, 말, 몸짓 표현, 행동, 언어 등에 반응하며 얘기를 들어 준다. 영아의 이야기를 들어 줄 때는

"기저귀가 젖었구나."

"배고프니?"

"응, 그랬구나."

"그래, 속상했겠구나."

"그래서 기분이 어땠어?"

하는 등 적극적으로 호응한다.

③ 영아의 말을 끝까지 들어 준다. 영아의 연령이 어릴수록 의사 표현이 서툴다. 부모는 영아의 말과 몸짓언어 모두 영아가 말을 끝낼 때까지 들어 준다.

• 말하기

① 한 번에 한 가지 주제로 말하며 상호작용한다.

② 영아의 발달 수준에 맞는 단어와 문장을 사용하고, 영아의 부정확한 말을 정확하게 표현해 준다.

③ 긍정적 언어를 사용하고, 영아의 눈높이에 맞게 자세를 낮추어 사용한다.

④ 비언어적 시기에는 영아의 표정과 몸짓 반응을 살펴 언어로 표현해 준다. 예를 들어 눈을 비비며 칭얼대는 영아를 보고,

"우리 지우가 잠이 오나 보구나. 엄마가 자장가 불러 줄까?"

등으로 말해 볼 수 있다.

• 읽기

① 책은 매일 읽어 준다.

② 일상생활에서 글이나 말의 유형에 관심을 끌게 하기 위해서 그림책이나 헝겊 책(1세 미만: 매일 하루에 5~10분 정도, 12~18개월: 20분 정도, 18개월 이후: 매일 30분 정도)을 읽어 준다.

③ 의성어와 의태어가 많이 담긴 동시책을 읽어 주는 것도 좋다. 그림책이나 동시를 읽어 주는 동안,

"이것 봐, 여기 그림책에 자동차가 있네."
"지우, 자동차 타 봤니?"

등 놀이 속에서의 상황을 상호작용에 치중해 읽어 주는 것도 좋다.

도움이 되는 0세 그림책으로는 『으앙 으앙』(느림보), 『코코코 해 보아요』(사계절), 『강아지는 멍멍 오리는 꽥꽥』(애플비), 만 1세 그림책은 『무지개 까꿍』

(웅진주니어), 『무엇이 무엇이 똑같을까?』(보림), 『응가, 뿌지직 뿡!』(큰북 작은 북), 만 2세 그림책으로는 『동물들아 뭐하니?』(웅진주니어), 『모두 모두 정말 좋아(웅진주니어), 『쪽!』(창비) 등이 있다.

• 끼적이기

① 큰 종이에 부모와 함께 끼적여 본다.
② 광고지, 신문, 잡지 등에 다양한 느낌으로 끼적이기를 할 수 있도록 한다.

꼭 기억해 두기!

영아의 언어 발달은 인지 발달과 연관된다. 정서 · 사회성 발달에 영향을 미치고 창의성을 발달시킨다. 부모의 상호작용은 영아의 언어 발달에 있어 매우 중요하므로 지속적인 관심이 필요하다. 일반적인 발달과 다르게 언어 발달이 순조롭지 못한 경우도 있다. 언어 발달이 늦어지는 경우는 전문가의 상담이 필요하다.

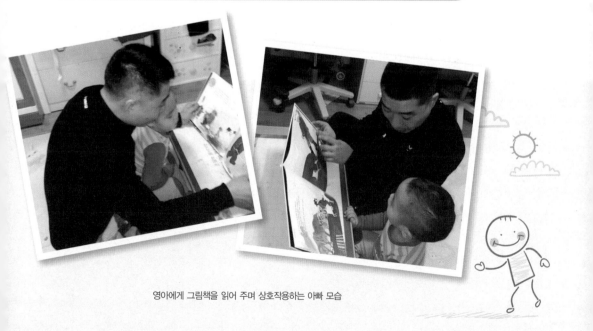

영아에게 그림책을 읽어 주며 상호작용하는 아빠 모습

3. 영아의 사회성 발달을 돕는 상호작용

우리 큰아이가 두 돌 정도 되었을 때다. 큰아이 또래의 자녀를 둔 이웃의 엄마들과 차를 마시기 위해 만나는 시간이 잦았다. 만난 횟수가 많은 만큼 아이들이 다투는 횟수도 증가하였다. 아이들은 잘 놀다가도 서로 밀고 때리는 것이 기본이었다. 특히, 우리 큰아이가 함께 놀던 친구를 꽉 깨무는 공격성 행동은 물린 아이는 물론 아이 엄마도 속상하게 만들 때가 더러 있었다. 이러한 상황을 줄이기 위해서는 다툼을 예방하기, 예상하기, 대체하기, 감독하기, 상호작용방법 등의 '보다 적극적인 상호작용 전략'이 필요했었다는 생각이 든다.

영아는 타인과의 상호 접촉과 상호작용을 통해 성장한다. 영아의 사회성은 영아기에 만져 보고, 미소 짓고, 옹알이하면서 시작된다. 부모를 비롯한 양육자와의 따뜻하고 민감한 유대 관계 속에 애착 관계가 형성된다.

영아는 가장 친숙한 엄마(아빠)와 놀이하면서 엄마(아빠)에게 더욱 애착을 갖게 되고, 긍정적인 정서 상태에서 원만한 대인 관계를 시작할 수 있다. 이러한 안정된 사회관계의 시작은 또래나 부모 이외의 타인과의 놀이를 잘할 수 있도록 도와주고, 이를 통해 사회성이 발달한다.

대부분의 심리학자가 지적했듯이 영아가 양육자와 어떻게 상호작용했는지에 따라 영아의 자아가 건강하게 형성될 수도 있고, 그렇지 않을 수도 있다. 부모는 영아가 욕구 불만이 생기지 않도록 충분한 사랑을 주며 긍정적 상호작용을 해 주어야 한다(『영아-교사 상호작용의 이론과 실제』, 박찬옥 외).

영아(12~36개월까지)의 사회성 발달의 특징은, 첫째, 자기중심성 사고와 친사회관계 행동이 나타난다. 영아는 자신의 관점에서만 세상을 바라본다. 친구가 가지고 있는 자동차를,

"내 거야."

하며 빼앗거나 달라고 한다. 대가 없이 다른 사람을 돕는 행동을 말하는 친사
회적인 행동은 친구에게 과자를 나눠 주거나 친구와 공유하기, 협동하기 등을
통해 친사회적 행동을 보여 준다. 친사회적 행동은 상징 놀이를 할 때 가장 잘
나타난다. 영아-부모 간의 상호작용이 빈번할 때도 자주 나타나며 부모나 다
른 양육자의 모델링에 영향을 받는다.

두 번째는 물기, 때리기, 던지기 등의 공격성 있는 행동과 화를 내고 떼쓰는
행동이 나타난다. 이러한 행동은 영아가 사회관계 기술을 배울 시기가 되었
다는 신호이다. 영아의 물기, 때리기, 던지기 등의 행동은 분리와 전이가 있을
때, 발달과업이 아닐 때 등 영아의 마음이 아플 때 나타난다. 영아는 특히 사
회성 발달이 미성숙해 '미안해, 고마워, 나 한 번만, 하고 싶어, 기다려' 등의
문제 해결 방법을 잘 모르기 때문이다.

여러 가지 공격성 있는 행동 중 영아가 갑자기 무는 행동으로 아주 난감할
때가 있다. 무는 아이 부모와 물린 아이 부모의 견해 차이가 커 때로는 어른들
의 싸움으로까지 번지기도 한다. 이러한 상황을 줄이기 위해 '영아의 공격성
행동 지도를 돕는 상호작용 전략'이 필요하다.

영아의 공격성 행동 지도를 돕는 상호작용 전략

전략 단계는 예방하기(무는 행동을 예측하고 아이 떼어 놓기) → 예상하기(세
심한 관찰을 통해 언제 무는지 예상하고 놀이 친구나 환경을 바꿔 주기) → 대체하
기(무는 것을 억제하기 위해 이가 날 때 사용하는 말랑한 놀잇감이나 질근 씹을 수
있는 음식 주기) → 영아를 관찰·감독하기(영아가 물어서 모든 것을 얻으려고 하
는 것은 좋지 않다는 것을 알려 주기) → 상호작용 방법 알려 주기("내 것이야."
"나도 하고 싶어." "나한테 줄래?" "같이 하자." 등)이다.

영아의 사회관계를 도울 수 있는 부모의 격려와 사회성 발달을 위한 지원
이 필요하다. 영아의 '사회성 발달을 돕는 상호작용 원칙'에 대해 살펴보자.

영아의 사회성 발달을 돕는 상호작용 원칙

첫째, 구체적인 격려를 통해 자존감을 높여 준다.

격려와 칭찬을 할 때는 구체적으로 하고, 결과보다는 과정을 중시한 격려가 필요하다. 영아의 사회성은 엄마(아빠)와의 긍정적 관계를 토대로 영아 자신의 자아 존중감을 길러줄 수 있어야 한다.

> "엄마(아빠)는 지우를 정말 사랑해."
> "지우는 참 괜찮은 아이야."
> "나는 지우가 정말 좋아."

등 부모의 손길과 표정, 말과 행동 등의 격려에 힘입어 영아는,

> "나는 괜찮은 아이야."

하는 개념 형성으로 영아의 자존감 형성에 도움이 된다.

둘째, 사회관계 기술의 단계적인 지도가 필요하다.

영아에게 어떤 문제가 생겼을 때 사회관계 기술을 익힐 수 있도록 차례대로 지도한다. 도움 요청하기(영아에게 "도와주세요." "갖고 싶어요." 등을 하게 하기) → 협상하기("인형 줄 테니 자동차 줄래?" 등) → 차례 지키기(엄마 한 번, 지우 한 번 하며 차례 놀이하기) → 모델링과 사회성 있는 언어 사용하기(미안해, 고마워, 한 번만 등의 사회적 언어 사용하기) → 말로 물러서 있게 하기(가까이 있는 친구와 분쟁이 있을 때 아이를 바로 떼 놓는 행동에 앞서 말로 물러서 있게 하기. "지우야, 잠깐만!(단호하게) 친구와 너무 가까이 있으니 뒤로 조금 물러나 보자." 하며, 말을 사용하는 기술을 익힐 수 있도록 부모가 도와주기) → 마지막 단계로 계획하기("지우가 3분 가지고 놀고 나면 준수도 3분 동안 가지고 놀게 해 줄게." 등)를 통

해 자기 순서가 돌아온다는 것을 말한다.

셋째, 형제자매 및 또래 관계 형성을 돕는다.

사회성 있는 아이로 키우기 위해서 친구 사귀기 연습 4단계를 권하고 있다. 1단계는 엄마(아빠)와 애착 관계 형성하기, 2단계는 엄마(아빠)와 재미있게 놀기, 3단계는 다른 아이 우리 집에 초대하기, 4단계는 다른 아이의 집 방문하기이다. 아이와 놀아 주는 것이 어렵고, 엄마(아빠)의 성격에 따라 이러한 단계가 어려워 어린이집에 보내기도 한다.

1세 후반이나 2세 초반부터 영아들은 상징 놀이를 시작한다. 소꿉놀이로 먹는 흉내를 내거나 인형을 안고 잠을 재우기도 한다. 영아의 사회성 발달을 위한 놀이로는 엄마(아빠)와 시장 가기, 전화 놀이하기, 소꿉놀이하기 등이 있다. 이러한 놀이를 하는 가운데 영아는 사회성이 발달하며, 이러한 경험의 축적은 추상적인 사고 발달을 촉진한다.

꼭 기억해 두기!

영아의 사회성 발달은 엄마(아빠)와의 신뢰감과 안정적인 애착 형성을 기초로 사회성이 발달한다. 엄마(아빠)와의 긍정적인 관계를 형성한 영아는 자신에 대한 존중감을 키우고, 다른 사람과 긍정적인 관계를 형성할 수 있게 된다. 엄마(아빠)와 함께하는 상징 놀이는 영아의 사회성 발달에 도움이 되며, 더 나아가 사회 구성원으로서 잘 자랄 수 있게 하는 힘이 된다.

영아의 사회성 발달을 돕는 놀이 모습

친구와 함께 눈을 탐색하며 겨울철 날씨를 경험하는 영아 모습

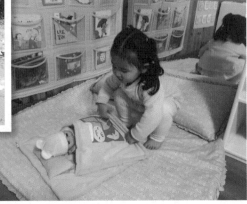

인형 잠재우기를 하는 영아 모습

"제 모습 어때요?" 하며 엄마 되어 보기
역할 놀이를 하는 영아 모습

병원놀이를 하고 있는 영아에게 "곰돌이 치료를
해 주었구나." 하며 칭찬해 주는 모습

4. 영아의 창의성 발달을 돕는 상호작용

올해 3월부터 만 2세반 영아들과 음악과 동작이 있는 체육 활동을 시작했다. 만 2세반 아이들은 탐색과 표현하기를 좋아한다. 움직임의 민감기에 매우 활발하다. 매주 수요일 오후 1시 30분이 되면 장난기 많은 아이들은 체육 선생님과 함께 신체 표현 활동에 매우 적극적인 모습을 보인다.

> "오늘은 선생님이 빨강, 노랑, 파랑 색깔 보자기 친구와 함께 왔어요."
> "개울가에 올챙이 한 마리 꼬물꼬물 헤엄친다♪"
> "좋아하는 색깔 보자기를 하나씩 들고 길게 늘어뜨려 보세요."

아이들은 징검다리가 된 색깔 보자기를 하나씩 밟으며 뚜벅뚜벅 건넌다.

> "색깔 보자기를 머리에 쓰고 음악에 맞춰 몸을 흔들어 보세요."
> "색깔 보자기를 목 뒤에 꽂고 배트맨이 되어 볼까요?"
> "색깔 보자기를 허리에 꽂고 인디언 치마를 만들어 볼까요?"

아이들은 배트맨과 인디언이 되어 온몸을 움직인다. 음악에 맞춰 신나게 표현 활동을 하는 아이들의 이마에 땀방울이 송골송골 맺힌다.

이처럼 영아기 영아는 주변의 아름다움에 관심을 가지고 이를 즐긴다. 즉, 여러 가지 소리나 음악, 움직임과 춤, 미술과 극을 통해 그 느낌을 표현하고 감상하기를 즐긴다. 영아는 일상생활의 운율이 있는 친숙한 노래와 연주곡, 주룩주룩 뚝뚝 떨어지는 빗방울 소리, 구름, 나무, 꽃과 꽃잎 등을 자연스럽게 보고, 듣고, 즐길 때 아름다움을 느끼며 심미감 발달의 기초를 이룬다.

영아의 표현 활동은 부모의 칭찬과 지지가 절대적으로 필요하다. 영아는 신체가 발달함에 따라 자신이 느끼는 정서를 신체 움직임을 매개체로 하여 다양한 활동으로 표현한다. 음악이나 춤 등이 하나의 분리된 활동이라기보다는 통합적 놀이 형태로 나타난다.

영아의 미술 활동은 언어 발달이 미숙해 영아 자신의 뜻이나 느낌을 표현하는 데 중요한 매개체가 될 수 있다. 미술 활동은 오감을 통해 환경과 상호작용하면서 시작된다. 끼적이기는 영아가 손으로 끼적이기 도구를 손으로 쥘 힘이 있으면 엄마(아빠)가 도와서 시도할 수 있다. 대체로 18개월경부터 시작되는데 이것은 영아들을 그림뿐만 아니라 쓰기로 이끌어 주는 표현의 시작으로 중요하다. 2~3세가 되면 영아의 놀이는 자연스럽게 창의적이며 상상 놀이가 되는 특징이 있다.

영아의 창의적 표현 활동은 엄마(아빠)의 상호작용으로 촉진될 수 있다. '영아의 창의적인 표현 활동을 돕는 상호작용의 원칙'을 신체 표현 활동, 음악 표현 활동, 미술 표현 활동 상호작용 중심으로 살펴보자.(『영아-교사 상호작용의 이론과 실제』, 박찬옥 외)

영아의 창의적인 표현 활동을 돕는 상호작용의 원칙

첫째, 창의적인 신체 표현 활동을 돕는 상호작용하기

영아의 신체 표현을 위한 방법은 똑같은 동작을 알려 주기보다는 창의적인 접근 방법으로 이루어져야 한다.

"나비야, 나비야 이리 날아오너라 ♪"

등의 음악을 듣고 신체 표현 활동을 하거나 사물과 상황에 따른 신체 표현 활동 등을 한다.

"지우야, 나비가 날아다니려면 무엇이 있어야 할까?"
"나비가 날아다니려면 날개가 있어야 해요."

"지우야, 여기 나비 옷 만져 볼까?"

"나비 옷이 지우를 만나러 왔나 봐."

"우리 지우 나비 옷 입어 볼까?"

"「나비야」 노래 들으며 나비처럼 훨훨 해 보자."

둘째, 창의적인 음악 표현 활동을 돕는 상호작용하기

의성어나 의태어, 반복되는 부분이 많은 짧은 노래나 리듬 있는 운율을 자주 들려준다. 영아가 직접 실로폰이나 빨래판 등을 긁어 보기, 두드리기 등의 다양한 소리를 만들 기회를 마련하고, 친숙한 노래를 자주 들려주고 노래로 표현한다. 여러 가지 소리를 탐색해 볼 기회를 제공하고 느낌과 생각을 신체, 사물, 도구, 악기 등을 넣어 표현해 본다. 북을 두드리며,

"아빠 곰이 춤출 때 쿵쿵쿵쿵♪"

"엄마 곰이 춤출 때 콩콩콩콩♪"

"예쁜 아기 곰이 춤출 때 콩당콩당콩당♪"

"모두 같이 춤출 때 쿵 따라 쿵 따라 쿵 따라 쿵 따♪"

라고 해 본다.

셋째, 창의적인 미술 표현 활동을 돕는 상호작용하기

미술 표현 활동을 돕는 상호작용에서 동기 유발 상호작용이 중요하며, 탐색하기, 표현하기, 감상하기에서 상호작용을 할 수 있다.

• 탐색하기

탐색하기에서의 상호작용은 영아가 자연이나 사물에 관심을 두고 오감으로 탐색할 수 있도록 돕는다. 시각 탐색에서,

"나뭇잎은 어떤 모양일까? 어떤 색깔이니?"

　촉각 탐색에서,

　　　"나뭇잎을 만져 보자. 어떤 느낌이 드니?"

　청각 탐색에서,

　　　"구슬을 흔들면 무슨 소리가 날까?"

라고 해 본다.

　• 표현하기

　표현하기에서의 상호작용은 다양한 도구나 재료를 이용해 탐색하고 그 생각과 느낌을 표현해 볼 수 있도록 한다.

　　　"어떤 종이가 있지? "
　　　"종이를 만져 볼까? 미끌미끌하네."
　　　"여기에 물감으로 그림을 그리면 어떻게 될까?"
　　　"손가락으로 그림을 그리니 어떤 느낌이 드니?"

라고 해 본다.

　• 감상하기

　감상하기에서의 상호작용은 미적 요소(선, 색, 형, 질감, 공간) 등을 고려해 상호작용할 수 있다.

"지우는 어떤 선을 그렸을까? 지우야, 선을 손으로 짚어 보자."

"지우가 손가락으로 선을 따라가 볼까? 구불구불한 선이 있네."

"이것은 긴 선이고 이것은 짧은 선이네."

라고 해 본다.

영아의 창의적 표현 활동에 도움 되는 0세 그림책으로는 『하양까망』(보림), 『알록달록 아기 그림책』(시공 주니어), 『아기 초점 책』(애플비), 만 1세 그림책은 『동물미술관』(웅진주니어), 『두드려 보아요』(사계절), 『타세요 타세요』(여우고개), 만 2세 그림책은 『나의 크레용』(보림), 『우리 엄마 어디 있어요?』(한울림어린이), 『야옹이가 제일 좋아하는 색깔은?』(보림) 등이 있다.

꼭 기억해 두기!

영아는 주변의 친숙한 자연이나 일상생활 환경에서 창의적 표현 활동을 경험한다. 사물에 대한 관심과 흥미를 느끼며 자유롭게 표현하고 즐김으로써 창의성과 감성을 기르게 된다. 따라서 부모는 영아를 격려하고 도와주어야 한다.

'나비처럼 훨훨' 나비를 표현하는 영아 모습

손으로 물감을 찍어 그림을 그리는 영아 모습

5. 영아의 감각 · 탐색 발달을 돕는 상호작용

영아들은 냄새를 맡고, 눈으로 보고, 듣고, 직접 만지고, 맛을 보며 탐색을 한다. 즉, 후각, 시각, 청각, 촉각, 미각의 오감으로 탐색을 한다. 영아의 탐색 활동은 사람, 꽃, 과일, 토끼, 달팽이, 물고기, 자동차, 인형, 책, 기저귀, 신문지 등으로 이뤄지는데, 위험하지 않은 안전한 것이어야 한다. 다양한 탐색 활동은 영아의 인지 발달에 도움이 된다.

지난 여름, 달팽이를 분양받았다. 위에 손잡이가 달린 네모난 투명 플라스틱 통에 달팽이를 넣어 기르며 만 1세, 2세 영아들과 탐색을 했다. 달팽이 탐색 과정에서 영아들의 재미있는 모습을 볼 수 있었는데 때로는 영아의 울음을 뚝 멈추게 하고, 영아들을 달팽이 속에 퐁당 빠지게도 했다.

두 달 후, 흙 속으로 자주 숨었던 달팽이가 동글동글 작은 알을 낳았다. 작고 작은 하얀 알은 누르면 미끄러지고 금방 툭 터질 것만 같다. 생각과 다르게 달팽이는 달걀 껍질처럼 톡톡 치면 작은 소리가 난다. 푸른 상추 잎을 넣어 주고, 달팽이와 눈 맞춤하던 영아들이 달팽이 주변에 삥 둘러앉았다.

> "달팽이집을 지읍시다. 어여쁘게 지읍시다♪ 점점 넓게 점점 넓게, 점점 좁게 점점 좁게. 달팽이집을 지읍시다. 어여쁘게 지읍시다♪ "

「달팽이집」 노래를 부른 후 머리를 맞대고 들여다보는 아이들 모습을 보며 적어 둔 「달팽이」 동시도 들려주었다.

> 퐁당퐁당 / 아이가 빠진다. / 상자 속 달팽이.
> 끙끙 / 응가를 한다. / 푸른 똥 달팽이.
> 뽀드득뽀드득 / 세수를 한다. / 기분 좋은 달팽이.
> 아삭아삭 / 배추를 먹는다. / 배고픈 달팽이.

기웃기웃 아이들 / 달팽이 속으로 퐁당.

영아기의 인지 발달은 오감을 통해 이루어진다. 감각은 세상을 보는 창이며, 주변 환경에 적극적으로 반응할 수 있게 해 주는 매개물이다. 영아는 이러한 감각을 통해 영아의 주변 세계를 이해하고 차츰 적응을 하게 된다. 영아가 냄새를 맡거나 눈으로 보고 듣는 등의 감각은 서로 통합되어 작용하는데, 감각통합은 다양한 사물이 주어지는 환경이나 또래나 어른들과의 적극적인 놀이와 상호작용을 통해 촉진될 수 있다.(『영아-교사 상호작용의 실제』, 박찬옥 외)

영아기 탐색 활동의 특징은 초기에 빨기와 씹기를 통한 수동적 탐색 활동이 이루어진다. 차츰 영아의 행동반경이 넓어지면서 스스로 무엇이든지 입속으로 넣어 맛과 느낌을 경험한다. 또한 영아는 엄마(아빠)의 표정을 따라 하는 등의 모방학습을 한다. 영아는 이러한 과정을 통해 일상생활은 물론 주변 세계를 이해하게 된다. 또한 일상생활의 다양한 경험을 통해 소근육이 발달하며, 탐색 활동이 증가한다.

영아기 감각과 탐색 활동을 위한 상호작용은 여러 가지가 있다. 감각을 활용한 활동을 격려하는 상호작용, 엄마(아빠)의 모방을 통한 감각 · 탐색 활동의 상호작용, 반복적인 감각 · 탐색을 격려하는 상호작용 등이다. 여기서는 '영아의 감각 · 탐색 발달을 돕는 상호작용의 원칙'을 살펴보고자 한다.

영아의 감각 · 탐색 발달을 돕는 상호작용의 원칙

첫째, 후각적인 탐색을 격려하는 상호작용이다.

영아에게 엄마의 익숙한 냄새를 맡게 한다. 엄마가 양육하다가 아빠(어린이집 선생님)로 양육자가 바뀌는 경우에 분유를 먹이거나 잠재우기, 기저귀 가는 일 등을 집중적으로 해 주어 영아가 '나를 돌봐 주는 사람은 아빠(선생님)구나.'라는 것을 알게 하고, 안정감을 가질 수 있도록 도와준다.

"우리 지우 아빠가 안아 주네. 지우야, 나는 아빠예요."
"이제 아빠랑 같이 우유 먹자. 맛있는 우유를 쪽쪽 빨아 보자."

이 외에 이유식, 간식, 식사할 때 음식 냄새를 맡아 보게 하고, 엄마(아빠)는 냄새를 언어로 표현해 준다 풀, 나무 등 주변 환경의 다양한 냄새를 맡아 보게 한다.

둘째, 시각적 탐색을 격려하는 상호작용이다.

시각적 탐색을 격려하는 상호작용은 엄마(아빠) 얼굴 보기, 거울 속에 비친 영아 자신의 모습 보기, 모빌이나 놀잇감의 모양과 색깔 보기, 모빌이나 딸랑이 등 영아가 본 것을 손으로 잡아 놀기 등이 있다. 엄마(아빠) 얼굴 보기, 예를 들면 엄마(아빠)의 얼굴을 잘 보이게 하고, 영아를 안아서 이야기하는 등 영아가 엄마(아빠)를 알아볼 기회를 마련한다. 엄마(아빠)가 입은 산뜻한 색깔의 옷이나 캐릭터 등의 그림이 그려진 옷을 입는 것도 영아의 시각적 탐색 활동에 도움이 된다.

"지우가 엄마(아빠) 얼굴을 보고 있구나. 엄마(아빠) 얼굴은 어떻게 생겼을까?"
"지우야, 엄마(아빠) 얼굴 만져 볼까?"
"눈은 어디 있나 여기♪ 코는 어디 있나 여기♪"
"지우야, 오늘 엄마(아빠)가 무슨 색깔 옷을 입었을까?"
"엄마 옷은 빨간빛, 지우 옷은 노란빛이네."

등으로 옷 색깔이나 옷 모양을 탐색하게 하며, 활동을 언어로 표현해 준다.

셋째, 청각적 탐색을 격려하는 상호작용이다.

엄마(아빠)의 목소리를 탐색하게 한다. 엄마(아빠)가 들려주는 말소리, 아이 어르는 소리, 노랫소리 등은 영아의 청각을 자극한다.

"엄마(아빠)랑 기저귀 갈아 볼까?"
"잘 자라 우리 지우~ ♪ 앞뜰과 뒷동산에~ ♪"

등으로 엄마(아빠) 목소리를 탐색하게 한다. 이 외에도 엉덩이 토닥이기, 손뼉 치기, 냄비 뚜껑 소리, 바람 소리 등의 다양한 소리를 탐색하게 한다.

넷째, 촉각적 탐색을 격려하는 상호작용이다.

엄마(아빠)가 만져 주는 느낌을 탐색하게 한다. 영아가 누워 있을 때 엄마 (아빠)의 스킨십이나 마사지는 가장 좋은 촉감이 되며, 영아가 안정감을 가질 수 있도록 돕는다.

"우리 지우가 참 튼튼해졌네. 엄마(아빠)랑 쭉쭉이 한 번 해 볼까?"
"지우 얼굴에는 예쁜 코가 오뚝, 예쁜 눈이 반짝이네."

이 외에도 헝겊으로 된 장난감이나 곡물 등의 다양한 촉감을 가진 놀잇감 만져 보기, 손이나 발, 발바닥 등의 몸의 여러 부위를 이용해 촉감을 느껴 보게 한다.

다섯째, 미각적 탐색을 격려하는 상호작용이다.

여러 가지 재료를 이용한 이유식으로 영아들에게 다양한 미각을 경험하게 해 준다. 이유식을 만들 때 여러 가지 재료를 섞어서 하기보다는 한 가지씩 넣 어 맛을 느낄 수 있도록 해야 한다. 음식을 먹일 때 재료를 말해 주어 재료와 요리를 연결해 볼 수 있도록 돕는다.

"오늘은 당근 죽이구나. 죽 맛이 어떤지 맛을 볼까?"
"무슨 과일일까? 냄새를 맡아 보자. 어떤 맛일까? 사과가 새콤달콤하네."

영아의 감각·탐색 활동에 그림책도 도움이 된다. 0세 그림책으로는『발바닥이 간질간질』(책 읽는 곰),『아장아장 아기산책』(키다리),『알록달록 첫 촉감 놀이책』(웅진주니어), 만 1세 그림책은『냠냠냠 쪽쪽쪽』(길벗어린이),『두드려 보아요』(사계절),『딸기가 좋아』(애플비), 만 2세 그림책으로는『배고픈 애벌레』(더큰컴퍼니),『쏙쏙』(웅진주니어),『코를 "킁킁"』(비룡소) 등이 있다.

"수박은 무슨 맛일까?" "냄새를 맡아 보자." "달콤한 냄새가 나네." 하며 영아와 탐색하는 모습

 꼭 기억해 두기!

영아의 감각·탐색 활동은 영아의 오감을 통해 이루어진다. 영아는 일상생활 속에서 지속적인 호기심을 가지고 탐색 과정에 능동적으로 참여해 다양한 경험을 하도록 하는 것이 중요하다. 영아에게 수나 과학적 지식을 단순히 제공하기보다는 일상생활과 관련된 경험과 감각을 기초로 다양한 탐색이 이루어지도록 도와주어야 한다. 이때 엄마(아빠)의 상호작용은 영아의 감각 발달에 도움이 된다.

영아의 감각 · 탐색 발달을 돕는 놀이 모습

부직포를 만지며 촉감 놀이를 하는 영아 모습

"빨래판을 긁으면 어떤 소리가 날까?" 소리를 탐색하는
영아 모습

"손뼉을 치면 무슨 소리가 날까?" 손을 마주치며 소리를 탐색하는
영아 모습

"달팽아 안녕?" 인사하며 달팽이의 움직임을 탐색하고 있는 영아
모습

제2부

0세, 만 1세, 만 2세 영아 놀이 126, 부모의 상호작용

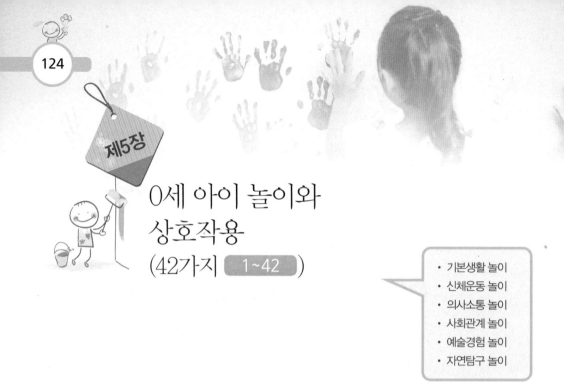

제5장

0세 아이 놀이와 상호작용
(42가지 1~42)

- 기본생활 놀이
- 신체운동 놀이
- 의사소통 놀이
- 사회관계 놀이
- 예술경험 놀이
- 자연탐구 놀이

1. 0세, 상호작용 시 주의할 것이 있어요

0세 아이 실제 편, 놀이와 상호작용은 어린이집 표준보육과정(영아 보육프로그램 0세 ①, ②, 보건복지부, 2013)을 기초로 진행하였다. 어린이집에서 0세 아이(0~12개월)와 활동한 내용을 영역별로 분류하고, 가정과 연계하고자 하였다. 기본생활, 신체운동, 의사소통, 사회관계, 예술경험, 자연탐구 영역 활동은 제1부에서 다룬 '제3장. 생활 밀착형 기본생활을 돕는 상호작용'과 '제4장. 영아의 감각 발달을 돕는 상호작용' 내용과 연관성이 있기에 앞의 내용을 참고하면 상호작용에 도움이 될 것이다.

0세 아이와 상호작용을 할 때 주의해야 할 것이 있다. 다음 내용을 참고해 기본생활 놀이, 신체운동 놀이, 의사소통 놀이, 사회관계 놀이, 예술경험 놀이, 자연탐구 놀이를 진행한다면 0세 아이의 전인적 발달에 도움이 될 것이다.

첫째, 0세 아이는 같은 연령이라도 3개월, 6개월 … 12개월이냐에 따라 발달 차이가 크다. 또한 개인차로 인해 놀이에 대한 반응도 각기 다를 수 있다.

그러므로 놀이 활동에 제시되는 '이렇게 해요' 내용을 영아의 월령에 따라 1~2까지만 진행할 수도 있고, 1~3 또는 1~4까지 가감해서 진행할 수 있다. 즉, 부모는 상황에 따라 한 걸음 앞으로, 한 걸음 뒤로 하며 융통성 있게 놀아 주어야 한다. 아무리 좋은 놀이 방법이라고 해도 영아가 재미를 느끼며 계속해서 놀고 싶어 할 때 좋은 놀이가 되는 것이다.

둘째, 어린이집에서 활동한 내용이라 놀이에 참여한 영아의 이름이나 식판(그릇) 등의 표현 내용이 가정에서와 다소 차이가 있을 수 있다. 이 점을 감안해 놀이를 진행하면 된다.

셋째, 준비물은 대부분 가정에서 준비할 수 있는 것이지만 가정마다 상황이 다를 수 있다. 그러므로 부모는 최대한 융통성을 발휘해 놀이를 진행할 필요가 있다.

넷째, 어린이집에서 또래 친구, 선생님과 했던 활동을 아이와 부모님이 하면서 융통성 있게 진행하며, 상호작용을 한다. 아이는 놀이 시 표현하는 내용이 각기 다를 수 있어 부모 위주의 상호작용이 예시로 되어 있음을 참고할 필요가 있다.

다섯째, 여자아이와 남자아이의 놀이 참여에 차이가 있다. 어린이집 반 편성상 남자아이가 많아 남아의 참여 비율이 높다. 여기에 제시된 놀이들은 남녀 구분 없이 할 수 있는 놀이로 자유롭게 진행하면 된다.

2. 0세, 어린이집 표준보육과정 놀이를 소개해요

1) 0세 기본생활 놀이

기본생활 놀이는 0세 아이에게 필수적인 몸을 깨끗이 하기, 즐겁게 먹기, 건강하고 안전한 일상생활을 경험하게 하기 위함이다. 수유, 낮잠, 기저귀 갈기, 입안 닦기, 얼굴 씻기, 옷을 깨끗이 갈아입기 등의 내용으로 구성되어 있다.

실제 편에 엄마(아빠)에게 안겨 우유 먹기, 엄마(아빠)가 들려주는 노래 들으며 잠들기, 기저귀로 까꿍 놀이하며 기저귀 갈기, 부스터에 앉아서 먹기, 입속 닦기, 얼굴 씻기, 옷을 깨끗이 갈아입기 놀이가 있다.

2) 0세 신체운동 놀이

신체운동 놀이는 0세 아이가 자신의 신체를 탐색하며 대소 근육을 조절해 보고, 신체활동에 참여하면서 감각능력과 기본적인 신체운동능력을 기르기 위함이다. 신체운동능력은 각 연령 간의 수준 차이가 클 뿐 아니라 같은 연령이라도 개인차가 크고, 개인의 운동능력 내에서도 더 발달된 능력과 덜 발달된 능력이 있다. 그러므로 가능한 자신의 능력 범위 내에서 다양하게 신체를 움직이도록 해야 한다. 이를 통해 기본적인 운동능력이 충분히 습득되었을 때 다음 활동을 진행해야만 발달에 도움을 주게 되고, 영아 자신도 성취감과 자신감을 갖게 된다.

실제 편에 모빌 만져 보기, 엄마(아빠) 다리 미끄럼틀 타기, 데굴데굴 분유통 굴려 보기, 휴지 뽑기, 이불 숨바꼭질 놀이하기, 쿠션 산 넘어가 보기, 밀가루 점토 위에서 발 도장 쾅쾅 찍기 놀이가 있다.

3) 0세 의사소통 놀이

의사소통 놀이는 0세 아이가 주변의 소리와 말소리 듣기에 관심을 가지고 표정, 소리, 몸짓 등의 비언어적 행동으로 자기 생각이나 느낌을 표현하면서 다른 사람과 소통할 수 있는 기초를 이루기 위함이다.

실제 편에 손 인형과 인사하기, 바바바 놀이하기, 따르릉 전화 놀이하기, 마이크에 대고 말하기, 그림책 속에 누가 있는지 살펴보기, 바닥에 붙은 내 사진 위에 색연필로 끼적이기, 엄마(아빠)와 함께 전지에 크레파스로 끼적이기 놀이가 있다.

4) 0세 사회관계 놀이

사회관계 놀이는 0세 아이가 자신을 다른 사람과 분리된 존재로 인식하기, 스스로에 대해 긍정적인 느낌을 가지기, 자신의 감정을 표현하고 다른 사람의 감정을 알기, 엄마(아빠)와 안정된 애착 관계 형성하기, 또래에 관심을 가지고 자기가 소속된 집단이 있다는 것을 알게 됨으로써 다른 사람들과 더불어 생활하는 기초를 이루고자 하기 위함이다.

실제 편에 거울 속 내 얼굴 탐색하기, 인형 안고 뽀뽀하기, 유모차로 까꿍 놀이하기, 토닥토닥 인형 재우기, 냠냠 맛있는 음식 먹기, 친구 사진이 붙은 벽돌 블록 뒤집기, 뛰뛰 빵빵 놀잇감 자동차 밀어 주기 놀이가 있다.

5) 0세 예술경험 놀이

예술경험 놀이는 0세 아이가 자신의 신체와 주변의 감각 자극에 호기심을 갖기, 소리와 움직임으로 반응하기, 단순한 미술 활동을 경험하기, 모방행동을 즐기며 친근한 주변 환경에 관심을 가지는 태도를 기르기 위함이다.

실제 편에 딸랑이 흔들기, 오뚝이 흔들흔들하기, 팔랑팔랑 스카프 놀이하기, 탁탁! 부엌 도구 두드리기, 신문지 쭉쭉 찢기, 선물 상자 꾸미기, 스크래치 종이 위에 그림 그리기 놀이가 있다.

6) 0세 자연탐구 놀이

자연탐구 놀이는 0세 아이가 보고, 듣고, 만지면서 주변 환경에 관심을 가지고 주변 세계에 대한 탐색을 시도하며, 일상생활 속에서 기초적인 수학적, 과학적 탐구능력과 태도를 기르기 위함이다.

실제 편에 미끌미끌 국수 만져 보기, 보들보들 로션 바르기, 까꿍 인형 탐색하기, 부드러운 촉감 길 걷기, 동물 모자 써 보기, 여러 가지 꽃 탐색하기, 동물 살펴보기 놀이가 있다.

0세 아이 놀이의 비밀!!

0세 아이는 기본생활 놀이로
건강하고 안전한 일상생활을 경험한다.
신체운동 놀이로
감각 및 기본 신체운동능력을 기른다.
의사소통 놀이로
말소리를 구분하고 의사소통의 기초를 마련한다.
사회관계 놀이로
친숙한 사람과 관계를 형성한다.
예술경험 놀이로
아름다움에 관심을 가진다.
자연탐구 놀이로
보고, 듣고, 만지면서 주변 환경에 관심을 가진다.

0세 아이는 놀이를 통해
몸과 마음이 건강하고 행복한 아이,
자율적이고 창의적인 아이,
자신과 타인을 존중하고 배려하는 아이,
자연과 우리 문화를 사랑하는 아이,
다양성을 인정하는 민주적인 아이로
건강하게 자란다.

💙 엄마(아빠)에게 안겨 우유 먹기 💙 (0세)

📋 도움이 돼요
- 부모가 안아 주며 수유할 때 정서적으로 안정감을 가진다.
- 부모에게 애착을 형성한다.

📋 준비해요
- 개인 우유병, 수유 쿠션

📋 이렇게 해요
1. 수유할 때는 영아 개인의 수유 시간을 잘 맞추고 영아를 편안하게 안고 수유를 시작한다.
   - 우리 연우가 배고프구나.
2. 앉아서 영아에게 우유병을 보여 준다.
   - 엄마(아빠)가 우유를 가져왔어요.
   - 엄마(아빠)랑 같이 우유 먹자.
3. 수유를 하면서 영아가 먹기 시작하면 부드럽게 말하며 눈을 맞추어 준다.
   - 연우가 우유를 잘 먹네. 배가 고팠었구나.
   - 쭉쭉 쭉쭉 우유를 잘 먹네. 배가 고팠었구나.
   - 우유를 쭉쭉 다 먹어 보자. 그래야 쑥쑥 잘 자란단다.
4. 수유가 끝나면 영아를 포근하게 안아 주며 트림을 시킨다.
   - 우리 연우가 우유를 다 먹었구나. 배가 쏘옥 나왔네.
   - (등을 토닥이며) 우리 연우가 먹은 우유 쑥쑥 내려가라.
   - (트림 후) 와~ 연우가 트림을 잘하는구나.
   - 시원하게 소화가 되겠네.

📺 **잠깐만요!**

- 수유를 하고 난 후 영아가 반드시 트림을 하도록 한다.
  젖병을 혼자 들고 먹을 수 있는 영아라도 수유 시에는 꼭 안아서 먹인다.

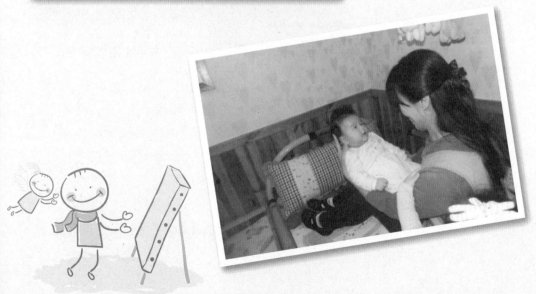

엄마(아빠)가 들려주는 노래 들으며 잠들기 (0세)

도움이 돼요

- 엄마(아빠)가 불러 주는 친숙한 자장가를 들으면 편안해진다.
- 엄마(아빠)가 부드럽게 쓰다듬어 줄 때 안정감을 느끼며 애착을 형성한다.

준비해요

- 이불, 베개, 자장가 음원, 카세트 등 음향 기기

이렇게 해요

1. 전래동요「자장가」를 틀어 준다.
   - 지우야, 노래가 나오네. 우리 함께 노래를 들어 보자.
   - 자장자장 우리 지우~ 잘도 잔다 우리 지우~
   - 엄마(아빠)가 이불하고 베개 꺼내 줄게.
2. 지우가 잠들 때까지 머리를 쓰다듬어 주거나 등, 손등의 신체 부분을 부드럽게 만져 준다.
3. 영아가 편안하게 잠들 때까지 옆에서 토닥여 준다.
   - 아이, 우리 지우가 잠이 들었네.
   - 좋은 꿈꾸고 쑥쑥 자라렴.

확장 놀이해요

- 영아가 좋아하는 인형을 이용하여 토닥토닥하거나 재워 보는 활동을 할 수 있다.

📸 **잠깐만요!**

- 영아의 개인 수면 패턴에 따라 잠자기를 시도할 수 있도록 한다.
- 절대 엎드려 재우지 말고 구석진 곳이나 푹신한 곳에는 눕히지 않는다.

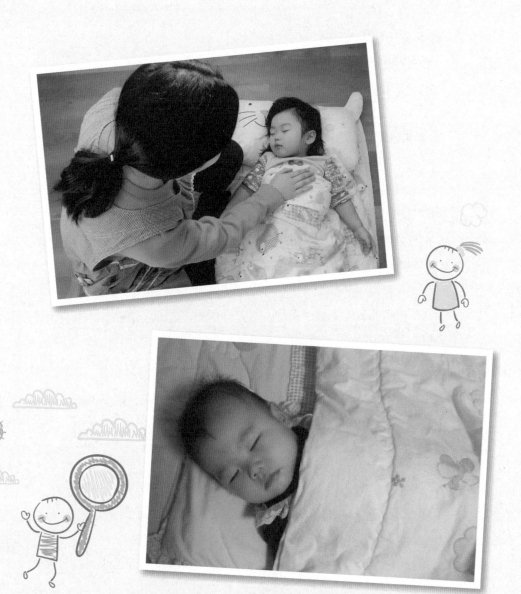

🖤 기저귀로 까꿍 놀이하며 기저귀 갈기 🖤 (0세)

📺 도움이 돼요

- 기저귀를 갈고 난 후, 기분이 좋음을 느낀다.
- 까꿍 놀이를 하며 기분 좋게 기저귀 갈이를 한다.

📺 준비해요

- 기저귀, 물티슈, 매트, 소독 액, 비닐봉지, 영아가 좋아하는 놀잇감

📺 이렇게 해요

1. 영아의 기저귀 상태를 살펴본다.
2. 영아와 함께 기저귀 갈이대로 간다.
   - 효빈아, 기저귀 갈 시간이 되었네요.
   - 엄마(아빠)가 새 기저귀를 갈아 줄게요.
   - 기저귀 갈이대로 가 보자.
3. 영아에게 기저귀를 보여 주면서 까꿍 놀이를 한다.
   - 효빈아, 이게 새 기저귀란다.
   - 엄마(아빠)가 사라졌네. 어디 있을까?
   - 까꿍! 엄마(아빠)가 여기 있어요.
   - 엄마(아빠)가 사라졌네. 찾아보세요.
   - 까꿍 효빈이가 엄마(아빠)를 찾았네요.
4. 새 기저귀로 갈아 주고 기분을 표현해 준다.
   - 효빈아, 새 기저귀를 하니 기분이 좋지?

잠깐만요!

- 영아가 기저귀를 가는 도중 몸을 뒤집거나 거부할 수도 있으므로 기저귀 갈이 시 영아가 좋아하는 놀잇감을 준비한다.
- 기저귀 갈이대 주변에 필요한 기저귀 갈이 물품을 배치하여 영아 혼자 두지 않도록 한다.

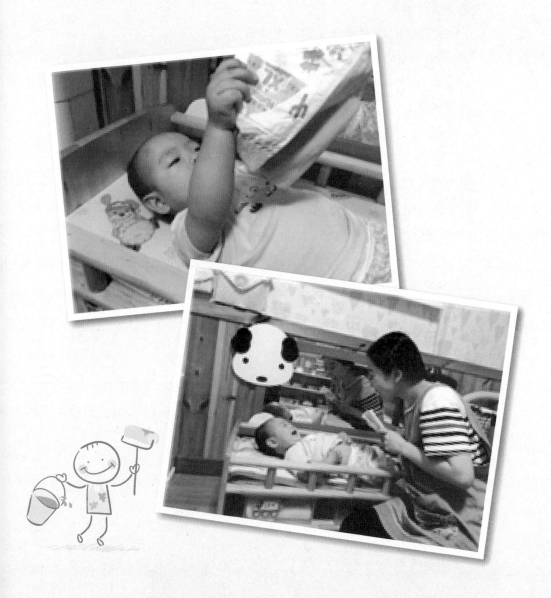

💗 부스터에 앉아서 먹기 💗 (0세)

📺 도움이 돼요
- 제자리에 앉아서 음식을 먹는 경험을 한다.
- 즐겁게 음식을 먹는다.

📺 준비해요
- 개인별 이유식 및 식사, 식사 도구

📺 이렇게 해요
1. 식사 시간이 되면 손을 씻고, 영아의 식사 준비를 돕는다.
   - 손을 깨끗하게 씻고, 맛있는 음식을 먹어 보자.
   - 손을 씻으니 기분도 좋구나.
2. 정해진 영아의 자리를 알려 주고, 부스터에 앉을 수 있도록 상호작용을 나눈다.
   - 효빈아, 여기에 앉아 볼까?
   - 오늘은 정해진 자기 자리에 앉아서 음식을 먹어 볼 거야.
3. 영아가 제자리에 앉아 음식을 즐겁게 먹을 수 있도록 격려한다.
   - 우와~ 우리 효빈이가 바르게 앉아 혼자서도 잘 먹는구나~
   - 엄마(아빠)가 도와줄까? 바닥에 흘린 건 먹지 말도록 하자.
   - 더 먹고 싶으면 엄마(아빠)가 더 줄게.
4. 다 먹은 후 영아의 입과 손을 닦아 준다.

📺 잠깐만요!
- 자리에 앉기 어려워하는 영아는 간단한 간식부터 제자리에 앉아 먹을 수

있도록 연습한다.

• 식사 시간을 힘들어하거나 식사하기 어려워하는 영아는 부모가 옆에서
  도와주며 식사를 경험해 볼 수 있다

❤️ 입속 닦기 ❤️ (0세)

📋 도움이 돼요

- 이유식을 먹고 난 후 양치질을 하며 상쾌함을 느낀다.
- 양치질을 해 주는 엄마(아빠)에게 안정감을 느낀다.

📋 준비해요

- 손가락 칫솔

📋 이렇게 해요

1. 이유식을 먹고 난 후, 엄마(아빠)가 구강티슈(또는 깨끗한 거즈, 손가락 칫솔)를 손가락에 끼우고 영아와 상호작용한다.
   - 효빈아, 맘마 맛있게 먹었지.
   - 우리 효빈이의 입속을 닦아 볼까?
   - (구강티슈, 손가락 칫솔을 보여 주며) 엄마(아빠)가 우리 효빈이 입속을 닦아 줄게.
   - 아~ 해 보자. 쓱싹쓱싹~ 이쪽도 쓱싹쓱싹~

2. 끓여서 충분히 식힌 물을 영아들이 입에 담았다 뱉어 보도록 한다.
   - 엄마(아빠)처럼 해 보자. (부모가 입에 물을 넣은 후 뱉어 내는 시범을 보여 준다.)
   - 엄마(아빠)가 입에 물을 한 입 넣어 줄게.
   - 퉤~ 하고 뱉어 보자. 아이, 잘하는구나.
   - 효빈이 입속이 깨끗해졌다.

3. 10개월이 넘은 영아는 칫솔을 이용하여 양치해 준다.

📋 **잠깐만요!**

- 영아가 거부감을 느낄 때에는 구강티슈를 이용한 놀이나 탐색을 통하여 친근감을 느끼게 한 후 입안을 닦아 준다.
- 돌 전후의 영아들에게는 식수를 제공해 주어 부모를 보고 따라해 보도록 한다. 이때 영아가 뱉지 못하고 삼켜도 무해한 치약과 물을 제공하도록 한다.

🖤 얼굴 씻기 🖤 (0세)

📋 도움이 돼요

- 물로 얼굴을 씻으며 깨끗해진 것을 느낀다.
- 깨끗해진 자기의 얼굴에 관심을 가진다.

📋 준비해요

- 세면대, 거울, 개인 수건

📋 이렇게 해요

1. 영아를 엄마(아빠)의 무릎에 앉히고 수돗물을 틀어 여아가 흐르는 물에 손을 대 보며 물을 느껴 볼 수 있도록 한다.
   - 물이 졸졸졸(콸콸콸) 흐르네.
   - 아이, 따뜻한 물이네.

2. 영아의 얼굴에 물을 묻히고, 영아가 물기를 만져 볼 수 있도록 한다.
   - 다온이 얼굴에 물이 묻었네.
   - 아! 시원하다.

3. 거울을 함께 보며 영아의 얼굴 부위에 물기를 닦아 주고 깨끗해진 얼굴을 살피며 이야기한다.
   - 다온이 코에 물이 묻었네. 톡 톡톡.
   - 아! 예쁘다. 아이 깨끗해!

📃 **잠깐만요!**

* 물이 너무 차가우면 영아들이 놀랄 수 있으므로 미지근한 물로 닦을 수
  있도록 한다.

옷을 깨끗이 갈아입기 💙 (0세)

📋 도움이 돼요

- 지저분하거나 젖은 옷을 새 옷으로 갈아입으며 상쾌한 기분을 느낀다.
- 옷을 입고 벗기 위해 손과 발을 움직여 본다.

📋 준비해요

- 깨끗한 여벌 옷

📋 이렇게 해요

1. 영아의 옷 상태를 살피며 더러워진 부분에 대해 이야기한다.

    – 다온아, 옷에 지지가 묻었네. 우리 깨끗한 옷으로 갈아입자.

    – (깨끗한 옷을 꺼내며) 이게 누구 옷이지?

2. 더러워진 옷을 벗는다.

    – 더러워진 옷을 벗어 볼까?

    – (한 쪽 팔을 빼며) 쑤욱~ 팔을 빼 보자.

    – (다른 쪽 팔을 빼며) 이쪽 팔도 빼 보자.

    – (머리를 빼며) 이번엔 머리를 쑤욱~ 다 벗었네.

3. 깨끗한 옷으로 갈아입을 수 있도록 돕는다.

    – 다온아, 깨끗한 옷 입자.

    – (엄마, 아빠의 코에 한 번, 영아의 코에 한 번 대 보며) 아이 좋은 냄새가 나네.

    – 머리를 쑤욱~ 어, 머리가 나왔네.

    – 이쪽 손 쑤욱~ 어, 손이 나왔네.

    – 와, 다 입었다, 아이 깨끗해라. 다온이 옷이 깨끗해졌구나.

4. 깨끗한 옷으로 갈아입었을 때의 기분에 대해 이야기한다.

잠깐만요!

- 옷을 벗을 때 영아가 불편하지 않도록 상호작용해 주며 벗고 갈아입히기
  를 한다.

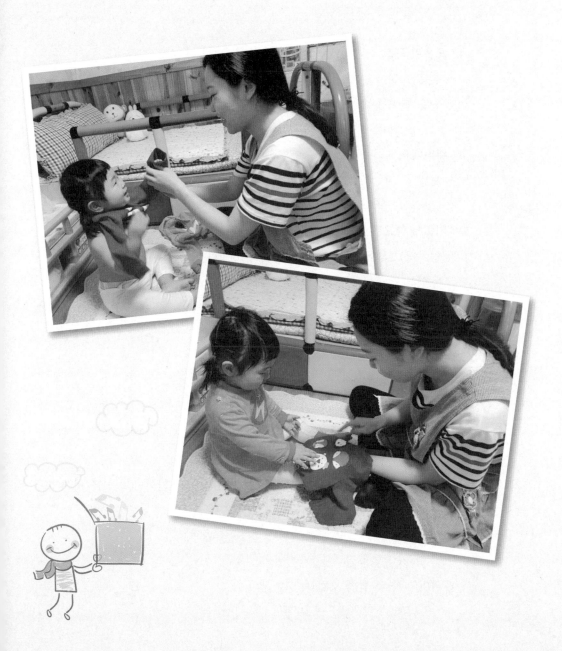

💜 모빌 만져 보기 💜 (0세)

📋 도움이 돼요

- 손을 움직여 물체 잡기를 시도한다.
- 손을 뻗어 물체를 잡으며 눈과 손의 협응을 시도한다.

📋 준비해요

- 모빌

📋 이렇게 해요

1. 영아가 모빌에 관심을 갖고 탐색하면 엄마(아빠)가 함께 언어로 상호작용한다.
   - 지우야! 저기를 봐! 무엇이 있니?
   - 예쁜 새들이 있구나!
   - 엄마(아빠)하고 새를 만져 볼까?
2. 엄마(아빠)와 함께 영아가 모빌을 만져 보도록 한다.
   - 우와! 폭신폭신하구나!
   - 지우도 만져 볼래? 엄마(아빠)가 도와줄게. 손을 쭈욱 내밀어 보자.
   - 새가 흔들흔들 예쁘게 움직이네.
3. 엄마(아빠)와 함께 누워서 모빌을 보며 모빌의 소리와 움직임을 반복적으로 탐색한다.
   - 어! 이 소리는 뭐지? 예쁜 노래 소리가 들리네!
   - 지우가 모빌을 잡으니까 모빌이 움직이네.
4. 엄마(아빠)와 함께 모빌을 돌려 본다.
   - 아! 모빌이 빙글빙글 돌아가네!

잠깐만요!

- 모빌이 영아의 얼굴 위로 떨어지지 않도록 주의한다.

🩷 엄마(아빠) 다리 미끄럼틀 타기 🩷 (0세)

📺 도움이 돼요

- 엄마(아빠)와 신체 접촉을 통한 놀이를 즐긴다.
- 신체 균형 감각을 길러진다.

📺 준비해요

- 단단한 매트리스

📺 이렇게 해요

1. 영아의 놀이 모습을 관찰한다.
2. 엄마(아빠)에게 관심을 보이는 영아에게 '엄마(아빠) 다리 미끄럼틀' 놀이를 제안한다.
   - 영차영차! 엄마(아빠) 다리 위에 올라와 볼래요?
   - 우와 벌써 엄마(아빠) 무릎까지 왔네!
3. 영아의 양쪽 겨드랑이를 잡고 안아서 무릎에서 발쪽으로 미끄럼틀을 타듯이 태워 준다.
   - 엄마(아빠)가 미끄럼틀 태워 줄게요.
   - 엄마(아빠) 다리 미끄럼틀 슝~슝.
   - 다시 타 볼까요? 효빈아, 엄마(아빠) 무릎 위로 짠~!
   - 높이높이 올라 왔어요~
4. 영아가 흥미를 보이면 반복하여 활동한다.
   - 효빈이가 재미있나 보구나!
   - 한 번 더 태워 줄게요.
   - 중심을 잘 잡아 보자.

📖 **잠깐만요!**

- 영아가 놀라지 않도록 천천히 움직이고 안전에 주의한다.
- 부모가 방석이나 쿠션을 이용해서 높낮이를 조절하여 활동한다.

💕데굴데굴 분유 통 굴려 보기 💕(0세)

📋 도움이 돼요

- 분유 통을 굴려 보며 소근육을 조절한다.
- 구르는 분유 통의 움직임과 소리에 관심을 갖는다.

📋 준비해요

- 놀이 매트, 분유 통으로 만든 교구

📋 이렇게 해요

1. 영아의 손이 닿는 곳에 분유 통을 준비해 두고 관심을 가질 수 있도록 한다.
   - 이게 뭘까?
   - 아기들이 먹는 분유를 담은 통이구나. 동글동글한 모양이네.
2. 영아가 분유 통을 다양한 방법으로 탐색할 수 있도록 한다.
   - 두드려 보면 어떤 소리가 날까?
   - (엄마, 아빠와 함께 분유 통을 두드려 보며) 통통통 소리가 나네.
   - 분유 통을 굴리니 데굴데굴 굴러가네.
3. 영아가 분유 통을 충분히 탐색 한 후 엄마(아빠)와 마주 보고 앉아 분유 통을 굴려 주며 영아가 잡아 보도록 한다.
   - (분유 통을 영아 쪽으로 천천히 굴려 주며) 엄마(아빠)가 분유 통을 굴려 볼게.
4. 엄마(아빠)가 영아의 손을 잡고 분유 통을 굴려 보게 한다.
   - 주현이가 승수한테 분유 통을 굴렸네.
   - 데굴데굴 굴러가네! 잡아 보자.

확장 놀이해요

• 분유 통 속에 구슬이나 방울 등을 넣어서 다양한 소리를 탐색해 본다.

잠깐만요!

• 영아들이 분유 통을 들고 떨어뜨리면 다칠 수 있으므로 융이나 부직포로 분유 통을 감싸 준다.

💗 휴지 뽑기 💗 (0세)

📋 도움이 돼요

- 휴지를 탐색하며 다양한 촉감을 경험한다.
- 눈과 손을 협응하여 휴지를 뽑아 본다

📋 준비해요

- 곽 티슈

📋 이렇게 해요

1. 영아가 휴지 곽에 관심을 보였을 때 엄마(아빠)가 상호작용해 준다.
   - 지우가 만지고 있는 것이 뭘까? 휴지가 들어 있는 휴지 곽이구나.
   - 여기에 예쁜 그림들이 있네.
   - 엄마(아빠)랑 살펴볼까?

2. 엄마(아빠)와 함께 휴지 곽을 탐색해 본다.
   - 지우가 만져 보자. 느낌이 어때?
   - 보들보들하구나.

3. 엄마(아빠)랑 유지를 뽑아 볼까? 휴지를 뽑아 볼 수 있도록 격려한다.
   - 엄마(아빠)가 휴지를 쏘옥~ 하고 뽑았네.

4. 지우가 직접 휴지를 뽑아 볼 수 있도록 한다.
   - 지우가 직접 휴지를 뽑아 볼까?
   - 휴지 끝을 잡고 쏙~ 우와~ 잘 뽑았구나.

📋 확장 놀이해요

- 휴지 곽에 다양한 촉감 휴지를 준비해서 탐색해 본다.

잠깐만요!

- 영아가 휴지를 입에 넣지 않도록 한다.

♥ 이불 숨바꼭질 놀이하기 ♥ (0세)

📋 도움이 돼요

- 이불속에서 없어졌다 나타났다 하는 활동을 통해 대상 연속성을 경험한다.
- 이불을 만져 보고 촉감을 느낀다.

📋 준비해요

- 영아용 이불

📋 이렇게 해요

1. 영아에게 탐색할 만한 크기의 이불을 주고, 촉감을 느껴 보도록 한다.
   - 이불을 만져 볼까?
   - 이불을 만져 보니 어때? 부드럽지?
   - 이불에 누워 볼까?
2. 엄마(아빠)가 먼저 이불 속에 얼굴을 숨기고, 영아에게 나타나며 얼굴을 보여 준다.
   - 엄마(아빠) 숨었다. 까꿍~ 여기 있지.
3. 엄마(아빠)가 숨었다가 나타나며 얼굴을 보여 준 후, 영아에게도 숨었다가 나타나는 활동을 할 수 있도록 한다.
   - 주예가 이불 속에 숨어 볼까?
   - 엄마(아빠)가 주예를 찾아볼게.
4. 영아가 이불로 얼굴을 가리면 엄마(아빠)가 찾아서 "우리 주예가 여기에 있네."라며 상호작용해 준다.

확장 놀이해요

- 이불그네 타기, 이불썰매 타기를 해 본다.

잠깐만요!

- 영아가 사용하기에 적절한 이불을 지원한다.

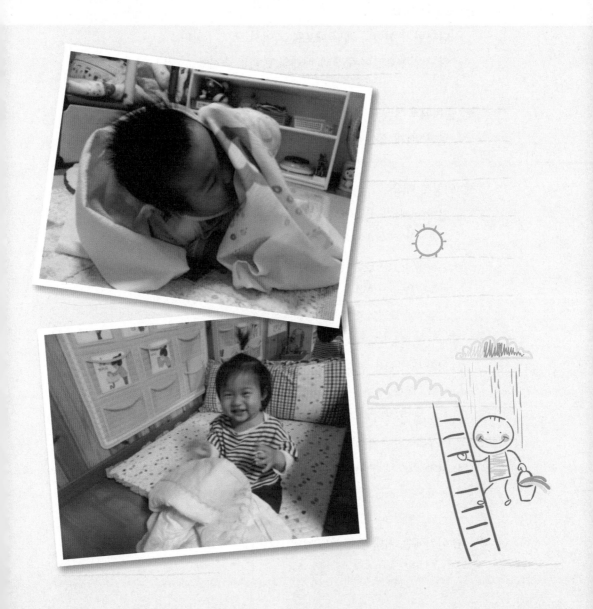

🩷 쿠션 산 넘어가 보기 🩷 (0세)

📋 도움이 돼요

- 단단한 쿠션이나 계단 매트를 기어서 오르기 한다.
- 잡고 기어오르며 쿠션과 베개의 탄력과 촉감을 느낀다.

📋 준비해요

- 쿠션, 베개 혹은 영아용 스펀지 계단, 매트

📋 이렇게 해요

1. 엄마(아빠)가 곳곳에 쿠션을 놓아 둔다.
   - 푹신한 쿠션이 많이 있네요.
   - 쿠션이 있는 곳으로 가 볼까요?
   - 쿠션을 만져 볼까요?
   - 쿠션의 느낌이 어떤가요?
   - 참 푹신푹신하지요?

2. 영아가 쿠션에 관심을 보이면 쿠션을 넘을 수 있도록 도와준다.
   - 다온이 앞에 쿠션이 있으니 언덕 같아요.
   - 영차 영차! 쿠션 산을 넘어 볼까요?
   - 우와~ 다온이가 쿠션을 잘 넘네요.

3. 영아 스스로 쿠션을 넘는 것을 반복하며 놀이한다.
   - 다온아, 쿠션 산을 넘어 볼까요?
   - 다온이가 다리를 한 쪽씩 넘겨 쿠션 산을 넘었네요.

4. 이번에는 커다란 쿠션을 넘어 볼까요?
   - 커다란 쿠션 산도 잘 넘는구나.

확장 놀이해요

- 쿠션 쌓기를 해 본다.

 잠깐만요!

- 영아가 처음 쿠션을 오르고 내려올 때 불안해하지 않도록 뒤에서 영아 몸을 잡아 준다.

🩷 밀가루 점토 위에서 발 도장 쾅쾅 찍기 🩷 (0세)

📋 도움이 돼요

- 점토의 촉감을 느끼며 점토 놀이를 즐긴다.
- 점토에 발 도장 손 도장을 찍어 본다.

📋 준비해요

- 밀가루 점토

📋 이렇게 해요

1. 영아가 자유롭게 점토를 갖고 놀이하는 모습을 보며 상호작용을 나눈다.
   - 서준아! 서준이가 갖고 있는 게 뭘까? 밀가루 점토구나!
   - 손으로 만져 보자. 어떤 느낌이 들까? 말랑말랑하네.
2. 영아가 점토를 이용해 다양한 손 놀이를 시도해 볼 수 있도록 한다.
   - 손가락으로 콕콕콕! 손바닥으로 쿵쿵쿵!
3. 영아가 점토를 이용해 다양한 만들기를 시도해 볼 수 있도록 한다.
   - 이번에는 조물조물 기다란 뱀을 만들어 보자.
4. 영아가 점토를 이용해 발로 밟아 보기를 시도해 볼 수 있도록 한다.
   - 이번에는 발로 쿵쿵 밟아 보자. 어떤 느낌이 드니?

📋 확장 놀이해요

- 점토로 여러 모양을 만들어 주어 흥미를 유발할 수 있도록 돕는다. 빨대를 꽂아 본다.

잠깐만요!

- 영아가 점토를 입에 넣지 않도록 주의하며 놀이한다.
- 영아의 수준을 고려하여 점토보다 안전한 밀가루 반죽을 준비한다.

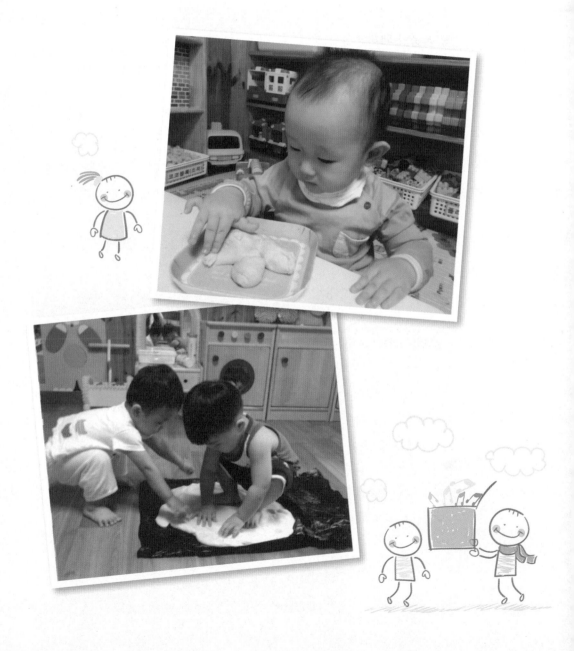

🩷 손 인형과 인사하기 🩷 (0세)

📺 **도움이 돼요**

- 영아가 손 인형을 갖고 놀이하면서 이야기해 볼 수 있다.
- 엄마(아빠)의 언어를 들어 볼 수 있다.

📺 **준비해요**

- 다양한 손 인형

📺 **이렇게 해요**

1. 엄마(아빠)가 손 인형을 움직이며 영아의 관심을 유도한다.
   - 누가 효빈이를 만나러 왔대요. 누가 왔는지 볼까요?
   - (손 인형을 움직이며) 효빈아 안녕! 나는 멍멍이야. 효빈이를 만나려고 여기까지 달려왔어.
2. 엄마(아빠)가 하는 이야기를 듣고 대답하기를 시도한다.
   - 멍멍이가 효빈이를 만나러 놀러 왔네요.
   - 멍멍이에게 손을 흔들어서 인사를 해 줄까요?
   - 멍멍이를 '사랑해' 하고 안아 줄까요?
3. 손 인형을 손에 끼우고 말하기를 시도한다.
   - 효빈이도 손 인형을 손에 끼워 볼까요?
   - 어흥~! 사자 손 인형을 끼워 보았네요. 사자 울음소리를 흉내 내 볼까요?

잠깐만요!

- 영아가 인사말을 정확하게 이야기하지 않더라도 부모가 반복적인 상호 작용을 통해 인사말을 경험해 볼 수 있도록 돕는다.
- 영아의 이야기에 부모가 민감하게 반응을 해 준다.
- 영아가 인형을 무서워할 수 있으므로 인형을 충분히 탐색한 후 활동을 시도한다.

💜 바바바 놀이하기 💜 (0세)

📺 도움이 돼요

- 엄마(아빠)의 음성과 소리를 듣고 모방하여 소리를 내어 본다.

📺 준비해요

- 없음.

📺 이렇게 해요

1. 영아에게 휘파람 소리 등을 들려주어 영아가 부모의 입에 관심을 갖고 바라보도록 한다.
   - 휘익~ 엄마(아빠) 입에서 무슨 소리가 났지?
   - 휘익~ 휘파람 소리가 들렸구나.

2. 부모가 손으로 입을 두드려 소리를 내어 영아에게 들려준다.
   - 바바바~ 또 재밌는 소리가 나네.
   - 이번에는 다른 소리를 내 볼까?
   - 아아아~~~ 호호호~~~ 재미있는 소리가 나는구나.

3. 엄마(아빠)가 손으로 입을 두드려 소리를 내어 영아에게 들려준다.
   - 입에서 재미있는 소리가 나는구나.
   - 성현이 입에서는 어떤 소리가 날까?
   - (입을 살살 두드려 주며) 엄마(아빠)가 두드려 줄게.
   - 아~~~ 성현이 입에서도 재미있는 소리가 나는구나.

4. 영아가 엄마(아빠)의 행동을 모방하여 소리 내면 반응해 준다.
   - 성현이가 엄마(아빠)가 바바바~ 하고 소리를 내었구나.
   - 잘하네.

잠깐만요!

- 영아가 소리를 내려 하지 않으면 부모의 소리를 들어 보는 활동만 한다.

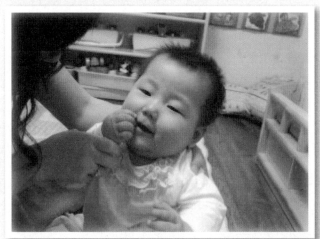

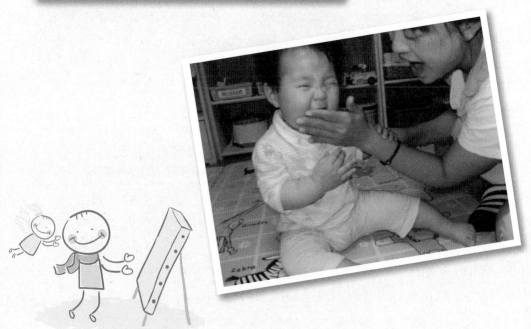

🫧 따르릉 전화 놀이하기 🫧 (0세)

📋 도움이 돼요
- 놀잇감 전화기 소리에 호기심을 갖는다.
- 전화하는 몸짓을 흉내 내어 본다.

📋 준비해요
- 놀잇감 전화기

📋 이렇게 해요

1. 영아에게 놀잇감 전화기를 보여 주고 탐색하도록 격려한다.
   - 이것이 무엇일까? 우와~ 전화기네.
   - 눌러 보니 따르릉 소리가 나네.
   - 어디에서 소리가 나는 걸까?

2. 영아에게 전화기를 만져 보게 한다.
   - 어떤 소리가 나니? 따르릉~
   - 불빛도 반짝반짝하는구나.

3. 영아에게 놀잇감 전화기를 보여 주고 자유롭게 탐색하도록 격려한다.
   - 전화기가 있네. (엄마, 아빠가 버튼을 누르고 조작하며) 소리가 나네.
   - 어디에서 소리가 나는 걸까?
   - 다온이도 만져 보자. 어떤 소리가 나니?

4. 영아에게 전화하는 흉내를 내며 따라하게 한다.
   - 따르릉~ 다온아, 전화가 왔네. 전화를 받아 보자.
   - 여보세요. 다온아 안녕? 엄마(아빠)가 전화했어.
   - 우리 다온이 전화기를 귀에 대고 엄마(아빠)에게 전화해 볼까?

잠깐만요!

- 놀잇감 전화기에 파손된 부분이 없는지 확인한다.
- 놀잇감 전화기를 충분히 탐색할 시간을 제공하고 친구와도 해 보게 한다.

💜 마이크에 대고 말하기 💜 (0세)

📋 도움이 돼요

- 마이크로 말하는 경험을 한다.
- 마이크에서 나는 소리를 탐색해 본다.

📋 준비해요

- 장난감 마이크

📋 이렇게 해요

1. 놀잇감 마이크를 영아와 함께 탐색한다.

    – 윗부분은 동그랗고 아랫부분은 길쭉한 이것은 무엇일까?

    – 아이스크림처럼 생겼네.

2. 엄마(아빠)가 먼저 자신의 목소리를 마이크로 들려준다.

    – 어? 이게 무슨 소리지? 어디서 나는 소리일까?

    – 누구 목소리지?

    – 엄마(아빠) 목소리다! 엄마(아빠) 목소리가 마이크 속으로 속 들어갔네.

    – 마이크에 대고 소리를 내니 목소리가 크게 들리네.

3. 영아도 마이크에 대고 소리를 내 본다.

    – 효빈이의 목소리도 커지는지 마이크로 이야기해 볼까?

    – 우와~ 효빈이 목소리도 크게 들리네.

    – 이번에는 마이크를 대고 노래를 불러 볼까?

4. 마이크에 대고 소리를 내고 목소리를 녹음해 들려준다.

    – 와, 효빈이 소리가 어디서 날까?

    – 여기 녹음기에서도 효빈이 소리가 들리네.

잠깐만요!

- 영아의 목소리를 녹음하여 듣는 경험을 한다.
- 같은 말을 반복하여 영아가 따라 말할 수 있도록 돕는다.
- 영아가 놀잇감을 빨지 않도록 주의한다.

💜 그림책 속에 누가 있는지 살펴보기 💜 (0세)

🖼 도움이 돼요

- 그림책 속에 있는 그림을 탐색하는 경험을 한다.
- 들려주는 이야기에 옹알이 소리로 말하기를 시도한다.

🖼 준비해요

- 그림책

🖼 이렇게 해요

1. 다양한 그림책을 영아에게 제공하고 관심을 보이는지 관찰한다.

2. 영아가 그림책을 탐색하는 모습을 관찰하며 언어로 표현해 준다.
   - 성현이가 책을 들고 있네요.
   - (표지를 보며) 돼지가 손을 흔들고 있네요.

3. 엄마(아빠)와 함께 그림책을 보며 상호작용을 나눈다.
   - 꿀꿀꿀, 무슨 소리지? 누구일까요?
   - 까꿍! (손을 흔들며) 돼지야, 안녕?
   - (영아의 동작을 모방하며) 와, 성연이가 해님에게 인사를 해 주었구나.

4. 영아가 반복적으로 그림책을 보며, 표정이나 몸짓, 옹알이 소리로 언어 표현을 시도할 수 있도록 격려한다.
   - 이 그림책 안에는 누가 있을까요? 성현이가 열어 볼까요?
   - 까꿍! 꿀꿀 돼지가 있었구나. (손을 흔들며) 돼지야, 안녕?
   - 다음에는 누가 있을까요? 성현이가 책을 넘겨 볼까요?
   - 여기도 돼지가 있네~ 아빠 돼지, 엄마 돼지 만나서 반가워요.

잠깐만요!

- 헝겊 책은 영아가 입에 넣기 쉬우므로 자주 세탁하여 제공한다.

💗 바닥에 붙은 내 사진 위에 색연필로 끼적이기 💗 (0세)

📋 도움이 돼요

- 바닥의 그림에 끼적이기를 하며 신체의 움직임을 조절한다.
- 끼적이기에 관심을 가지고 손가락, 쓰기 도구로 끼적이기를 하는 경험을 한다.

📋 준비해요

- 영아 사진, 색연필

📋 이렇게 해요

1. 바닥에 영아의 사진을 붙여 제공하여 영아가 관심을 보이는지 관찰한다.
2. 바닥에 붙어 있는 그림을 보고 관심을 보이는 영아와 이야기를 나눈다.
   - 여기 누가 있지?
   - 다온이 사진이 있네.
   - 다온이가 효빈이 사진을 만지고 있구나.
   - 우와~ 여기에는 승연이도 있네.
3. 바닥의 영아 사진에 손가락으로 끼적여 볼 수 있도록 격려한다.
   - 엄마(아빠)처럼 이렇게 손가락으로 끼적이기를 해 볼까?
   - 이렇게 길게 쭉쭉~ 끼적여 볼까?
   - 다온이가 콕 손가락으로 찍고 있구나.
4. 쓰기 도구를 이용해 끼적여 볼 수 있도록 격려한다.
   - 빨간색 색연필로 다온이 얼굴에 동글동글 끼적이는구나.
   - 효빈이는 바닥에 엎드려서 끼적이고 있네?

📔 **잠깐만요!**

- 영아의 발달 수준에 맞춰 쓰기 도구 또는 야채 스틱으로 활동해 볼 수 있
도록 한다.

21

💙 **엄마(아빠)와 함께 전지에 크레파스로 끼적이기** 💙 **(0세)**

📋 **도움이 돼요**

- 엄마(아빠)과 함께 끼적이기를 한다.
- 전지가 붙어 있는 넓은 공간을 탐색하는 경험을 한다.

📋 **준비해요**

- 전지, 크레파스

📋 **이렇게 해요**

1. 바닥에 붙어 있는 넓은 공간을 탐색한다.

   - 바닥에 커다란 종이가 붙여져 있네요.

   - 커다란 종이 위를 걸어가 볼까요?

2. 바닥에 붙은 전지에 자유롭게 끼적인다.

   - 여러 가지 색의 크레파스가 있네요.

   - 내가 좋아하는 색으로 끼적이기를 해 볼까요?

   - 다온이가 팔을 움직이며 커다란 동그라미를 그리고 있네요~

3. 영아와 함께 바닥에 붙은 전지에 끼적인다.

   - 엄마(아빠)도 같이 끼적여 볼까요?

   - (동그라미를 그리며) 엄마(아빠)가 커다란 동그라미를 그리고 있어요.

   - 엄마(아빠)는 빨간색, 다온이는 노란색으로 끼적이기를 하고 있네요~

4. 전지에 끼적인 것을 보며 이야기를 나눈다.

   - 다온아, 엄마(아빠)가 커다란 종이에 무엇을 그렸나요?

   - 커다란 동그라미를 그려 주었네요.

   - 엄마(아빠)는 빨간색, 다온이는 노란색으로 선을 쓱쓱 그어 보았네요.

잠깐만요!

- 크레파스를 입에 넣지 않도록 주의하며 무독성 크레파스를 준비한다.
- 친구와 놀이를 할 경우 다툼이 생기지 않도록 충분한 크기의 전지를 제
  공해 준다.

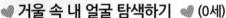

💗 거울 속 내 얼굴 탐색하기 💗 (0세)

📋 도움이 돼요
- 거울 속 자신의 모습을 보고 인식할 수 있다.

📋 준비해요
- 안전거울

📋 이렇게 해요

1. 영아 눈높이에 안전거울을 놓아 주어 영아가 거울을 볼 수 있도록 해 준다.
   - 똑똑똑, 거울 속에 누가 있을까?
   - 지우야, 엄마(아빠) 보이니? 까꿍!
   - 거울 속에 지우 얼굴이 보이는구나.

2. 영아를 안고 엄마(아빠)가 거울에서 얼굴이 보였다 사라지는 것을 반복하며 거울 속의 자신의 모습을 찾아보도록 한다.
   - 지우 엄마(아빠) 없다~ 어디 갔지? 까꿍! 여기 있지!

3. 영아 눈높이에 안전거울을 놓아 주어 영아가 거울을 볼 수 있도록 해 준다.
   - (거울을 바라보며) 지우 예쁜 얼굴이 여기 있네!
   - 거울 속에 지우 얼굴이 웃고 있구나.

4. 거울 속에서 영아, 부모의 얼굴을 찾고 손으로 가리켜 본다.
   - 지우야, 엄마(아빠) 어디에 있을까? 그래. 여기 있지!
   - 지우는 어디에 있니? 저기 있다!

확장 놀이해요

- 거울을 보며 뽀뽀하기를 해 본다.
- 거울 속에 보이는 부모의 표정을 따라서 표현해 본다.

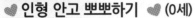

💜 인형 안고 뽀뽀하기 💜 (0세)

📋 도움이 돼요
- 두 손을 뻗어 인형을 끌어안아 소근육을 활용한다.
- 경험과 관련된 단어를 듣고 단어의 의미를 알고 이해할 수 있다.

📋 준비해요
- 인형

📋 이렇게 해요
1. 영아 주변에 여러 종류의 인형을 놓아두고 탐색해 볼 수 있도록 한다.
   - 여기 커다란 인형이 있네.
   - 귀가 길쭉하고 하얀 인형이 있네. 깡충 깡충! 토끼 인형이구나.
   - 멍멍~ 강아지 인형도 있네.
   - 몸을 눌러 보니 푹~ 하고 손이 들어가네.
2. 영아가 인형에 익숙해지면 두 팔을 벌려 인형을 안아 볼 수 있도록 유도한다.
   - 인형이 참 예쁘네.
   - (엄마, 아빠가 두 팔을 벌려 모델링을 보여 주며) '사랑해' 하고 안아 줄까?
   - 인형을 안아 보니까 부드럽네.
   - 폭신폭신, 아이 따뜻해.
3. 엄마(아빠)가 먼저 인형을 안고 인형의 얼굴에 뽀뽀를 해 보인다.
   - 엄마(아빠)는 깡충깡충 토끼 인형의 볼에 뽀뽀해 줘야겠다. 뽀뽀~ 쪽!
   - 이번엔 다은이가 인형에게 뽀뽀해 볼까?
   - 다은이가 안아 주고 뽀뽀도 해 주어서 토끼 인형이 기분이 좋데.

4. 영아가 인형에게 뽀뽀해 주면서 뽀뽀라고 말해 볼 수 있도록 유도한다.

　– 다은아, 인형에게 엄마(아빠)처럼 뽀뽀해 볼까?

　– 다은이도 뽀뽀라고 이야기해 보자.

잠깐만요!

- 영아가 친숙해하거나 좋아하는 인형을 제시한다.
- 영아가 인형을 입으로도 탐색할 수 있으므로 자주 세탁하여 청결을 유지
  한다.
- 가급적 털이 없는 인형으로 활용하여 인형의 털을 영아가 흡입하지 않도
  록 한다.

💜 유모차로 까꿍 놀이하기 💜 (0세)

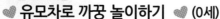

📋 도움이 돼요

- 있다, 없다에 대해서 알아간다.
- 부모와 함께 하는 경험으로 안정적인 애착을 형성한다.

📋 준비해요

- 유모차

📋 이렇게 해요

1. 영아와 함께 유모차를 타고 바깥으로 나간다.
   - 효빈아, 엄마(아빠)하고 유모차 타고 바깥에 나가 볼까요?

2. 유모차를 타고 어린이집 주변을 둘러본다.
   - 유모차를 타고 어디로 가 볼까요?
   - 엄마(아빠)와 함께 산책하러 왔던 곳이에요. 기억나나요?
   - 어린이집 주변에는 무엇이 있는지 둘러볼까요?
   - 우와~ 예쁜 꽃이 활짝 펴 있네요.

3. 유모차를 멈추고 까꿍 놀이를 한다.
   - (유모차를 멈추며) 효빈이가 예쁜 꽃을 보고 있네요.
   - (유모차 옆으로 사라지며) 효빈아 엄마(아빠)가 어디 갔지?
   - (영아에게 얼굴을 내밀며) 까꿍~ 엄마(아빠)가 유모차 옆에 숨어 있었네요.

3. 반복적으로 까꿍 놀이할 수 있도록 한다.
   - 이번에는 유모차 커버를 내려서 까꿍 놀이를 해 볼까요?
   - (유모차 커버를 내리며) 어? 엄마(아빠)가 안보이네?
   - (유모차 커버를 올리며) 까꿍~ 엄마(아빠)가 효빈이 앞에 나타났네요.

📷 **잠깐만요!**

- 유모차 타기를 거부하는 영아는 유모차를 무리하여 태우지 않도록 한다.
- 날씨, 영아의 컨디션을 고려하여 실외 활동을 진행한다.

💗 토닥토닥 인형 재우기 💗 (0세)

📋 도움이 돼요

- 인형에 관심을 가지고 놀이한다.
- 아기를 재워 줄 때 하는 행동을 모방하여 흉내 낼 수 있다.

📋 준비해요

- 인형, 이불

📋 이렇게 해요

1. 영역에 준비해 둔 인형에 관심을 갖는지 관찰한다.
2. 영아가 인형을 탐색하는 모습을 관찰하며 언어로 표현해 준다.
   - 다온이가 인형을 안아 주니까 인형이 기분이 너무 좋은가 봐.
   - 토끼 인형도 안아 줄 거야?
   - 우와 인형들이 다온이가 안아 줘서 너무 좋다고 이야기하네.
3. 엄마(아빠)가 인형을 재우는 모습을 보여 준다.
   - 인형이 다온이랑 같이 놀았더니 이제 너무 졸린다고 이야기하네.
   - 다온이가 인형을 재워 줄 수 있을까?
   - 다온이가 인형을 안아 주니 인형이 편안히 잘 수 있겠다.
   - 자장자장, 자장자장 우리 아기 잘도 잔다.
4. 영아도 함께 인형을 재워 볼 수 있도록 격려한다.
   - (함께 잠자는 흉내를 내는 영아에게) 다온이도 아기 인형이랑 같이 코~ 잘 거야?
   - 인형을 토닥토닥해 주면 인형이 더 잘 잘 수 있을 것 같네.
   - 인형에게 자장가를 불러 줄까? (엄마, 아빠가 자장가를 불러 준다.)

- 다온이는 인형을 토닥토닥하면서 잘 재워 주네.
- 이번에는 엄마(아빠)가 인형을 업어 주면서 자장자장 해야지.
- 다온이도 인형을 업어서 재워 볼까?

📺 **잠깐만요!**

● 부드러운 인형과 이불 천 등을 이용하면 영아가 정서적인 편안함을 느낄
수 있다.

💜 냠냠 맛있는 음식 먹기 💜 (0세)

🖼 도움이 돼요

- 다양한 음식에 대해 알아간다.
- 음식을 먹는 모습을 모방하며 놀이한다.

🖼 준비해요

- 다양한 음식 모형, 소꿉놀이 놀잇감

🖼 이렇게 해요

1. 음식 모형에 관심을 보이는 영아와 상호작용을 시도한다.
   - 다온이가 손에 바나나를 들고 있네요.
   - 노란 바나나가 먹음직스러워 보여요.
   - 다온이는 바나나를 좋아하나요?

2. 음식을 먹는 흉내를 내며 놀이한다.
   - 다온이가 바나나를 냠냠 먹고 있네요.
   - 엄마(아빠)도 함께 냠냠 먹어 볼까요? 음~ 맛이 정말 좋네요.

3. 놀이하는 영아의 모습을 격려한다.
   - 냠냠 음식을 먹는 놀이를 하니 어떤가요?
   - 이번에는 그릇에 음식을 담아 볼까요?
   - 컵을 들고 꿀꺽 꿀꺽 물을 마셔 볼까요?

4. 다른 사람에게 음식을 먹여 주는 흉내를 낸다.
   - 다온이는 친구에게 사과를 먹여 주고 있네요.
   - 엄마(아빠)에게도 사과를 한 입 줄래요?
   - 다온이가 사과를 먹여 주니까 더 맛있는 것 같아요.

📺 잠깐만요!

- 영아가 음식을 먹는 모습을 모방할 때 놀잇감을 입에 넣을 수 있으므로 놀잇감을 깨끗이 세척하여 제공해 준다.

💗 친구 사진이 붙은 벽돌 블록 뒤집기 💗 (0세)

📷 도움이 돼요

- 소근육을 사용하여 블록을 뒤집는다.
- 블록을 뒤집으며 사진이 사라지고 나타는 것을 경험한다.

📷 준비해요

- 친구 사진이 붙은 벽돌 블록

📷 이렇게 해요

1. 영아와 함께 벽돌 블록에 있는 영아 사진을 살펴본다.
   - 벽돌 블록에 사진이 붙어 있네요. 어떤 사진이 붙어 있는지 볼까요?
   - 승연이 사진이 있네요!
   - 사진 속 승연이의 모습이 어떤가요?

2. 벽돌 블록을 뒤집으며 영아 사진을 탐색한다.
   - (벽돌 블록을 뒤집으며) 어? 사진이 사라졌어요.
   - 승연이 사진이 어디로 갔을까요?
   - (벽돌 블록을 다시 뒤집으며) 까꿍! 승연이 사진이 여기 있었네요.
   - 엄마(아빠)와 함께 벽돌 블록을 뒤집으며 사진을 찾아볼까요?

3. 영아 스스로 벽돌 블록을 뒤집으며 까꿍 놀이를 한다.
   - 승연이가 사진이 보이지 않게 벽돌 블록을 뒤집어 볼래요?
   - 까꿍! 하고 다시 벽돌 블록을 뒤집어 볼까요?

4. 영아가 찾은 친구 벽돌 블록으로 다른 놀이를 시도해 본다.
   - 승연아, 친구 사진이 보이게 벽돌 길을 만들어 볼까요?

잠깐만요!

- 영아 자신의 사진, 가족사진 등 영아와 친숙한 사람의 사진을 이용하여 놀이한다.

💙 뛰뛰 빵빵 놀잇감 자동차 밀어 주기 💙 (0세)

📋 도움이 돼요

- 엄마(아빠), 친구가 밀어 주는 놀잇감 자동차를 타며 긍정적인 상호작용을 한다.
- 자동차 흉내 내는 소리를 듣고 흉내 내어 보는 경험을 할 수 있다.

📋 준비해요

- 놀잇감 승용 자동차

📋 이렇게 해요

1. 실외 놀이터에서 (또는 실내에서) 영아가 탈 수 있는 자동차를 보여 준다.
   - (자동차를 보여 주며) 여기 자동차가 있네.
   - 자동차 손잡이도 있고 바퀴도 있구나.
2. 영아가 자동차를 타고 싶어 하면 자동차에 태워 준다.
   - (영아가 자동차를 손으로 만지면) 효빈이가 자동차를 타고 싶구나.
   - 효빈이가 자동차에 앉으면 엄마(아빠)가 밀어 줄게.
   - 자동차를 타 보자.
3. 엄마(아빠)가 자동차 뒷부분을 천천히 밀어 준다.
   - 뛰뛰 빵빵~ 자동차가 나갑니다. 뛰뛰 빵빵~

📋 **잠깐만요!**

● 손잡이가 있는 자동차를 이용하면 밀어 주기 훨씬 쉽다.

● 안전벨트가 부탁된 자동차는 안전벨트를 해야 함을 인지시킨다.

● 영아가 중심을 잡을 수 있도록 천천히 이동한다.

♥ 딸랑이 흔들기 ♥ (0세)

📖 도움이 돼요

- 눈과 손을 협응하여 딸랑이를 잡고 흔들어 본다.
- 딸랑이를 흔들어 나는 소리에 관심을 갖는다.

📖 준비해요

- 딸랑이

📖 이렇게 해요

1. 딸랑이를 흔들며 영아가 흥미를 갖도록 돕는다.
   - 딸랑 딸랑 소리가 나네요. 이게 무엇일까요?
2. 영아가 즐겨 듣던 노래를 불러 주며 자유롭게 소리를 낼 수 있도록 격려
   한다.
   - 곰 세 마리가 한 집에 있어. 아빠 곰, 엄마 곰, 아기 곰~ ♫
   - 딸랑이를 흔드니 딸랑 딸랑 소리가 나지요?
   - 흔들 흔들~ 엄마(아빠)와 함께 흔들어 볼까요?
3. 영아와 노래를 부르며 딸랑이를 흔든다.
   - 태성이가 노래를 따라 부르네요.
   - 엄마(아빠)와 함께 노래를 부르면서 딸랑이를 흔들어 볼까요?
   - 태성이가 딸랑이를 흔드니 딸랑 딸랑~ 소리가 나네요.
4. 위치를 바꾸어 노래를 부르며 딸랑이를 흔든다.
   - 태성아, 딸랑이 소리가 어디서 날까요?
   - 태성이가 소리를 듣고 딸랑이를 찾았구나.

📺 **잠깐만요!**

- 영아가 딸랑이를 입에 넣을 수 있으므로 세척한 딸랑이를 제공해 준다.

💙 오뚝이 흔들흔들하기 💙 (0세)

🖼 도움이 돼요

- 놀잇감의 움직임과 소리에 관심을 갖는다.
- 놀잇감의 움직임을 모방한다.

🖼 준비해요

- 소리가 나는 오뚝이

🖼 이렇게 해요

1. 엄마(아빠)가 오뚝이를 움직여 소리를 낸 후 영아가 관심을 보이면, 함께 오뚝이를 흔들어 보고 소리를 들어 본다.
   - 오뚝이가 흔들흔들~ 움직이네.
   - 어? 오뚝이가 움직일 때마다 소리가 나네.
   - 딸랑 딸랑 방울 소리가 나는구나.
2. 영아가 팔을 움직여 오뚝이를 만지려 하면 격려한다.
   - 이번에는 주예가 움직여 볼래?
   - 주예가 오뚝이를 움직였네. 흔들흔들~ 오뚝이가 움직이고 있네.
3. 오뚝이의 움직임을 부모가 몸으로 표현해 본다.
   - 엄마(아빠)도 오뚝이처럼 움직여 볼까?
   - 흔들흔들~ 엄마(아빠)가 몸을 옆으로 앞으로 움직이고 있지?
   - 주예도 오뚝이처럼 움직여 볼까?

잠깐만요!

- 오뚝이를 충분히 탐색한 후 몸을 움직여 볼 수 있도록 격려한다.

팔랑팔랑 스카프 놀이하기 ♥ (0세)

🖼 도움이 돼요

- 스카프를 탐색해 보고, 스카프의 움직임에 관심을 갖는다.
- 몸을 움직이며 즐거움을 느낀다.

🖼 준비해요

- 스카프, 영아가 좋아하는 동요 음원, 카세트 등 음향 기기

🖼 이렇게 해요

1. 영아에게 스카프를 주어 자유롭게 만져 보며 다양한 놀이를 해 본다.
   - 이건 뭘까? 효빈이 손수건이랑 비슷하네.
   - 스카프를 만져 보니 어떠니? 보들 보들 부드럽구나.
   - 엄마(아빠) 없다. 까꿍! 여기 엄마(아빠)가 나타났네~
   - 효빈이도 없다. 까꿍! 여기 효빈이가 있구나.
   - 위로 슝~ 던져 볼까? 와! 바닥에 떨어졌네.

2. 영아가 좋아하는 노래 소리를 틀어 주고 스카프를 흔들며 놀이한다.
   - 엄마(아빠)가 신나는 노래를 틀어 줄게.
   - 효빈이가 스카프를 잘 흔드는구나.
   - 더 빨리 흔들어 볼까?
   - 와~! 신난다.

🖼 확장 놀이해요

- 스카프 위에 앉아 보기, 스카프 당기기를 해 본다.

잠깐만요!

- 영아가 색 스카프로 자유롭게 놀이를 할 때 목에 감지 않도록 유의한다.

🫐 탁탁! 부엌 도구 두드리기 🫐 (0세)

📷 도움이 돼요

- 일상생활에서 들을 수 있는 소리를 듣는 경험을 한다.
- 부엌 물건을 두드리며 다양한 소리에 대해서 안다.

📷 준비해요

- 다양한 부엌 도구

📷 이렇게 해요

1. 다양한 부엌 도구를 놓아 주고 영아가 관심을 보이는지 관찰한다.
2. 다양한 부엌 도구를 이용하여 자유롭게 놀이하는 모습을 보며 이야기를
   나눈다.
   - 쿵쿵~ 쿵쿵쿵~!
   - 다온이가 냄비를 치니까 탕탕~ 소리가 나네.
   - 다온이는 양손에 뚜껑을 잡고 탕탕 탕탕탕~!
   - 다온이는 국자를 손에 쥐고 있구나.
3. 엄마(아빠)가 부엌 물건들을 부딪치거나 두드려 소리를 내는 모습을 보
   여 주고, 영아도 해 볼 수 있도록 격려한다.
   - 엄마(아빠)는 주걱으로 냄비를 두드려 봐야지.
   - 냄비끼리 부딪쳐도 소리가 나겠구나.
   - 다온이는 무엇을 두드려 볼래?
4. 친숙한 노래를 들으며 부엌 도구로 소리를 만들어 표현할 수 있도록 한다.
   - 노래를 부르며 해 볼까?
   - 다온이가 탕탕~!

– 엄마(아빠)도 다온이 따라서 탕탕!

– 이번에는 다 함께 소리를 내어 보자. 탕탕, 쿵쿵, 찰찰~

– 어떤 소리가 제일 재미있니?

📋 잠깐만요!

* 크고 작은 냄비 뚜껑을 제공하여 다양한 놀이를 경험해 볼 수 있도록 돕는다.
* 부엌 도구에 날카로운 부분이 없는지 확인 후 제공한다.

💜 신문지 쭉쭉 찢기 💜 (0세)

📋 도움이 돼요
- 소근육을 사용하여 신문지를 찢는다.
- 찢은 신문지를 날리며 소리 내어 표현한다.

📋 준비해요
- 신문지

📋 이렇게 해요
1. 신문지를 다양한 방법으로 탐색한다.
   - (신문지를 펼쳐 흔들며) 팔랑팔랑~ 펄럭펄럭~ 움직여요.
   - 신문지를 만져 볼까요? 만져 보니 느낌이 어때요?
   - 승민이도 신문지를 흔들어 볼래요?
2. 영아가 신문지를 찢어 볼 수 있도록 도와준다.
   - (신문지를 찢으며) 어? 신문지가 어떻게 되고 있나요?
   - 찌직~ 소리가 나면서 신문지가 찢어지고 있어요.
   - 승민이도 엄마(아빠)와 함께 신문지를 찢어 볼래요?
3. 찢은 신문지를 날리고 움직임을 탐색하며 소리 내어 표현한다.
   - 신문지를 찢었더니 작은 조각들이 많아졌네요.
   - (신문지 조각을 날리며) 슝슝~ 신문지 조각이 날아가요~
   - 신문지 조각을 함께 날려 볼까요?
   - 신문지 조각이 어떻게 떨어지나요?

확장 놀이해요

- 영아 스스로 신문지를 찢어 보도록 해 본다.
- 찢은 신문지를 뭉쳐서 신문지 공을 만들어 본다.

잠깐만요!

- 신문지를 입에 넣지 않도록 주의한다.

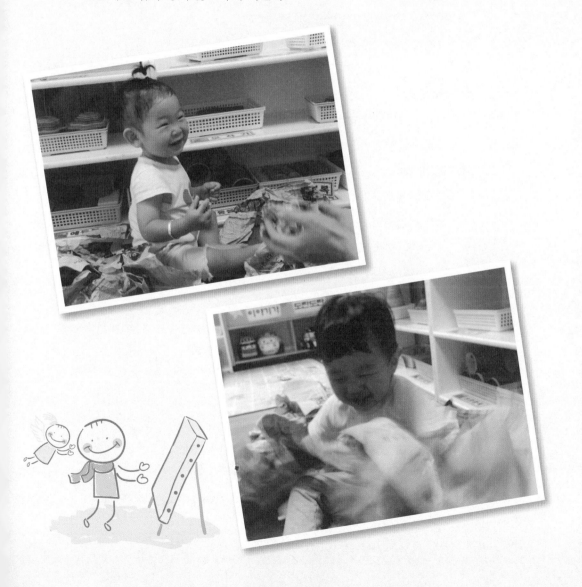

🍀 선물 상자 꾸미기 🍀 (0세)

📕 도움이 돼요

- 상자를 꾸며 보는 경험을 한다.
- 그리기 도구, 스티커 등으로 간단한 미술 활동을 경험한다.

📕 준비해요

- 상자, 스티커, 그리기 도구

📕 이렇게 해요

1. 상자를 제공하고 영아가 관심을 보이는지 관찰한다.
2. 상자를 가지고 놀이하는 영아와 상호작용을 나눈다.
   - 다온아, 이게 뭐야?
   - 상자를 가지고 있구나.
   - 상자에 무엇을 넣었니?
   - 다온이 머리핀을 넣어 봤구나.
3. 다양한 꾸미기 재료를 이용하여 상자를 꾸며 본다.
   - 이 상자를 누구에게 선물해 줄까?
   - 그런데 상자가 너무 안 예쁘지?
   - 우리가 예쁘게 꾸며 줄까?
   - 다온이가 그림도 그려 주고 스티커도 붙여 줘 보자.
   - 분홍색으로 예쁘게 칠했구나.
4. 선물 상자를 꾸미고 원하는 물건을 넣어 보며 놀이하도록 돕는다.
   - 반짝반짝 스티커를 붙였구나.
   - 이건 누구에게 주고 싶어?

- 승연이에게 주고 싶구나.
- 다온이의 선물을 받으면 승연이가 정말 기뻐할 것 같아.

📺 **잠깐만요!**

- 영아가 스티커를 입에 넣지 않도록 주의한다.

💙 스크래치 종이 위에 그림 그리기 💙 (0세)

📋 도움이 돼요

- 스크래치 종이를 긁어 나타나는 다양한 색을 살펴본다.
- 영아가 스크래치 종이를 긁어 나타나는 색에 관심을 가지고 탐색해 보도록 한다.

📋 준비해요

- 스크래치 종이, 나무 막대

📋 이렇게 해요

1. 엄마(아빠)와 함께 스크래치 종이와 나무 막대를 살펴본다.
   - 아, 여기 검정색 종이가 있어요.
   - 여기 검정색 종이를 만지니 미끌미끌하구나.
   - 검정색 종이를 만지니 종이 까맣게 되었네.
2. 스크래치 종이 위에 나무 막대로 그리기를 한다.
   - 검정 종이에 나무 막대로 쓰윽~ 그어 보았더니 어떻게 되었어요?
   - 알록달록 선이 생겼구나.
   - 또 해 볼까요? 이번엔 동그라미를 그려 볼게요.
   - 알록달록 동그라미가 되었네.
   - 노랑색도 있고 주황색도 있구나.
3. 영아들이 자유롭게 스크래치 종이 위에 표현해 볼 수 있도록 한다.
   - 다온이도 검정 종이에 그렸더니 알록달록 선이 생겼어.
   - 효빈이는 동그라미를 그리고 있구나.
   - 효빈이가 검은 종이를 계속 긁었더니 알록달록 색이 더 많아졌네.

- 노랑, 초록, 파랑, 보라색… 색이 많이 있네.
- 검은 종이를 긁으니 알록달록 종이가 되었어요.

📺 **잠깐만요!**

- 나무 막대를 스크래치 종이를 긁을 때만 사용하도록 하며 위험한 행동을 하지 않도록 주의한다.

💙 미끌미끌 국수 만져 보기 💙 (0세)

📋 도움이 돼요

- 다양한 방법으로 국수의 촉감과 맛을 탐색해 본다.
- 국수로 만든 모양과 선에 관심을 가진다.

📋 준비해요

- 턱받이, 삶은 국수

📋 이렇게 해요

1. 영아가 손을 씻고 자리에 앉을 수 있도록 한다.
2. 삶은 국수를 영아 앞에 놓는다.
   - 이건 뭘까? 이건 국수라는 거야.
   - 와! 국수가 정말 기다랗구나.
   - (국수를 여러 모양으로 놓아) 국수가 정말 길지? 길고 구불구불하네.
3. 영아가 국수를 잡고 만지면 이야기를 한다.
   - 태성이가 국수를 잡았구나.
   - 국수를 만져 보니 어떠니? 미끌미끌하지?
   - 꾹~ 눌러 보니 물렁물렁하네.
4. 엄마(아빠)가 영아 코에 국수를 대어 냄새를 맡고 맛을 볼 수 있도록 한다.
   - 국수에서 맛있는 냄새가 나네.
   - 입에 넣어 보니까 어때? 냠냠, 아이 맛있다.

📋 잠깐만요!

- 국수를 짧고, 길게 다양한 길이로 제시한다.

- 삶은 국수는 충분히 식혀 제시한다.
- 삶은 국수는 시간이 지나면 뭉쳐질 수 있으므로, 아이들이 큰 덩어리를 삼키지 않도록 조심한다.
- 영아들이 국수를 입으로 탐색할 때는 위생적으로 깨끗한 국수를 제공하여 준다.

💜 보들보들 로션 바르기 💜 (0세)

📺 도움이 돼요
- 눈과 손을 협응하여 로션을 문질러 본다.
- 촉각을 이용한 탐색 활동을 즐긴다.

📺 준비해요
- 영아용 로션, 안전거울

📺 이렇게 해요

1. 영아 얼굴과 손을 씻긴 후 거울 앞에 앉히고, 로션에 관심을 보이는지 관찰한다.

2. 영아가 거울과 로션에 관심을 보이면 상호작용을 나눈다.
   - 우리 다온이가 깨끗하게 씻어서 기분이 좋겠다.
   - (거울을 바라보며) 거울 속에 누가 있지? 예뻐진 다온이가 있구나!
   - (로션을 보며) 이건 뭘까요? 얼굴에 바르는 로션이에요.

3. 거울을 보며 로션을 부드럽게 발라 준다.
   - 로션을 다온이 예쁜 이마에 톡톡~ 볼에도 톡톡!
   - (로션을 문질러주며) 로션을 얼굴에 바르니 보들보들~ 미끌미끌해요.

4. 영아의 손에 로션을 짜서 만져 보고, 냄새를 맡아 보며, 언어로 표현해 준다.
   - 다온아 로션을 만져 볼까? 어때? 미끌미끌.
   - 이번에는 다온이가 로션을 발라 보자.
   - (엄마, 아빠가 영아의 손을 움직여 주거나 모델링을 보여 주며) 우리 다온이가 손에 쓱쓱. (로션의 냄새를 맡아 보며) 음~ 냄새가 향기로워요

잠깐만요!

- 자신의 신체뿐 아니라 엄마(아빠)와 친구의 손, 얼굴에 발라 볼 수 있다.
- 로션을 먹거나 눈에 들어가지 않도록 주의한다.
- 로션이 남아 있지 않도록 마무리는 부모가 도와준다.

💗 까꿍 인형 탐색하기 💗 (0세)

📺 도움이 돼요

- 인형이 사라지고 나타나는 것을 지각한다.
- 까꿍 인형의 움직임과 생김새에 호기심을 가진다.

📺 준비해요

- 까꿍 인형

📺 이렇게 해요

1. 영아에게 까꿍 인형을 보여 주고 자유롭게 탐색해 보도록 한다.
   - 이것이 무엇일까?
   - 고깔(혹은 컵)이 있네. 이 속엔 뭐가 있을까?
   - (막대를 올리며) 까꿍~! 누가 나왔지?

2. 영아와 엄마(아빠)가 까꿍 인형을 올리고 내리며 까꿍 놀이를 한다.
   - (엄마, 아빠가 컵 안에 있는 인형을 올려) 까꿍! 인형이 승연이에게 반갑다고 인사하네.
   - 승연이도 '안녕'해 보자.
   - (인형을 컵 속에 내리며) 까꿍 인형이 사라졌네? 어디 갔지?

3. 영아에게 까꿍 인형을 보여 주고 자유롭게 탐색해 보도록 한다.
   - 이게 뭘까? 여기에 컵도 있고 인형도 있네.
   - 막대기를 올렸다 내렸다 하니까 인형이 나타났다 없어졌다 하네.

4. 영아와 엄마(아빠)가 까꿍 인형을 올리고 내리며 까꿍 놀이를 한다.
   - (부모가 컵 안에 있는 인형을 올려) 안녕! 인형이 승연이에게 반갑다고 인사하네.
   - 우리도 '안녕' 해 보자.

– (인형을 컵 속으로 내리며) 까꿍 인형이 어디 갔지?

 잠깐만요!

- 막대 인형의 종류를 다양하게 제시하면 영아가 보다 흥미로워한다.

🖤 부드러운 촉감 길 걷기 🖤 (0세)

📋 도움이 돼요

- 촉감 판으로 만들어진 길로 이동하며 촉감을 느껴본다.
- 촉감 길을 따라 기어가거나 걸어 본다.

📋 준비해요

- 촉감 판

📋 이렇게 해요

1. 여러 질감의 촉감 판을 바닥에 깔아 놓은 후 영아가 관심을 가지면 만져 보도록 한다.
   - (손으로 촉감 판을 만져 보며) 여기 바닥에 뭐가 있지? 만져 보자.
   - (영아의 손을 잡고 만져 볼 수 있도록 하며) 부드러운 바닥이 있네. 딱딱한 바닥도 있구나.
   - 만지니까 느낌이 보들보들 하구나. 이건 까끌까끌하네.
2. '매끄러운' '까끌까끌' '보들보들'과 같은 느낌을 나타내는 다양한 표현을 들려주며, 영아가 기거나 지나가 볼 수 있도록 한다.
   - 우리 여기 지나가 보자.
   - 엄마(아빠) 손을 잡고 하나씩 하나씩 길을 지나 갑니다~
   - 우리 연우가 길을 잘 건너는구나(잘 기어가는구나).
3. 영아가 익숙해지면 촉감 판의 배열을 다르게 하여 영아가 건너가 볼 수 있도록 한다.
   - 이번에는 길이 길어졌네. 여기도 지나가 볼까? 하나 둘, 하나 둘….

잠깐만요!

- 처음에는 짧게 활동을 진행하다가 영아가 익숙해지면 점차 시간을 늘려 진행한다.
- 영아들은 입으로 탐색하기를 즐겨하므로 촉감 판의 위생에 신경을 쓴다.

40

♥ 동물 모자 써 보기 ♥ (0세)

📋 도움이 돼요

- 동물의 생김새, 움직임에 관심을 가지고 신체로 표현해 본다.
- 동물의 소리에 관심을 가지고 들어 본다.
- 동물 모자, 동물 울음소리

📋 이렇게 해요

1. 여러 가지 동물의 소리에 관심을 보이며 놀이하는 영아와 상호작용을 나눈다.
   - 지우가 무슨 소리를 듣고 있었을까?
   - 엄마(아빠)도 같이 들어 볼까?
   - 이건 무슨 소리일까?
   - 그래, 동물들의 소리구나.

2. 동물의 소리를 듣고, 영아가 표현해 보도록 돕는다.
   - 어떤 소리야?
   - 멍멍~ 하는 소리구나. 강아지 소리가 들렸지?
   - 고양이 울음소리네. 야옹야옹~ 해 볼까?

3. 여러 가지 동물 모자를 쓰고 동물의 소리를 흉내 내어 보도록 한다.
   - 지우는 강아지 모자를 만지고 있구나.
   - 보들보들 털이 부드럽구나.
   - 지우가 강아지 모자를 썼구나.
   - 강아지는 어떤 소리를 내지?
   - 멍멍~!
   - 지우가 귀여운 강아지가 되었구나.

📓 **잠깐만요!**

• 동물 모자를 쓰기 싫어할 수 있으므로, 충분히 탐색한 후 모자를 써 볼
  수 있도록 한다.

💜 여러 가지 꽃 탐색하기 💜 (0세)

📒 도움이 돼요

- 산책을 통해 따뜻한 날씨를 느껴본다.
- 꽃에 관심을 가지고 탐색한다.

📒 준비해요

- 유모차, 물, 비상 약, 물티슈 등

📒 이렇게 해요

1. 영아에게 산책을 나갈 것임을 이야기한다.
   - 밖에 무엇이 있는지 나가서 살펴볼까?
   - 화단에 무슨 꽃이 피었을까?

2. 영아의 겉옷을 챙기며 활동 준비를 돕는다.
   - 다온이와 효빈이 옷이 어디 있는지 찾아볼까요?

3. 유모차를 타거나 엄마(아빠)의 도움을 받아 집 주변을 산책한다.
   - 오늘 날씨가 어때?
   - 햇님이 반짝반짝! 너무 따뜻하네.
   - 시원한 바람도 부는구나.

4. 주변에서 볼 수 있는 꽃을 찾아보며 관심을 가질 수 있도록 돕는다.
   - (꽃이 있는 곳에서) 다온아, 여기 예쁜 꽃이 있구나.
   - 와, 주황색 꽃이 피었네.
   - 예쁜 주황색 코스모스 꽃이라고 해. 코스모스하고 인사해 볼까?
   - 코스모스야, 안녕? 다온이가 '안녕' 하고 인사하니 코스모스도 반갑게 인사하고 있네.

- 여기에는 자주색 맨드라미도 있구나. 맨드라미하고도 인사해 볼까?
- 맨드라미야, 안녕?
- 효빈이가 맨드라미 한번 만져 볼까?
- 맨드라미야 '사랑해'라고 하고 만져줘 볼까?

📷 **잠깐만요!**

- 영아에게 꽃가루 알레르기가 있는지 건강 상태를 확인한다.
- 날씨, 영아의 컨디션을 고려하여 실외 활동을 진행한다.

💙 동물 살펴보기 💙 (0세)

📺 도움이 돼요

- 다양한 종류의 동물에 관심을 가진다.
- 동물을 만져 보는 경험을 한다.

📺 준비해요

- 이름표, 비상 약, 비상 연락망

📺 이렇게 해요

1. 영아가 실외 활동 준비를 할 수 있도록 돕는다.
   - 지후의 신발은 어디에 있을까? 찾아볼 수 있겠니?
   - 엄마(아빠)과 함께 신발을 신어 보자!

2. 실외 활동 시 지켜야 할 약속을 이야기 나눈다.
   - 오늘은 동물을 볼 수 있는 공원에 갈 거야.
   - 공원에는 다른 사람들도 많이 있단다.
   - 혼자서 다니지 않고, 엄마(아빠)와 손을 꼭 잡고 안전하게 공원에 다녀오자.

3. 동물 사육사나 관리사와 인사를 나눈다.
   - 동물들을 돌봐 주시는 분이란다.
   - 바르게 인사해 볼 수 있겠니?
   - 동물을 볼 때 조심해야 할 점을 여쭤 볼까?

4. 다양한 동물의 모습(움직임, 생김새, 울음소리 등)을 살펴본다.
   - 어떤 동물들이 있을까? 그림책에서 봤던 토끼가 있네!
   - 토끼가 깡충깡충 뛰어가는구나!
   - 우와~ 꿀꿀 돼지도 있구나.

📖 **잠깐만요!**

- 동물 알레르기가 있는 영아의 경우 동물을 직접적으로 만지지 않도록 주
  의한다.
- 동물을 만진 경우 깨끗하게 손을 씻을 수 있도록 한다.

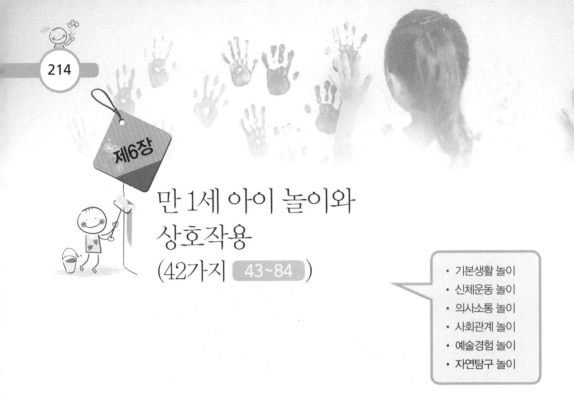

제6장

만 1세 아이 놀이와 상호작용

(42가지 43~84)

- 기본생활 놀이
- 신체운동 놀이
- 의사소통 놀이
- 사회관계 놀이
- 예술경험 놀이
- 자연탐구 놀이

1. 만 1세, 상호작용 시 주의할 것이 있어요

만 1세 아이 실제 편, 놀이와 상호작용은 어린이집 표준보육과정(영아 보육 프로그램 만 1세 ①, ②, 보건복지부, 2013)을 기초로 진행하였다. 어린이집에서 만 1세 아이(13~24개월)와 활동한 내용을 영역별로 분류하고, 가정과 연계하고자 하였다. 기본생활, 신체운동, 의사소통, 사회관계, 예술경험, 자연탐구 영역 활동은 제1부에서 다룬 '제3장. 생활 밀착형 기본생활을 돕는 상호작용'과 '제4장. 영아의 감각 발달을 돕는 상호작용 내용'과 연관성이 있기에 앞의 내용을 참고하면 상호작용에 도움이 될 것이다.

만 1세 아이와 상호작용을 할 때 주의해야 할 것이 있다. 다음 내용을 참고해 기본생활 놀이, 신체운동 놀이, 의사소통 놀이, 사회관계 놀이, 예술경험 놀이, 자연탐구 놀이를 진행한다면 만 1세 아이의 전인적 발달에 도움이 될 것이다.

첫째, 만 1세 아이는 같은 연령이라도 1월 또는 12월 등 아이가 태어난 달에 따라서도 발달 차이가 있다. 또한 개인차로 인해 놀이에 대한 반응도 각기 다를 수 있다. 그러므로 놀이 활동에 제시되는 '이렇게 해요' 내용을 영아에 따라 1~2까지만 진행할 수도 있고, 1~3 또는 1~4까지 가감해서 진행할 수 있다. 즉, 부모는 상황에 따라 한 걸음 앞으로, 한 걸음 뒤로 하며 융통성 있게 놀아 주어야 한다. 아무리 좋은 놀이 방법이라고 해도 영아가 재미를 느끼며 계속해서 놀고 싶어 할 때 좋은 놀이가 되는 것이다.

둘째, 어린이집에서 활동한 내용이라 놀이에 참여한 영아의 이름이나 식판(그릇) 등의 표현 내용이 가정에서와 다소 차이가 있을 수 있다. 이 점을 감안해 놀이를 진행하면 된다.

셋째, 준비물은 대부분 가정에서 준비할 수 있는 것이지만 가정마다 상황이 다를 수 있다. 그러므로 부모는 최대한 융통성을 발휘해 놀이를 진행할 필요가 있다.

넷째, 어린이집에서 또래 친구, 선생님과 했던 활동을 아이와 부모님이 하면서 융통성 있게 진행하며, 상호작용을 한다. 아이는 놀이 시 표현하는 내용이 각기 다를 수 있어 부모 위주의 상호작용이 예시로 되어 있음을 참고할 필요가 있다.

다섯째, 여자아이와 남자아이의 놀이 참여에 차이가 있다. 어린이집 반 편성상 남자아이가 많아 남아의 참여가 많다. 여기에 제시된 놀이들은 남녀 구분 없이 할 수 있는 놀이로 자유롭게 진행하면 된다.

2. 만 1세, 어린이집 표준보육과정 놀이를 소개해요

1) 만 1세 기본생활 놀이

기본생활 놀이는 만 1세 아이의 몸을 깨끗이 하기, 즐겁게 먹기, 건강하고 안전한 일상생활을 돕기 위함이다. 만 1세 아이에게 필수적인 건강하고 안전한 생활을 경험하게 하기 위한 내용으로 수유, 낮잠, 기저귀 갈기, 입안 닦기, 얼굴 씻기, 옷을 깨끗이 갈아입기 등의 내용으로 구성되어 있다.

실제 편에 뽀드득 뽀드득 손 씻기, 도움 받아 숟가락으로 먹기, 서랍 속 기저귀 찾아보기, 아기변기에 앉아 놀이하기, 혼자서 양말 벗기, 천정에 붙인 그림 보며 자기, 안전띠 매어 보기 놀이가 있다.

2) 만 1세 신체운동 놀이

신체운동 놀이는 만 1세 아이가 자신의 신체를 탐색하며 대소 근육을 조절해 보고, 신체 활동에 참여하면서 감각능력과 기본적인 신체운동능력을 기르기 위함이다. 신체운동능력은 각 연령 간의 수준 차이가 클 뿐 아니라 같은 연령이라도 개인차가 크고, 개인의 운동능력 내에서도 더 발달된 능력과 덜 발달된 능력이 있다. 그러므로 가능한 자신의 능력 범위 내에서 다양하게 신체를 움직이도록 해야 한다. 이를 통해 기본적인 운동능력이 충분히 습득되었을 때 다음 활동을 진행해야만 발달에 도움을 주게 되고, 영아 자신도 성취감과 자신감을 갖게 된다.

실제 편에 지퍼 올리고 내리기, 색 테이프 떼어 보기, 내 몸을 크게 작게 해 보기, 공기 매트 위에서 놀기, 두더지 놀이하기, 발 모양 따라 걷기, 촉감 신발 신고 걷기 놀이가 있다.

3) 만 1세 의사소통 놀이

의사소통 놀이는 만 1세 아이가 주변의 소리와 말소리 듣기에 관심을 가지고 표정, 소리, 몸짓 등의 비언어적 행동으로 자기 생각이나 느낌을 표현하면서 다른 사람과 소통할 수 있는 기초를 이루기 위함이다.

실제 편에 종이컵으로 소리 내기, 「꼬마야, 꼬마야」 들으며 움직이기, 손 인형으로 말하기, 속닥속닥 작은 소리로 말하기, "주세요." 따라서 말하기, 산책 사진 책 보며 이야기하기, 비닐우산에 끼적이기 놀이가 있다.

4) 만 1세 사회관계 놀이

사회관계 놀이는 만 1세 아이가 자신을 다른 사람과 분리된 존재로 인식하기, 스스로에 대해 긍정적인 느낌을 가지기, 자신의 감정을 표현하고 다른 사람의 감정을 알기, 엄마(아빠)와 안정된 애착 관계 형성하기, 또래에 관심을 가지고 자기가 소속된 집단이 있다는 것을 알게 됨으로써 다른 사람들과 더불어 생활하는 기초를 이루고자 하기 위함이다.

실제 편에 아기 인형 기저귀 놀이하기, 물놀이 용품으로 물놀이하기, 블록으로 기차 만들기, 쓱싹 쓱싹 청소 놀이하기, 친구 키만큼 블록 쌓기, 친구와 놀이터에서 시소 타기, 엄마 · 아빠 흉내 내기 놀이가 있다.

5) 만 1세 예술경험 놀이

예술경험 놀이는 만 1세 아이가 자신의 신체와 주변의 감각 자극에 호기심을 갖기, 소리와 움직임으로 반응하기, 단순한 미술 활동을 경험하기, 모방행동을 즐기며 친근한 주변 환경에 관심을 가지는 태도를 기르기 위함이다.

실제 편에 「동물농장」 노래 부르며 동물 흉내 내기, 손가락으로 그림 그리기, 다양한 악기 연주하기, 큰 신문지 배 만들기, 바람개비 꾸며 보기, 「도토리」

노래 부르며 율동하기, 나뭇잎 비닐봉지 흔들기 놀이가 있다.

6) 만 1세 자연탐구 놀이

자연탐구 놀이는 만 1세 아이가 보고, 듣고, 만지면서 주변 환경에 관심을 가지고 주변 세계에 대한 탐색을 시도하며, 일상생활 속에서 기초적인 수학적, 과학적 탐구능력과 태도를 기르기 위함이다.

실제 편에 계란 판에 탁구공 담기, 두부 으깨 보기, 물 그림 그리기, 미숫가루 타서 흔들기, 바나나 주물러 보기, 비닐봉지 물줄기 놀이하기, 소리 나는 통 놀이하기가 있다.

만 1세 아이 놀이의 비밀!!

만 1세 아이는 기본생활 놀이로
건강하고 안전한 일상생활을 경험한다.
신체운동 놀이로
감각 및 기본 신체운동능력을 기른다.
의사소통 놀이로
말소리를 구분하고 의사소통의 기초를 마련한다.
사회관계 놀이로
친숙한 사람과 관계를 형성한다.
예술경험 놀이로
아름다움에 관심을 가진다.
자연탐구 놀이로
보고, 듣고, 만지면서 주변 환경에 관심을 가진다.

만 1세 아이는 놀이를 통해
몸과 마음이 건강하고 행복한 아이,
자율적이고 창의적인 아이,
자신과 타인을 존중하고 배려하는 아이,
자연과 우리 문화를 사랑하는 아이,
다양성을 인정하는 민주적인 아이로
건강하게 자란다.

🫧 뽀드득 뽀드득 손 씻기 🫧 (만 1세)

📋 도움이 돼요
- 손을 깨끗하게 씻는 방법에 관심을 가지고 씻는다.
- 손을 씻는 습관을 형성한다.

📋 준비해요
- 손 씻기 순서도, 영아용 세면대, 비누, 수건

📋 이렇게 해요

1. 더러운 영아의 손을 보여 주며 탐색할 수 있도록 한 후에 상호작용을 한다.
   - 수연아, 손이 어떻게 보여요? 수연이 손이 많이 더럽구나!

2. 손을 씻어야 하는 이유에 대해 이야기를 나누며 관심을 갖도록 유도한다.
   - 손을 왜 씻어야 할까? 손을 씻지 않으면 어떻게 될까?

3. 손을 언제 씻어야 하는지 알아보고, 바르게 손씻는 방법을 알아볼 수 있
   도록 돕는다.
   - 손은 언제 씻어야 할까?
   - 외출을 다녀온 후나 장난감 놀이를 하고 나면 손이 왜 지저분해질까?
   - 손을 깨끗하게 하기 위해서는 어떤 방법으로 씻어야 할까?
   - 엄마(아빠)를 따라서 함께 손을 씻어 볼 수 있을까?

4. 영아가 스스로 손을 씻어 볼 수 있도록 격려한다.
   - (부모는 언어적인 표현을 해 주고, 영아가 행동을 보일 수 있도록 돕는다.)
   - 수돗물을 틀어 볼까? 졸졸졸~ 물소리가 나네.
   - 물을 만져 볼까? 손이 시원해지는구나!
   - 비누를 묻혀 줄게. 보글보글 거품으로 손을 한번 씻어 볼까?

– 물로 깨끗이 헹궈 보자.

5. 수건으로 영아의 손에 물기를 닦아 볼 수 있도록 도와주며 칭찬으로 격
　려한다.

📺 **잠깐만요!**

- 손 씻는 그림 자료를 세면대 주위에 붙여 놓아 손 씻기에 관심을 가지도
  록 돕는다.

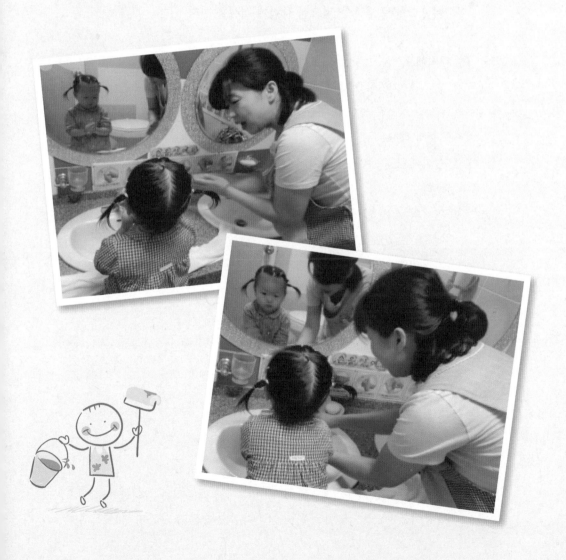

🌸 도움 받아 숟가락으로 먹기 🌸 (만 1세)

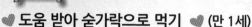

📺 도움이 돼요

- 식사 도구의 생김새와 사용 방법에 관심을 가진다.
- 식사 도구로 음식을 먹으며 즐겁게 식사를 한다.

📺 준비해요

- 급 · 간식, 영아 개별 식기(식판, 숟가락, 포크 등)

📺 이렇게 해요

1. 영아에게 숟가락 사용 방법을 알려 주며 바르게 이용할 수 있도록 도와 준다.

2. 영아의 곁에 앉아 영아와 함께 숟가락을 잡으며 음식을 조금씩 떠서 먹어 볼 수 있도록 돕는다.
   - 민건아! 엄마(아빠)가 숟가락 사용하는 것 좀 도와줄까?
   - 맛있는 음식을 숟가락으로 떠서~
   - 냠냠냠 맛있게 먹어 볼까? 숟가락이 민건이 입속으로 쏘옥~

3. 영아가 숟가락을 이용하여 음식을 스스로 먹어 볼 수 있도록 기회를 준다.
   - 민건이가 숟가락으로 혼자 먹어 보고 싶었구나.
   - 그래, 조금씩 떠서 먹어 보렴.
   - 우와~ 혼자서도 숟가락으로 잘 떠먹네.

📺 확장 놀이해요

- 실내 자유 놀이 시간에 3.5cm 이상이 되는 뽕뽕이와 놀이용 숟가락으로 뽕뽕이를 떠 보는 놀이를 하며 숟가락질 연습을 도와줄 수 있도록 한다.

잠깐만요!

- 부모가 영아의 숟가락 사용을 도우려고 함께 잡아 주면 영아가 거부할 수도 있다. 그런 경우에는 영아가 할 수 있는 만큼 경험해 볼 수 있도록 기회를 주도록 한다.

♥ 서랍 속 기저귀 찾아보기 ♥ (만 1세)

📖 도움이 돼요

- 자신의 기저귀 서랍장이 있음을 알고 관심을 갖는다.
- 자신의 기저귀 서랍을 열어 보며 스스로 기저귀를 꺼내거나 정리를 시도한다.

📷 준비해요

- 기저귀, 기저귀 서랍장(정리함)

📺 이렇게 해요

1. 자신의 기저귀 서랍을 찾아보며 친숙해질 수 있도록 돕는다.
   - 서랍에 친구들 사진이 붙어 있네.
   - 연우 사진이 있는 서랍은 어디에 있을까? 우와! 여기에 있네. 찾았구나.
   - 연우의 서랍에 무엇이 들어 있을까? 함께 열어 볼까?

2. 일과 중 영아의 배변 상태를 수시로 확인하며 점검한다.
   - 연우야, 기저귀를 한번 볼까?
   - 기저귀가 축축하게 많이 젖었구나! 엄마(아빠)와 함께 기저귀를 갈아 볼까?

3. 영아가 자신의 서랍장을 열어 보며 새 기저귀를 꺼낼 수 있도록 격려한다.
   - 연우의 기저귀는 어느 서랍장에 들어 있을까?
   - 연우의 서랍을 찾았구나. 기저귀를 하나만 꺼내 볼까?

4. 기저귀 영역으로 이동 후 영아가 꺼내온 기저귀로 갈아 주며 상호작용한다.
   - 우와! 연우가 기저귀를 잘 꺼내 왔구나!
   - 연우가 찾은 새 기저귀로 가니까 기분이 어때?
   - 뽀송뽀송 기분이 상쾌하지!

확장 놀이해요

- 사용한 기저귀는 휴지통에 버리는 것을 경험해 본다.

잠깐만요!

- 일과 중에도 영아가 자신의 서랍장을 찾아 열어 보며 기저귀를 꺼내 오는 배변 활동에 대한 긍정적인 호기심과 관심을 가질 수 있도록 상호작용을 한다.

💙 아기 변기에 앉아 놀이하기 💙 (만 1세)

📺 도움이 돼요

- 아기 변기를 탐색하며 관심을 가진다.
- 인형으로 응가하는 흉내를 내어 본다.

📺 준비해요

- 이동식 아기 변기, 그림책, 기타 변기 주변에서 가지고 놀 수 있는 놀잇감

📺 이렇게 해요

1. 교실의 넓은 공간에 그림 자료를 붙인 이동식 아기 변기를 준비한다.
2. 변기를 보며 영아와 이야기를 나눈다.
   - 어떤 그림이 있을까? 함께 살펴볼까요?
   - 변기네. 변기에서는 무엇을 할 수 있을까?
3. 영아가 변기에 앉아서 놀잇감을 가지고 놀 수 있도록 격려한다.
   - (변기를 가리키며) 여기 앉아 보면 어떨까?
   - 아기 변기가 편안한 의자가 되었구나.
   - 민수는 아기 변기에 앉아서 무엇을 하고 싶어요?
   - 민수는 그림책을 보고 싶구나.
4. 아기 인형이나 동물 인형을 데리고 와서 앉혀 보며 변기에 관심을 갖도록 한다.
   - 아기 인형이 변기에 앉았구나.
   - 아기 인형이 변기에 앉아서 쉬를 하고 있어요.
   - (아기 인형을 변기에 앉혀 보며) 커다란 응가를 했어요.

확장 놀이해요

• 변기 모양 종이에 끼적이기 활동을 함께 진행하여 변기에 대한 영아의
  관심을 높일 수 있도록 한다.

잠깐만요!

• 배변 활동은 개인차가 있으므로 개별적인 관심과 수준에 맞추어 놀이를
  한다.

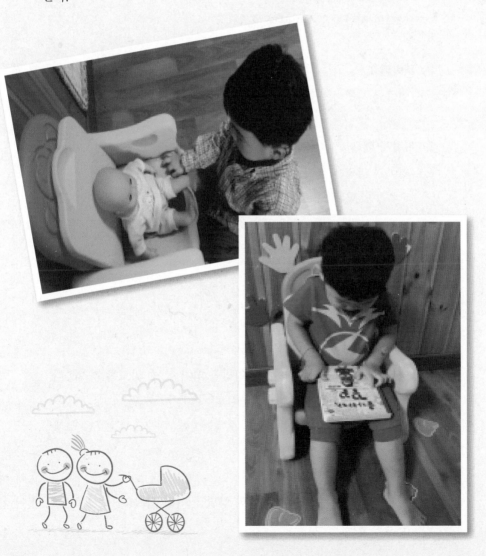

🍓 혼자서 양말 벗기 💙 (만 1세)

📋 도움이 돼요

- 소근육 조절을 시도한다.
- 자신의 서랍장을 찾아본다.

📋 준비해요

- 영아의 사진이 붙어 있는 서랍장이나 사물함, 양말

📋 이렇게 해요

1. 영아가 양말을 혼자 벗어 볼 것을 제안한다.

   – 은성아! 미끄러지지 않게 양말을 벗어 보자.
   – (영아의 한쪽 양말을 잡아당기는 것을 보이며) 이렇게 쭈욱 당겨 보자.
   – 한쪽은 은성이가 혼자 벗어 볼까요?

2. 양말을 벗는 것을 지켜본다.

   – 엄마(아빠)와 함께 양말을 잡고 벗어 보자.
   – 은성이가 손으로 양말 끝을 잘 잡아당기고 있네. 영차! 영차!
   – 양말에서 발이 쏙 빠졌네.

3. 영아가 자신의 서랍장을 찾아 양말을 넣어 볼 수 있도록 격려한다.

   – 은성이의 서랍장을 찾아서 양말을 넣어 볼까요?
   – (양말에게 인사하듯 손을 흔들며) 양말아 안녕! 이제 우리는 놀러 갈게~

📋 확장 놀이해요

- 영아가 좋아하는 그림과 색깔의 양말을 여러 겹 신겨 주고 하나씩 벗어 보도록 한다.

📺 **잠깐만요!**

- 영아가 양말 벗는 것을 어려워하면 양말 끝을 조금 당겨 주어 쉽게 벗겨
  질 수 있도록 돕는다.

🖤 천정에 붙인 그림 보며 자기 🖤 (만 1세)

📓 도움이 돼요
- 잠자리에 눕는다.
- 여러 가지 모양을 살펴본다.

📓 준비해요
- 영아가 관심을 갖는 다양한 그림(동물, 자동차, 식물, 곤충, 모양, 과일 등)

📓 이렇게 해요

1. 부모는 영아의 흥미를 끌 수 있는 그림들을 천정에 붙여 둔다.

2. 낮잠 시간에 영아들이 자신의 자리에 누워 그림을 볼 수 있도록 알려 준다.
   - 민수야! 민수가 좋아하는 과일들이 우리 교실 천정에 붙어 있네.
   - 우리 모두 잠자리에 누워서 보자.

3. 베개에 머리를 대고 누워서 보면 더 편안하다는 것을 알려 주며 그림에 대해 대화를 나누도록 한다.
   - 민수가 누워 있는 곳 위에는 사과 그림이 붙어 있구나.
   - 사과 먹고 싶어요?
   - (따서 먹어 보는 흉내를 내며) 우리 사과 먹는 흉내를 내 볼까?
   - 낮잠 자고 일어나서 과일 간식이 있는지 한번 보자.

4. 영아들과 그림을 보고 자신의 의사 표현을 충분히 하도록 기다려 주며 낮잠을 잘 수 있도록 한다.

잠깐만요!

- 그림에 대한 영아들의 표현에 더 집중할 수 있도록 이 활동을 할 때는 낮 잠 음악을 사용하지 않는 것이 더 좋다.

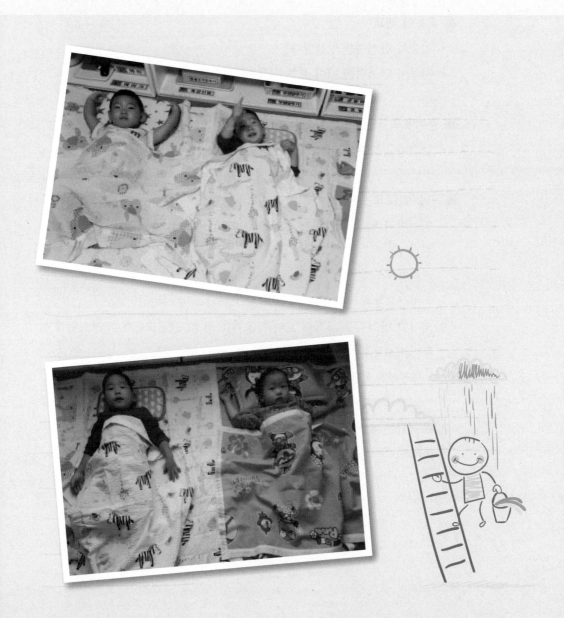

♥ 안전띠 매어 보기 ♥ (만 1세)

📋 도움이 돼요

- 자동차 안전띠를 탐색한다.
- 자동차 안전띠를 매어 보는 경험한다.

📋 준비해요

- 안전띠를 매요 멀티 자료, 그림 자료, 영아용 카시트

📋 이렇게 해요

1. 안전띠가 달린 카시트 또는 카시트 모양의 자료에 관심을 가지고 탐색한다.
   - 승민이가 의자에 앉았네요. 그런데 이건 어떻게 하는 걸까요?
   - 이건 이렇게 딱 끼우는 거예요?

2. 영아가 안전띠를 조작해 보며 자동차를 탈 때 안전교육이 자연스럽게 이루어지도록 상호작용한다.
   - 자동차에 탔나요? 자리에 앉아서 안전띠를 매야 해요.
   - 이제 출발해도 되나요?

3. 운전하는 흉내를 내며 엄마(아빠) 흉내를 내 본다.
   - 엄마(아빠) 안전띠 매고 가세요.
   - 자 안전띠 다 맸으니 이제 출발합니다.

📋 **잠깐만요!**

- 안전띠를 해 보는 경험을 놀이로 반복하여 안전교육이 이루어지도록 한다.
- 안전띠를 하는 과정에서 영아를 지나치게 압박하지 않도록 주의한다.

🖤 지퍼 올리고 내리기 🖤 (만 1세)

📋 도움이 돼요
- 지퍼를 스스로 올리고 내리는 동작을 시도한다.
- 소근육을 조절하며 눈과 손의 협응력을 기른다.

📋 준비해요
- 지퍼가 달린 놀잇감이나 옷

📋 이렇게 해요

1. 놀잇감에 달려 있는 지퍼에 관심을 보이는 영아와 상호작용을 나눈다.
   - 민건이는 지퍼가 달려 있는 놀잇감을 갖고 있구나?
   - 민건이 옷에도 지퍼가 있네, 한번 만져 볼까?
   - 지퍼 모양이 어떻게 생겼나요? 만져 보니 울퉁불퉁하네.

2. 부모가 한쪽 손으로 옷을 누르며 다른 쪽 손으로 지퍼를 올리고 내리는 모습을 보여 준다.
   - 민건이가 지퍼를 쭈욱 당기며 올려 볼까?
   - 엄마(아빠)처럼 한 손으로 옷을 꼭 누르면 옷이 움직이지 않지?
   - 엄마(아빠)랑 같이 올려 보자.

3. 영아가 스스로 지퍼를 올리고 내려 볼 수 있도록 도와주며 격려한다.
   - 민건이가 혼자서 지퍼를 쭈욱 올려 볼까?
   - 민건이 혼자서도 지퍼를 잘 올리는구나!
   - 이번엔 지퍼를 내려 볼까? 쭈~욱!

📋 확장 놀이해요

- 영아에게 옷을 입혀 주며 스스로 지퍼를 올리고 내려 볼 수 있도록 해 본다(겉옷 입기, 지퍼가 달린 놀잇감 등).

📋 잠깐만요!

- 영아가 지퍼를 올리고 내리는 것을 어려워하지 않도록 부모님이 살펴보며 도움을 준다.

💜 색 테이프 떼어 보기 💜 (만 1세)

📔 도움이 돼요

- 다양한 방법으로 색 테이프를 탐색한다.
- 소근육을 조절하여 바닥의 색 테이프를 떼기를 시도한다.

📔 준비해요

- 다양한 색 테이프

📔 이렇게 해요

1. 바닥에 붙여진 색 테이프를 탐색한다.
   - 바닥에 무엇이 붙어 있네요.
   - 무엇이 붙어 있는지 한번 만져 볼까요?
   - 노란색 테이프가 붙어 있네요.

2. 끝이 살짝 접힌 테이프의 끝을 잡아당겨 보도록 격려한다.
   - 윤슬아, 여기를 잡아당겨 볼까요?
   - 이번에는 빨간색 테이프의 끝을 잡고 당겨 볼까요?

3. 영아가 소근육을 조절하며 바닥에 색 테이프를 떼어 낼 수 있도록 돕는다.
   - 파란색 테이프는 어디 있을까?
   - 한빛이는 떼어 낸 테이프를 다리에 붙였구나.
   - 테이프를 떼어 내어 친구의 다리 위에도 붙여 줄까요?

📔 확장 놀이해요

- 떼어 낸 테이프를 뭉쳐서 바구니에 던져서 넣어 볼 수 있도록 한다.

잠깐만요!

- 영아가 테이프를 떼어 내기 쉽도록 끝 부분을 조금 접어 둔다.

💗 내 몸을 크게 작게 해 보기 💗 (만 1세)

📋 도움이 돼요

- 엄마(아빠)의 행동을 모방하여 흉내 내기를 해 본다.
- 자신의 몸을 다양하게 움직여 본다.

📋 준비해요

- 손바닥 스티커

📋 이렇게 해요

1. 엄마(아빠)가 몸을 구부리고 펴는 모습을 보여 주며 영아가 흉내 낼 수 있도록 한다.
   - 다리를 쭉 펴고 일어나니 다리가 길~어 졌어요!
   - 앉았더니 다리가 짧아졌네요.
   - 민건이도 엄마(아빠)처럼 해 볼까요?
   - 다리를 쭉 펴고 양팔을 위로 만세를 해 봐요.
   - (영아가 따라 하는 것을 기다리며) 내 몸이 길어졌어요.
   - 앉아서 몸을 웅크려 보세요.
   - 내 몸이 작아졌어요.

2. 벽에 붙인 손바닥 스티커에 영아가 손바닥을 맞춰보도록 한다.
   - 벽에 손바닥이 많이 있네요. 손바닥을 손바닥 스티커에 대어 볼까요?
   - 손바닥이랑 손바닥 스티커가 만났네요.
   - 위에도 손바닥 모양이 있어요. 한 손으로 위에 있는 손바닥을 대어 볼까요?
   - 민건이가 위에 손을 대니 키가 커졌네요.
   - 제일 아래쪽부터 점점 위로 손바닥을 대어 볼까요? 몸이 점점 커지는구나.

확장 놀이해요

- 영아의 키보다 조금 높은 곳에 손바닥 스티커를 부착해서 까치발을 해 본다.

💘 공기 매트 위에서 놀기 💘 (만 1세)

📋 도움이 돼요

- 공기 매트 위에서 자유롭게 움직인다.
- 손과 발을 이용하여 공기 매트를 탐색한다.

📋 준비해요

- 에어 캡

📋 이렇게 해요

1. 에어 캡을 길게 연결한 공기 매트를 걸어 본다.
   - 연우야, 바닥이 어떤 느낌이야? 발이 푹신푹신하게 느껴지지.
   - 엄마(아빠)랑 손잡고 매트 위를 걸어 볼까요?
   - 하나 둘, 하나 둘 천천히 걸어 보자.

2. 에어 캡으로 된 공기 매트에서 뛰어 보며, 발바닥에서 느껴지는 촉감과 소리를 탐색한다.
   - 공기 매트 위에서 뛰어 보자.
   - 연우가 참 잘 뛰는구나. 콩콩 뛰어 보자.
   - 올록볼록하네요. 움직일 때마다 톡톡톡 소리가 나요.

3. 공기 매트 위에 앉아서 엉덩이를 움직여 보거나 앉아서 손가락으로 그대로 눌러 본다.
   - 연우가 공기 매트에 앉았구나.
   - 엉덩이 걸음마로 움직여 볼까요?
   - 앉아서 손가락으로 꼬옥 눌러 봐요.

확장 놀이해요

다양한 방법으로 움직이기(거북이처럼 엉금엉금 기어 보기, 살금살금 기어 보기) 놀이를 해 본다.

 잠깐만요!

- 영아가 충분히 움직이고, 앉아서 활동할 수 있도록 넓은 공간을 제공한다.

💜 두더지 놀이하기 💜 (만 1세)

📋 도움이 돼요

- 상자 안에서 몸을 굽혔다 펴는 움직임을 시도해 본다.
- 까꿍 놀이를 하며, 있고 없음을 경험한다.

📋 준비해요

- (여러 면에 구멍이 뚫린) 영아가 들어갈 수 있는 커다란 상자

📋 이렇게 해요

1. 구멍이 뚫려 있는 상자를 탐색하며 영아와 상호작용을 나눈다.
   - 우와~ 은성아, 여기 아주 커다란 상자가 있구나.
   - 큰 상자에 구멍도 쏙~ 나 있구나.
   - 똑똑똑~ 상자 속에 누가 있을까?
2. 부모가 커다란 상자 속 구멍에 얼굴을 보이며 영아들이 볼 수 있게 한다.
   - 엄마(아빠)가 상자 안에 들어가서 얼굴을 쏘옥 하고 내밀었네.
   - 까꿍! 엄마 어디 있을까?
3. 영아가 상자에 흥미를 보이면 상자 속에 들어가도록 도와준다.
   - 은성이가 상자 안에 쏘옥 들어갔네.
   - 서준이도 은성이처럼 상자 속으로 쏘옥 하고 들어갔구나.
   - 구멍 속에 팔도 넣어 보자~ 팔도 나왔네. 까꿍!
   - 두 발도 내밀어 볼까요?

📝 **잠깐만요!**

- 영아가 상자 안에 들어갔다 나올 때 다른 영아와 부딪치지 않도록 옆에 서 도와준다.
- 영아가 들어갈 수 있는 크기로 상자를 제공해 주어 안전에 유의한다.

🖤 발 모양 따라 걷기 🖤 (만 1세)

📷 도움이 돼요

- 발 모양을 따라 걸어 본다.
- 발바닥 모양에 관심을 갖고 탐색한다.

📷 준비해요

- 발 모양 여러 개

📷 이렇게 해요

1. 바닥에 발 모양 여러 개를 붙여 두고 영아가 관심을 가지도록 상호작용한다.
2. 영아가 바닥에 붙어 있는 발 모양에 관심을 보이면 함께 탐색해 본다.
   - 여기 발자국 그림이 있네.
   - (영아의 발을 대어 보며) 서준이 발이랑 똑같이 생겼네.
3. 영아와 함께 발 모양 길을 따라 걷는다.
   - 서준이가 발 모양을 따라 걸어가 볼까요?
   - 발 모양을 따라 아장아장 걸어가니 교실 문이 있네.
   - 서준이 친구 손잡고 걸어 보자. 하나! 둘!

📷 확장 놀이해요

- 빠르기를 조절하여 걸어 보기를 한다.
- 영아가 안전하게 걷기를 할 수 있도록 동선과 공간을 고려하여 발 모양 그림을 붙인다.

잠깐만요!

- 영아 간 서로 부딪치지 않도록 간격을 두고 걸어 볼 수 있도록 한다.

💗 촉감 신발 신고 걷기 💗 (만 1세)

📖 도움이 돼요

- 촉감 신발을 신고 몸을 움직인다.
- 촉감 신발에 따라 걸을 때의 느낌을 경험한다.

📖 준비해요

- 영아용 촉감 신발

📖 이렇게 해요

1. 영아가 촉감 신발을 탐색하는 행동을 부모는 언어적으로 표현해 준다.
   - 신발에 털실이 붙어 있네요. 만져 볼까요?
   - 이 신발은 바닥이 울퉁불퉁하네요.
   - 부딪쳐 보니 짝짝짝 소리도 나네.

2. 영아가 촉감 신발을 신고 걷거나 움직여 보도록 한다.
   - 서준아, 신발을 신고 걸어 볼까요?
   - 발바닥에서 어떤 느낌이 나니?
   - (부모가 노래를 불러 주며) 노래에 맞춰 촉감 신발을 신고 걸어 볼까요?
   - 서준이는 발을 신나게 구르는구나.
   - 슬찬이는 씩씩하게 걷는구나. 하나 둘 셋 넷~~~

잠깐만요!

- 영아가 촉감 신발을 입에 넣지 않도록 주의 한다.
- 영아가 촉감 신발을 신었을 때 발이 불편하지 않도록 제작한다.

💗 종이컵으로 소리 내기 💗 (만 1세)

📒 도움이 돼요
- 종이컵을 이용하여 다양한 소리를 내 본다.
- 여러 방법으로 내는 말소리를 들어 본다.

📒 준비해요
- 종이컵

📒 이렇게 해요
1. 엄마(아빠)와 종이컵을 탐색하며 대화를 나눈다.
   - 종이로 된 컵이 있구나.
   - 컵 속에 무엇이 들어 있는지 볼까요?
   - 한빛이가 만져 볼까요?
2. 엄마(아빠)가 종이컵을 입에 대고 다양한 소리와 말소리를 내면 영아가 들어 본다.
   - 엄마 입에 종이컵을 대고 소리를 내어 볼게요.
   - 아아아아~
   - 승연아 엄마 소리가 들리나요?
3. 영아가 종이컵을 입에 대고 다양한 소리 내기, 말하기를 시도해 본다.
   - 연우도 종이컵에 대고 소리를 내어 볼까요?
   - 민수가 우우~ 하고 소리를 냈구나.
   - 종이컵을 대고 친구에게도 인사할까요?
   - '민수야 안녕~' 하고 인사도 해 주었구나.

확장 놀이해요

- 종이컵 전화기 놀이를 해 본다.

잠깐만요!

- 영아가 사용한 종이컵을 다른 영아가 사용하지 않도록 한다.

♥ 「꼬마야, 꼬마야」 들으며 움직이기 ♥ (만 1세)

📋 도움이 돼요

- 운율 있는 말소리를 들어 본다.
- 다양한 몸의 움직임을 시도해 본다.

📋 준비해요

- 노래 「꼬마야, 꼬마야」 음원, 카세트 등 음향 기기

📋 이렇게 해요

1. 「꼬마야, 꼬마야」 노래를 들어 본다.

    - 태준, 엄마(아빠)와 함께 노래를 들어 볼까요?

    - 꼬마야 꼬마야~ 꼬마야 꼬마야~

2. 노래를 한 소절씩 들어 보며 가사에 맞는 동작을 해 본다.

    - 태준아, 태준아, 뒤를 돌아라.

    - (노래에 맞추어 뒤를 돌며) 태준이가 뒤로 잘 돌았구나.

    - 태준아, 태준아, 손뼉을 쳐라.

    - [엄마(아빠)와 마주보고 손뼉을 치며] 짝짝짝. 태준이가 박수를 잘 치는구나.

3. 엄마(아빠)와 함께 노래를 들으며 가사에 맞는 행동을 표현해 본다.

    - 태준이도 노래를 들으며 몸을 노래에 맞춰서 움직여 볼까요?

    - (노래에 맞추어 박수를 치며) 태준아, 박수를 쳐 볼까요?

    - 짝짝짝~ 태준이가 박수를 치는구나.

📋 확장 놀이해요

- 다양한 동작을 언어적으로 표현해 영아들이 몸으로 표현할 수 있도록 한다.

잠깐만요!

- 영아들이 신체 놀이를 할 때 안전하게 놀이하도록 미끄럼 방지 매트를 깔아 준다.
- 움직임을 자유롭게 할 수 있도록 주변의 여유로운 공간을 마련해 준다.

♥ 손 인형으로 말하기 ♥ (만 1세)

📺 도움이 돼요

- 엄마(아빠)가 들려주는 말소리를 따라서 소리 내어 본다.
- 엄마(아빠)를 모방하여 손 인형을 움직여 본다.

📺 준비해요

- 영아에게 친숙한 손 인형

📺 이렇게 해요

1. 엄마(아빠)가 손에 손 인형을 끼워 움직이는 모습을 관찰할 수 있도록 한다.
   - (손 인형을 낀 손을 뒤로 감추며) 깡충 깡충, 교실에 누가 찾아왔나 봐요~
   - 수현아~ 무슨 소리가 들리나요?
   - (손 인형을 앞으로 꺼내며) 깡충 깡충~ 안녕? 나는 토끼야!

2. 손 인형을 손에 끼고 영아와 함께 대화하듯 놀이한다.
   - (토끼처럼 목소리를 내며) 수현아 만나서 반가워!
   - 수현이도 토끼에게 안녕하고 인사를 해 볼까요?
   - 안녕!

3. 영아가 손 인형을 손에 끼우고 손을 움직이며 놀이할 수 있도록 한다.
   - 효빈아, 인형을 손에 끼고 움직여 볼까요?
   - 어떤 인형을 손에 끼워 볼까요?
   - 효빈이는 손에 강아지 인형을 끼었구나!
   - 효빈이가 손 인형을 잘 움직일 수 있구나.

확장 놀이해요

- 엄마(아빠)의 얼굴 사진이 있는 손 인형 또는 막대 인형을 제작하여 놀이
  할 수 있다.

💙 속닥속닥 작은 소리로 말하기 💙 (만 1세)

📺 도움이 돼요

- 작은 소리로 말하는 것을 듣는다.
- 엄마(아빠), 또래와 함께하는 귓속말을 경험해 본다.

📺 준비해요

- 카페트, 그림 카드

📺 이렇게 해요

1. 엄마(아빠)가 노래를 불러 영아가 자신의 신체 부분을 탐색하도록 한다.

   – 눈은 어디 있나? 여기.

   – 코는 어디 있나? 여기.

   – 입은 어디 있나? 여기.

   – 귀는 어디 있을까? 여기.

2. 영아의 귀에 가까이 입을 대고 작은 소리로 속삭인다.

   – 엄마(아빠)가 수현이 귀에 대고 작은 소리로 말해 볼게요.

   – 수현아, 사랑해~

   – 엄마가 무슨 말을 하는지 들었나요?

   – 다시 한 번 수현이 귀에 대고 속닥속닥 귓속말을 해 볼게요.

   – 수현아, 사랑해~

3. 영아가 엄마(아빠)의 귀에 대고 작은 목소리로 해 보도록 한다.

   – 태준이도 엄마(아빠)의 귀에 가까이 입을 대고 작은 목소리로 말해 볼까요?

   – (고개를 끄덕이며) 아~ 태준이가 엄마(아빠)를 사랑한다고?

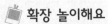 **확장 놀이해요**

- 친구의 귀에 대고 작은 소리로 말하기를 해 볼 수 있도록 한다.

잠깐만요!

- 영아가 귓속말을 잘 알아듣지 못할 수 있으므로 반복하여 말해 준다.

💕 "주세요." 따라서 말하기 💕 (만 1세)

📋 도움이 돼요

- "주세요." 하고 몸짓이나 말소리로 의사 표현한다.
- 엄마(아빠)를 모방하여 자신의 요구를 말로 표현한다.

📋 준비해요

- 놀잇감, 그림책

📋 이렇게 해요

1. 엄마(아빠)는 영아와 놀이하면서 "주세요."라는 말과 몸짓을 표현한다.
   - (손으로 달라는 시늉을 하며) 태준아, 네 앞에 있는 블록 한 개만 주세요.
   - (영아가 주는 것을 받으면 고개를 숙이며) 고맙습니다.

2. 영아가 엄마(아빠)가 한 것처럼 말과 몸짓을 표현하기를 제안한다.
   - 이번에는 태준이가 "주세요."라고 해 보자.
   - 태준이에게 어떤 자동차를 줄까요?
   - (영아가 자동차를 짚으면) 태준이가 이 자동차를 갖고 싶구나.
   - (몸짓을 다시 보여 주며) 주세요.

3. 영아가 "주세요."를 정확하게 말하지 않고 몸짓, 비슷한 발음을 시도하는 것을 격려한다.

📋 확장 놀이해요

- 친구와의 놀이에서도 "주세요."라는 말을 해 보도록 격려한다.

잠깐만요!

- 영아의 발달에 따라 "주세요."라고 말로 표현할 수도 있고 손짓이나 비
  슷한 발음으로 표현하는 것도 자연스럽게 인정해 준다.

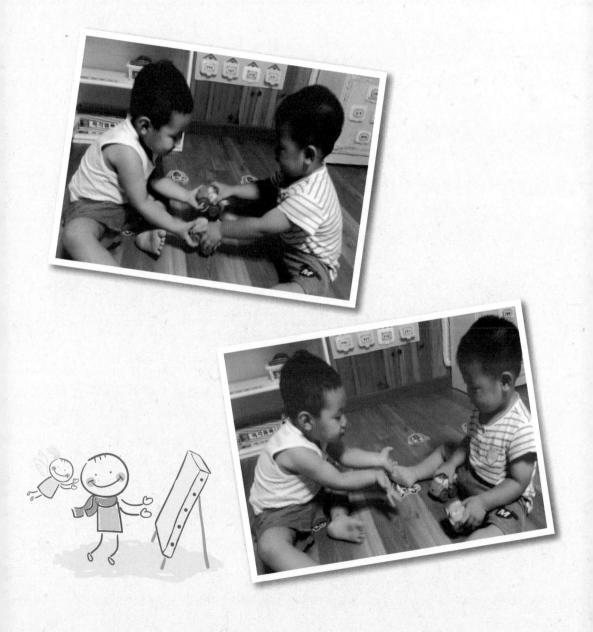

💜 산책 사진 책 보며 이야기하기 💜 (만 1세)

📖 도움이 돼요

- 주변 환경 사진에 관심을 가진다.
- 익숙한 경험과 사물의 이름을 말해 본다.

📖 준비해요

- 영아와 함께했던 산책 사진 책(2권 이상)

📖 이렇게 해요

1. 영아와 함께 산책하며 찍은 사진 책을 본다.
   - 민건이는 어디 있나요?
   - 민수도 있네.
   - 태준이가 걸어가고 있네.
   - 엄마(아빠)랑 민건이랑 손을 잡고 걸어가고 있네요.
   - (사진을 가리키며) 우리 어린이집 옆에 있는 과일 가게도 있어요.

2. 좋아하는 장면을 반복하여 보며 사진 속의 모습과 사물 이름에 대해 대화를 나눈다.
   - 아, 엄마(아빠)와 산책하며 주변을 구경하고 있었구나.
   - 책을 넘기며 다시 한 번 사진 책을 볼까요?
   - 사진 속의 민건이는 누구와 걸어가고 있나요?

📷 **잠깐만요!**

- 그림책을 만들 때 한 권보다는 두 권 이상 준비하여 영아들이 다투지 않고 볼 수 있도록 한다.
- 교실 공간에 사진으로 붙여 주어 영아들이 놀이하며 수시로 볼 수 있도록 하는 것도 좋다.

💜 비닐우산에 끼적이기 💜 (만 1세)

📋 도움이 돼요

- 투명한 비닐우산을 탐색해 본다.
- 매직으로 끼적여 본다.

📋 준비해요

- 투명 비닐우산, 매직

📋 이렇게 해요

1. 영아가 비닐우산을 탐색할 수 있도록 상호작용을 한다.
   - 서준아, 이게 뭘까?
   - 그래, 비가 올 때 쓰는 우산이구나!
   - 비닐우산을 만져 볼까? 느낌이 어때?
   - 부드럽고 미끌미끌하구나.

2. 영아가 쓰기 도구를 살펴볼 수 있도록 도와준다.
   - 이것은 매직이구나!
   - 서준이가 좋아하는 초록색 매직도 있고 빨간색 매직도 있구나.

3. 영아가 끼적일 수 있도록 도와주며 끼적이는 움직임을 구체적으로 표현해 준다.
   - 동글동글~ 큰 동그라미가 그려졌어요.
   - 빨간색 꼬불꼬불 길이 그려졌어요.
   - 콕,콕,콕 찍으니까 점이 만들어졌네요.

4. 끼적이기를 한 우산을 살펴보며 영아와 이야기를 나눈다.
   - 우산이 어떻게 변했나요?

📺 확장 놀이해요

- 영아가 우산을 안전하게 쓸 수 있도록 도와주고 분무기로 물을 뿌려 비
  를 표현해 준다.

📺 잠깐만요!

- 우산의 뾰족한 부분에 영아가 다치지 않도록 살펴본다.

🖤 아기 인형 기저귀 놀이하기 🖤 (만 1세)

📺 도움이 돼요

- 인형과 기저귀를 탐색해 보며 친숙함을 느낀다.
- 인형에게 기저귀를 해 보는 흉내를 내어 본다.

📺 준비해요

- 인형, 기저귀, 우유병, 옷, 포대기 등

📺 이렇게 해요

1. 영아에게 인형과 기저귀를 제공하고 관심을 보이면 상호작용을 나눈다..
   - 수현이가 인형을 안아 주고 있구나.
   - 아기 인형은 지금 뭐하고 있어?

2. 엄마(아빠)가 인형에게 기저귀를 채우는 모습을 보여 주고, 영아도 해 볼 수 있도록 격려한다.
   - 아기 인형이 울고 있네. 왜 울고 있을까?
   - 수현아 아기 인형이 배가 고플까? 아니면 기저귀에 쉬를 했을까?
   - 아기 인형의 기저귀를 한번 볼까요?
   - 아! 기저귀에 오줌을 싸서 축축해겼구나!
   - 엄마(아빠)가 인형 기저귀를 갈아 주어야겠다.
   - 어머? 이번에는 응가를 했네. 수현이가 기저귀를 갈아줄 수 있겠니?

3. 인형과 기저귀, 그 밖의 다양한 소품을 이용하여 영아가 자유롭게 놀이할 수 있도록 한다.
   - 수현이가 아기 인형 기저귀를 갈아 주었더니 너무 기분이 좋은가 봐.
   - 아기 인형이 수현이 보고 웃고 있네.

📺 확장 놀이해요

- 영아가 아기 인형을 업어 보기도 하고 우유병을 물려 줄 수 있도록 해 본다.

📺 잠깐만요!

- 부모의 의도적인 활동이 되지 않도록 영아가 흥미를 느낄 수 있도록 해 준다.

사회관계

💗 물놀이 용품으로 물놀이하기 💗 (만 1세)

📋 도움이 돼요

- 물놀이 용품을 탐색한다.
- 물놀이 용품을 이용하여 신체를 다양하게 움직인다.

📋 준비해요

- 미니 수영장, 물놀이 용품(물놀이 튜브, 개인 수영복, 수건, 바디샤워 등)

📋 이렇게 해요

1. 영아에게 물놀이한다는 것을 알려 주고, 수영복을 입혀 준다.
   - 수영복을 입어 볼까요?
   - 모자는 꼬불꼬불한 모양이 있네요. 모자 한번 써 볼까요?
   - 슬찬이 수영복에는 자동차 그림이 있네요.

2. 여러 가지 물놀이 용품의 모양, 촉감 등을 탐색하며 착용해 본다.
   - 튜브에 앉으니까 느낌이 어때?
   - 튜브가 푹신푹신하구나.
   - (비치볼을 들고 있는 영아에게) 승민아 큰 비치볼을 안고 있구나!

3. 다양한 물놀이 용품을 이용해 자유롭게 물놀이할 수 있도록 격려한다.
   - 이제 물에 들어가 볼까?
   - 다리부터 물을 묻혀 보고 팔, 가슴까지 천천히 물을 묻혀 보자.
   - 연우가 잘 따라 하는구나.
   - 슬찬이는 물총으로 무엇을 할까?

잠깐만요!

- 미니 수영장의 물은 영아가 안전하게 물놀이를 할 수 있을 만큼의 물을 사용한다.
- 영아의 체온 조절을 위해 온수를 사용하도록 한다.

💗 블록으로 기차 만들기 💗 (만 1세)

📋 도움이 돼요

- 블록을 길게 연결하여 본다.
- 블록으로 기차를 만들고 밀어서 움직여 본다.

📋 준비해요

- 블록, 기차 그림

📋 이렇게 해요

1. 블록을 제공하고 영아가 관심을 보이면 상호작용해 준다.
2. 블록을 탐색하는 영아의 모습을 관찰하며 언어로 표현해 준다.
   - 민건이가 블록을 보고 있구나.
   - 좋아하는 블록을 꺼내어 볼까?
3. 블록을 연결하여 기차를 만들어 볼 수 있도록 격려한다.
   - 우리 블록으로 무엇을 만들어 볼까요? 기차~ 그래 기차를 만들어 볼까요?
   - 여기 있는 그림처럼 우리 기차를 만들어 볼까?
   - 블록을 길게 연결해서 기차를 만들자.
4. 블록을 길게 연결하여 블록 기차를 만들어 움직여 볼 수 있도록 한다.
   - 점점 더 길어지게 블록을 놓아 보자.
   - 우와~ 기차가 완성되었네.
   - 이번에는 조금 더 긴 기차를 만들어 볼까? 블록을 좀 더 가져다줄 수 있니?
   - 민건이가 만든 기차를 뒤에서 밀어 보니까 앞으로 움직이네.
   - 칙칙폭폭~ 우리가 만든 기차가 나갑니다.
   - 연우도 기차를 뒤에서 밀어 볼까? 앞으로 움직이는구나.

📓 **잠깐만요!**

● 블록으로 만든 기차가 끊어지지 않도록 테이프로 고정시켜 준다.

♥ 쓱싹 쓱싹 청소 놀이하기 ♥ (만 1세)

📋 도움이 돼요

- 청소 도구를 탐색해 보며 자연스럽게 놀이를 시도한다.
- 청소하는 모습을 흉내 내어 본다.

📋 준비해요

- 빗자루, 쓰레받기, 걸레, 먼지떨이

📋 이렇게 해요

1. 청소 도구를 제공하고 관심을 보이는 영아와 상호작용을 나눈다.
   - (놀잇감 빗자루를 보여 주며) 민건아! 이것은 무엇일까?
   - 어디서 많이 보던 물건이네. 이 물건의 이름은 무엇일까?
   - 빗자루, 쓰레받기네.
   - 이것은 누가 사용하는 것일까요?
   - 엄마(아빠)가 사용하는 것을 본 적이 있나요?

2. 엄마(아빠)가 청소하는 모습을 보이며 영아도 따라서 흉내 내어 볼 수 있
   도록 한다.
   - (빗자루를 사용하는 모습을 보여 주며) 빗자루로 바닥을 쓸어 볼까?
   - 민건이가 빗자루로 모은 종이를 쓰레받기에 담아 볼까?
   - 바닥에 더러운 먼지나 종이를 쓸어 담아서 쓰레기통 안에 버리자.

확장 놀이해요

- 다양한 청소 도구(먼지 털이, 걸레)로 청소 놀이를 해 본다.

🧡 친구 키만큼 블록 쌓기 🧡 (만 1세)

📋 도움이 돼요

- 종이 블록에 관심을 가지고 탐색한다.
- 친구의 키 높이만큼 블록을 쌓아 본다

📋 준비해요

- 종이 블록

📋 이렇게 해요

1. 종이 블록을 제공하고. 놀이하는 영아와 상호작용을 나눈다.
   - 민수가 종이 블록으로 놀이하고 있구나.
   - 높이높이 쌓아 볼까요?
   - 엄마(아빠)는 이만큼 쌓았다~
   - 엄마(아빠)보다 더 높이높이 쌓아 볼래?

2. 옆에 서 있는 친구의 키만큼 쌓아 볼 수 있도록 격려한다.
   - 와~ 정말 높이 쌓았는데?
   - 그럼 이번엔 서준이 키만큼 쌓아 볼까?
   - 엄마(아빠)가 높이 쌓을 수 있도록 도와줄까요?
   - 민수 혼자 할 수 있을 거 같아?
   - 그래, 그럼 엄마(아빠)가 응원해 줄게!

3. 친구의 키 또는 앉은키만큼 쌓으며 높이를 비교해 본다.
   - 와, 정말 민수가 서준이 키만큼 쌓았구나. 너무 잘했어요.

🗒 이렇게 해요

- 앉은키만큼 쌓기를 해 본다.
- 앉은키만큼 쌓은 블록과 서 있는 키만큼 쌓은 블록의 길이를 비교해 본다.

🫐 친구와 놀이터에서 시소 타기 🫐 (만 1세)

📋 도움이 돼요

- 놀이터에서 시소에 관심을 가지고 탐색해 본다.
- 시소를 타 보며 몸의 균형 잡기를 시도한다.

📋 준비해요

- 마실 물, 물티슈, 비상 약, 실외 놀이터(시소)

📋 이렇게 해요

1. 영아들이 놀이터로 나갈 수 있도록 옷을 살펴보고 신발을 신을 수 있도록 도와준다.
   - 태준아, 엄마(아빠)하고 같이 실외 놀이터로 나갈까?
   - 태준이랑 엄마(아빠)랑 준비할 게 있어. 양말도 신고, 신발도 신고 준비해 볼까?
   - 날씨가 좋구나!

2. 친구와 안전하게 시소를 타 볼 수 있도록 도와주며 상호작용을 나눈다.
   - 태준아! 우리 시소 타기 해 볼까?
   - 태준아! 승민아! 안전하게 시소를 타려면 어떻게 해야 할까?
   - 그래. 시소의 손잡이를 꼭 잡고 타야 해.
   - 시소에서 떨어지지 않게 손잡이를 꼭 잡고 조심히 타자.
   - 어? 태준이가 올라가면 승민이가 내려오네.
   - 이번에는 태준이가 내려오니 승민이가 올라가네.
   - 시소를 타니까 기분이 어때?

잠깐만요!

- 여러 가지 놀이 기구를 안전하게 이용할 수 있도록 살펴본다.

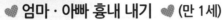

🖤 엄마 · 아빠 흉내 내기 🖤 (만 1세)

📋 도움이 돼요

- 엄마 아빠 물건을 탐색한다.
- 엄마 아빠 물건으로 흉내 내기 놀이를 한다.

📋 준비해요

- 엄마, 아빠 물건(지갑, 가방, 스카프, 넥타이, 아빠 셔츠, 엄마 · 아빠 구두 등)

📋 이렇게 해요

1. 엄마(아빠)의 여러 가지 물건을 탐색한다.

   – 엄마가 목에 하는 거예요? 미끌미끌하네요.

   – 아빠 넥타이구나. 아빠 옷도 있구나. 입어 볼 거예요?

   – 엄마가 화장하는 거예요? 뚜껑을 돌려서 열었네요.

   – 좋은 냄새가 나요? 엄마 냄새가 나요?

   – 지갑에 주머니가 여러 개 있네요.

2. 엄마, 아빠 물건을 착용하거나 사용하며 놀이해 본다.

   – 엄마처럼 차리고 회사에 가세요?

   – 아빠 가방 들고 구두도 신고, 아빠 어디 가세요?

   – 지갑도 가방에 넣고, 음식도 가방에 넣고 가요?

📺 잠깐만요!

- 넥타이는 영아의 안전을 위해 줄이 조이지 않도록 미리 여유 있는 크기
  로 매어 바느질하여 고정해 둔다.
- 엄마, 아빠 물건의 색, 질감, 모양, 냄새 등을 충분히 탐색해 보고 흉내 내
  는 놀이가 이루어질 수 있도록 기다려 준다.

71

💙「동물 농장」노래 부르며 동물 흉내 내기 💙 (만 1세)

📋 도움이 돼요

- 동물이 나오는 노래에 관심을 가지고 들어 본다.
- 여러 가지 동물의 모습을 모방하여 흉내 내어 본다

📋 준비해요

- 「동물 농장」음원, 카세트 등 음향 기기, 동물 모자, 동물 장갑

📋 이렇게 해요

1. 「동물 농장」동요를 제공하고 영아와 상호작용을 나눈다.
   - 닭장 속에는 암탉이~♪ 노랫소리가 들리는구나.
   - 민수도 「동물 농장」노래 들어 봤어?
   - 같이 한 번 불러 볼까?

2. 노래에 나오는 여러 동물들의 모습을 부모가 흉내 내어 주고 영아도 해 볼 수 있도록 돕는다.
   - 닭장 속에는 암탉이♪ 배나무 밑엔 염소가~♪
   - 외양간에는? 누가 있을까?
   - 음메~음메~ 하는 송아지가 있지.
   - 송아지처럼 몸을 움직이는구나.

📋 확장 놀이해요

- 동물과 관련된 동요를 들으며 동물 흉내를 내어 본다.

잠깐만요!

- 영아들이 놀이 시에 서로 부딪히지 않도록 한다.

💙 손가락으로 그림 그리기 💙 (만 1세)

📋 도움이 돼요

- 천연 색소 물감에 관심을 갖고 탐색한다.
- 손가락에 물감을 찍어 그림을 그려 보는 경험을 한다.

📋 준비해요

- 큰 쟁반, 천연 색소 물감, 활동지

📋 이렇게 해요

1. 큰 쟁반에 천연 색소 물감을 준비하고 영아가 관심을 보이면 상호작용을 나눈다.
   - 민수야, 이것은 무슨 색깔일까요?
   - 빨간색과 노란색이지?

2. 부모가 물감을 손에 묻혀서 활동지에 찍어 보는 모습을 보여 주고, 영아도 해 볼 수 있도록 격려한다.
   - 엄마(아빠)는 빨간색 물감을 손가락으로 찍어 볼게.
   - 손가락으로 톡톡~ 도화지에 빨간색 점들이 생겼네.
   - 이번에는 노란색을 찍어 볼까?
   - 민수도 좋아하는 색의 물감을 손가락에 묻혀서 톡톡~ 해 보자.
   - 민수도 엄마(아빠)처럼 빨간색 물감을 찍었구나.
   - 민수가 찍은 점들이 예쁜 꽃처럼 되었네~

3. 손가락으로 그린 그림이 어떤 그림이 되었는지 함께 감상해 본다.

확장 놀이해요

- 영아가 그린 그림은 집게를 이용해 줄에 전시하여 감상할 수 있게 한다.

잠깐만요!

- 옷이 젖은 영아는 갈아입혀 주고 책상과 활동한 주위를 정리한다.

💗 다양한 악기 연주하기 💗 (만 1세)

📋 도움이 돼요

- 영아가 다양한 악기를 연주하기를 시도할 수 있다.
- 소리 나는 악기에 관심을 갖고 엄마(아빠)를 따라 악기를 흔들어 소리를 내어 본다.

📋 준비해요

- 다양한 악기(실로폰, 작은북, 핸드벨, 짝짝이), 「나비야」 음원, 카세트 등 음향 기기

📋 이렇게 해요

1. 영아와 다양한 악기를 탐색하며 소리를 들어 본다.
   - 소리가 나는 놀잇감이 많이 있네.
   - (엄마, 아빠가 북을 두드리며) 어떤 소리가 나요?
   - 둥둥둥 소리가 나는구나.
2. 영아가 악기를 탐색하고 나면 「나비야」 노래를 틀어 주고 영아가 자연스럽게 노래를 들어 볼 수 있도록 한다.
3. 「나비야」 노래를 들으며 흥얼흥얼 따라 부르는 모습을 보며 상호작용할 수 있다.
   - 태준이가 노래를 들으며 따라 부르고 있구나?
4. 악기를 두드리고 흔들며 노래를 불러 본다.
   - 태준아! 우리 신나는 노래 부르면서 악기를 연주해 볼까요?
   - 승민이가 실로폰을 치니까 땡땡땡 소리가 나네요.
   - 승민이 악기 소리에 맞춰서 엄마(아빠)가 노래를 불러 볼게요.

잠깐만요!

• 노래에 맞춰 연주하기 전에 영아가 충분히 악기를 탐색할 수 있도록 기
  다려 준다.

🫐 큰 신문지 배 만들기 🫐 (만 1세)

📋 도움이 돼요

- 신문지에 관심을 가지고 탐색한다.
- 신문지 배를 간단한 방법으로 꾸며 놀이해 본다.

📋 준비해요

- 신문지, 매직, 스티커, 사인펜

📋 이렇게 해요

1. 영아가 자유롭게 신문지를 가지고 놀이하는 모습을 보며 상호작용을 나눈다.
   - 서준이가 신문지를 만지고 있구나.
   - 신문지를 구기고 있네. 쭉쭉 찢기도 하는구나.
   - 신문지를 뭉치니 동글동글한 공이 되었네.

2. 커다란 신문지 배를 소개하고 스티커를 붙이며 꾸미기를 시도해 보도록 돕는다.
   - 서준아! 짜잔!! 엄마(아빠)가 신문지로 큰 배를 만들었어.
   - 우와~ 서준이가 탈 수 있을 정도로 큰 배구나.
   - 여기 신문지 배를 예쁘게 꾸며 줄까? 스티커를 붙여서 꾸며 주면 좋겠구나.
   - 마음에 드는 스티커를 떼서 붙여 보자.

3. 신문지로 만든 큰 배에 다양한 꾸미기 재료를 활용하여 자유롭게 꾸며 보도록 한다.
   - 이번에는 매직으로 신문지 배에 예쁜 그림을 그려 줄까?
   - 우와~ 배에 파도처럼 구불구불 선이 정말 파도 같구나.
   - 신문지 배가 망가지지 않도록 조심조심하면서 그림을 그려 보자.

확장 놀이해요

- 신문지 배를 이용한 간단한 모방 놀이를 해 볼 수 있다.

75

💜 **바람개비 꾸며 보기** 💜 (만 1세)

📋 **도움이 돼요**
- 끼적이거나 스티커를 붙여 바람개비를 꾸며 본다.

📋 **준비해요**
- 활동지, 색종이, 풀, 사인펜, 스티커

📋 **이렇게 해요**
1. 영아에게 미리 만들어 놓은 바람개비를 보여 준다.
   - 이것이 무엇일까요?
   - (바람개비를 손으로 치거나 불며) 빙글빙글~ 돌아가는 바람개비예요.
   - 바람개비는 바람이 불면 이렇게 움직여요.
   - 민수도 후~하고 바람개비를 불어 볼래요?
2. 바람개비를 붙인 활동지에 사인펜으로 끼적이기를 한다.
   - 여러 가지 색종이 바람개비 위에 좋아하는 색의 사인펜으로 끼적이기를 해 봐요.
   - 민수가 쭈룩쭈룩 비처럼 끼적이기하고 있네요.
   - 사인펜으로 끼적인 바람개비가 너무 예쁘구나!
3. 바람개비 위에 스티커를 붙여서 꾸며 본다.
   - 사인펜으로 끼적인 바람개비 위에 예쁜 스티커를 붙여 볼까요?
   - 예쁜 스티커를 붙이니 바람개비가 반짝 반짝 더 예뻐졌네요.

확장 놀이해요

- 활동을 하고 난 후 영아들이 바람개비를 충분히 탐색하며 놀이하도록 한다.

♥「도토리」노래 부르며 율동하기 ♥ (만 1세)

📋 도움이 돼요

- 노래를 듣고 따라 부른다.
- 도토리에 관한 노래를 부르며 즐겁게 율동한다 .

📋 준비해요

- 「도토리」음원, 카세트 등 음향 기기

📋 이렇게 해요

1. 「도토리」동요를 즐겁게 듣는다.

  - 「도토리」노래를 들어 보자.

  - 도토리가 어디에서 왔다고 했니?

  - 도토리는 어떻게 굴러갔니?

2. 도토리에 대해 이야기를 나눈다.

  - (도토리 실물자료를 보여 주며) 도토리를 본 적이 있니?

  - 도토리는 어떻게 생겼어? 아주 작고, 귀여운 모자를 쓴 것같이 생겼네.

  - 도토리를 따려면 어디로 가야 할까?

  - 도토리를 굴려 볼까?

3. 「도토리」동요를 들으며 율동을 해요.

  - 「도토리」동요를 부르며 율동해 볼까?

  - 민수는 손을 빙빙 돌렸네.

  - 또 어떻게 해 볼까?

📋 확장 놀이해요

- 도토리처럼 몸을 데굴데굴 구르는 신체 놀이를 해 본다.

🖤 나뭇잎 비닐봉지 흔들기 🖤 (만 1세)

📋 도움이 돼요

- 나뭇잎과 비닐봉지를 만지며 탐색한다.
- 나뭇잎이 들어 있는 비닐봉지를 흔들며 소리를 만들어 본다.

📋 준비해요

- 투명한 비닐봉지, 나뭇잎, 봉투를 묶을 끈

📋 이렇게 해요

1. 나뭇잎의 색깔과 모양, 비닐봉지를 탐색한다.

   - 은성이가 나뭇잎을 만지고 있구나!
   - 나뭇잎을 만지니 바스락 바스락 소리가 나네.
   - 비닐봉지를 만지면 사그락 사그락

2. 떨어진 나뭇잎을 비닐봉지에 담는다.

   - 나뭇잎을 비닐봉지에 담아 볼까요?
   - 빨간 단풍잎이 봉지 속으로 쏘옥~
   - 또 어떤 나뭇잎을 넣어 볼까?

3. 나뭇잎이 들어 있는 비닐봉지 속에 공기를 넣어 끈으로 묶은 후 만져 보고, 흔들어 본다.

   - 공기가 가득한 비닐봉지를 만져 볼까요?
     풍선처럼 동그랗고 말랑말랑해졌구나!
   - 비닐봉지를 흔들어 볼까요?
   - 어떤 소리가 나는지 가만히 들어 보자.

📋 **확장 놀이해요**

- 영아와 함께 비닐봉지에 시트지 붙이기, 비닐봉지에 끼적이기 등의 활동을 해 본다.
- 나뭇잎 외에 다른 자연물을 비닐봉지에 담아 탐색할 수 있다.

📋 **잠깐만요!**

- 영아가 비닐봉지를 얼굴에 쓰지 않도록 안전에 유의한다.

🍓 계란 판에 탁구공 담기 🍓 (만 1세)

📋 도움이 돼요
- 탁구공을 계란 판에 담아 본다.
- 탁구공의 색깔과 질감을 탐색해 본다.

📋 준비해요
- 지름 4cm의 색 탁구공, 계란 판

📋 이렇게 해요
1. 영아와 탁구공을 탐색한다.
   - 은성아, 탁구공이 동글동글 여러 개 있네.
   - 공을 만져 볼까요? 그런데 꾹 누르니까 딱딱하네.
   - 탁구공을 바닥에 떨어뜨려 볼까요?
   - 공이 떼구르르 굴러갔구나.
2. 바구니의 탁구공을 계란 판으로 옮겨 본다.
   - 은성아, 탁구공을 계란 판 안에 넣어 보자.
   - 탁구공이 계란 판 안에 쏘옥 들어갔구나.
3. 탁구공을 계란판에 담아 보고 쏟아 본다.
   - 계란 판 속에 탁구공이 가득 채워졌구나.
   - 이제 바구니에 다시 쏟아 볼까요?
   - 계란 판에 공이 없네요, 다시 하나씩 채워 볼까요?

📋 확장 놀이해요
- 탁구공 대신 여러 가지 색의 스티로폼 공을 활용할 수 있다.

잠깐만요!

- 탁구공은 3.5cm 이상으로 계란 판 안에 들어갈 수 있는 크기를 선택하고, 입에 넣는 아이가 없는지 잘 살펴본다.

 두부 으깨 보기 (만 1세)

 도움이 돼요

- 다양한 감각으로 두부를 탐색해 본다.
- 두부를 으깨어 변하는 두부의 모양을 경험한다.

 준비해요

- 두부, 쟁반

 이렇게 해요

1. 영아에게 두부를 제공하여 자유롭게 탐색하도록 한다.

2. 영아가 두부에 관심을 보이면 부모가 적절한 반응을 해 준다.

   - 슬찬아 이건 두부야. 우리가 반찬으로도 먹어 본 적이 있지?

   - 슬찬이가 만져 보고 있구나. 느낌이 어때?

   - 슬찬이가 먹고 있구나. 맛은 어때?

   - 코에 가져가 냄새를 맡는구나. 무슨 냄새가 나니?

3. 부모가 두부를 으깨는 모습을 보여 주고, 영아도 손으로 두부를 만지며 탐색할 수 있도록 격려한다.

   - 엄마(아빠)처럼 두부를 손바닥에 올려놓고 힘을 주어 볼까?

   - 슬찬이는 두부를 잡아 보는구나. 힘을 주어 볼까?

   - 두부가 으깨졌구나.

   - 다시 한 번 해 볼까?

   - 손가락 사이로 두부가 나오네.

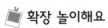 **확장 놀이해요**

- 소꿉 그릇에 두부를 담아 보며 놀이해 본다.

잠깐만요!

- 놀이를 하기 전 영아의 손을 깨끗이 씻어 주고 생으로 먹을 수 있는 두부
  를 준비한다.

💕 물 그림 그리기 💕 (만 1세)

📋 도움이 돼요

- 물을 이용한 쓰기 도구(붓)를 이용하여 끼적이기를 경험해 본다.
- 물을 이용하여 자유롭게 표현해 본다.

📋 준비해요

- 물, 그릇, 붓

📺 이렇게 해요

1. 햇볕이 잘 드는 실외에서 영아들과 이동한 후 물 그림 그리는 방법을 소개한다.
   - 오늘은 물로 그림을 그려 볼 거예요.
   - 어떤 것들이 필요할까요?
   - 물과 붓이 필요해요.
   - 벽과 바닥에 물로 그림을 그려 봐요.
2. 영아가 물과 붓을 이용해 벽과 바닥에 자유롭게 끼적여 본다.
   - 연우야 벽에 어떤 그림을 그리고 있나요?
   - 물 그림은 무슨 색일까요?
3. 영아가 반복해서 물로 끼적여 볼 수 있도록 상호작용한다.
   - 물로 그린 그림이 시간이 지나니까 모두 사라져 버렸어요.
   - 날씨가 더워서 물이 모두 말라 버렸어요.
   - 다시 그려 볼까요?
   - 이번에는 바닥에도 그려 봐요.

📺 **확장 놀이해요**

- 물을 이용한 끼적이기 활동을 한 다음 물이 증발하여 없어져 그림이 사라진 것을 영아에게 상호작용해 주며 자연 현상에도 관심을 가져 볼 수 있도록 도울 수 있다.

📺 **잠깐만요!**

- 영아들이 물을 쏟지 않도록 그릇에 적당하게 물을 담아 준다.

💗 미숫가루 타서 흔들기 💗 (만 1세)

📷 도움이 돼요
- 통을 잡고 아래, 위로 흔든다.
- 오감으로 미숫가루를 탐색한다.

📷 준비해요
- 미숫가루, 쉐이크 통, 우유, 개별 컵

📷 이렇게 해요
1. 쉐이크 통에 들어 있는 미숫가루를 탐색한다.
   - 쉐이크 통에 뭐가 있나요? 냄새로 맡아 볼까요?
   - 고소한 냄새가 나요.
   - 이번에는 뚜껑을 닫고 흔들어 볼까요? 착착착 가루가 움직이네요.
2. 부모가 컵에 우유를 따라 주고 영아가 쉐이크 통에 부을 수 있도록 도와 준다.
   - 컵에 우유를 따라 줄게요.
   - 통에 우유가 들어가네. 쪼르르륵.
3. 쉐이크 통에 우유가 담기면 부모가 뚜껑을 닫아 준 후 흔들어 보게 한다.
   - 엄마(아빠)가 뚜껑을 닫는 것을 도와줄게요.
   - 민수는 일어나서 흔들어 볼까요? 흔들어 보자.
   - 우리 신나게 위로 아래로, 발을 구르며 흔들어 볼까요?
4. 부모가 잘 섞이게 한 후 컵에 따라 주어 함께 마셔 본다.
   - 엄마(아빠)가 컵에 따라 줄게요.
   - 우리 같이 마셔 보자. 맛이 어때요?

잠깐만요!

- 쉐이크 통은 영아가 양손으로 잡고 흔들기 쉬운 것으로 준비한다.

🖤 바나나 주물러 보기 🖤 (만 1세)

📺 도움이 돼요

- 바나나를 다양한 방법으로 탐색해 본다.
- 바나나를 주무르며 느낌을 경험하고 표현해 볼 수 있다.

📺 준비해요

- 바나나, 쟁반, 지퍼 팩

📺 이렇게 해요

1. 바나나를 탐색한 후 껍질을 벗겨 본다.

   - 이게 뭘까요?
   - 어떤 냄새가 날까?
   - (윗부분의 껍질을 조금 벗겨 주고) 바나나 껍질을 벗겨 보자.
   - 승민이가 모두 벗겼네.
   - 어떤 맛인지 먹어 볼까요?

2. 바나나를 위생 봉지(지퍼 백)에 담아 묶은 후 손으로 주물러서 바나나를 으깬다.

   - (봉지 안의 바나나를 으깨며) 손으로 꾹꾹 누르고 있어요.
   - 태준이도 봉지 안의 바나나를 주물러 보자.

📺 확장 놀이해요

- 으깨진 바나나를 그릇에 덜고 우유와 섞어 먹어 본다.
- 바나나 우유의 맛을 몸짓, 표정이나 간단한 언어로 표현해 본다.

잠깐만요!

- 영아가 충분히 으깨지 않으면 마시다가 목에 걸릴 수 있으므로 잘 익은 물렁한 바나나여야 하고, 완전히 으깨졌는지 확인해야 한다.

❤ 비닐봉지 물줄기 놀이하기 ❤ (만 1세)

🎁 도움이 돼요

- 비닐봉지의 구멍으로 떨어지는 물을 탐색한다.
- 비닐봉지에 물을 담아 들어 올린다.

🎁 준비해요

- 비닐봉지, 물, 이쑤시개, 대야, 수건

🎁 이렇게 해요

1. 비닐봉지를 제시하여 영아의 관심을 유도한다.
   - (비닐봉지를 흔들며) 이것은 무엇일까요?
   - 비닐봉지를 만져 볼까요? 비닐봉지를 만질 때 어떤 소리가 나나요?

2. 비닐봉지에 물을 담아 보며 탐색한다.
   - 대야 안에 물이 가득 담겨 있어요.
   - 물속에 비닐봉지를 넣으면 어떻게 될까요?
   - 비닐봉지를 벌려서 안에 물을 담아 볼까요?
   - 비닐봉지에 물을 담으니 어떻게 되었나요?
   - 물이 담긴 비닐봉지를 만져 볼까요?

3. 이쑤시개로 비닐봉지에 구멍을 뚫어 분수 놀이를 한다.
   - 이쑤시개가 어떻게 생겼나요?
   - 이쑤시개로 비닐봉지를 콕! 찔렀더니 물이 나와요.
   - 물이 나오는 것을 보니 분수 같아요.
   - 구멍 뚫린 비닐봉지에 다시 물을 담아 볼까요?
   - 비닐봉지 구멍에서 떨어지는 물을 만져 볼까요?

잠깐만요!

- 이쑤시개는 작고 뾰족하므로 부모가 사용하고 영아가 사용할 때는 반드시 부모가 함께 하도록 한다.

84

자연탐구

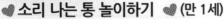

소리 나는 통 놀이하기 (만 1세)

도움이 돼요

- 통에서 나는 소리를 듣는다.
- 소리 나는 통을 이용한 놀이에 관심을 갖는다.

준비해요

- 끌고 다닐 수 있는 소리 나는 통

이렇게 해요

1. 통을 다양한 방법으로 소리를 내고 들어 본다.
   - (흔들어 보며) 이렇게 흔드니까 소리가 나네.
   - 다른 통도 흔들어 볼까?
   - 여러 가지 소리가 나네요.
   - (통 안을 함께 살펴보며) 통 안에 무엇이 들었는지 한번 보자.
2. 통에 달려 있는 리본 끈을 잡고 걷는다.
   - 태준이가 리본 끈을 잡고 걷고 있네요.
   - 통이 소리를 내며 따라오는구나.
3. 천천히, 빨리 걸으면서 통에서 나는 소리를 듣는다.
   - 빨리 걸어 보아요. 소리가 들리나요?
   - 태준이가 천천히 걸으니까 소리가 달라지네요.

확장 놀이해요

- 랩 속심대나 원통형 폐품에 방울을 달고 리본을 묶어 소리 나는 통으로 활용할 수 있다.

📺 **잠깐만요!**

- 통에 매단 끈이 너무 길어서 영아가 밟아 넘어지지 않도록 끈의 길이를 조절해 준다.

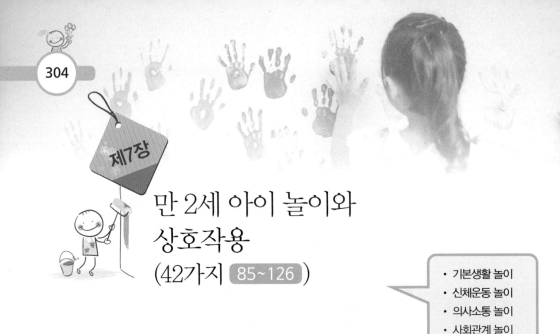

제7장

만 2세 아이 놀이와 상호작용
(42가지 85~126)

- 기본생활 놀이
- 신체운동 놀이
- 의사소통 놀이
- 사회관계 놀이
- 예술경험 놀이
- 자연탐구 놀이

1. 만 2세, 상호작용 시 주의할 것이 있어요

만 2세 아이 실제 편, 놀이와 상호작용은 어린이집 표준보육과정(영아 보육 프로그램 만 2세 ①, ②, ③, 보건복지부, 2013)을 기초로 진행하였다.

어린이집에서 만 2세 아이(25개월 이상)와 활동한 내용을 영역별로 분류하고, 가정과 연계하고자 하였다. 기본생활, 신체운동, 의사소통, 사회관계, 예술경험, 자연탐구 영역 활동은 제1부에서 다룬 '제3장. 생활 밀착형 기본생활을 돕는 상호작용'과 '제4장. 영아의 감각 발달을 돕는 상호작용' 내용과 연관성이 있기에 앞의 내용을 참고하면 상호작용에 도움이 될 것이다.

만 2세 아이와 상호작용을 할 때 주의해야 할 것이 있다. 다음 내용을 참고해 기본생활 놀이, 신체운동 놀이, 의사소통 놀이, 사회관계 놀이, 예술경험 놀이, 자연탐구 놀이를 진행한다면 만 2세 아이의 전인적 발달에 도움이 될 것이다.

첫째, 만 2세 아이는 같은 연령이라도 1월 또는 12월 등 아이가 태어난 달에 따라서도 발달 차이가 있다. 또한 개인차로 인해 놀이에 대한 반응도 각기 다를 수 있다. 그러므로 놀이 활동에 제시되는 '이렇게 해요' 내용을 영아에 따라 1~2까지만 진행할 수도 있고, 1~3 또는 1~4까지 가감해서 진행할 수 있다. 즉, 부모는 상황에 따라 한 걸음 앞으로, 한 걸음 뒤로 하며 융통성 있게 놀아 주어야 한다. 아무리 좋은 놀이 방법이라고 해도 영아가 재미를 느끼며 계속해서 놀고 싶어 할 때 좋은 놀이가 되는 것이다.

둘째, 어린이집에서 활동한 내용이라 놀이에 참여한 영아의 이름이나 식판(그릇) 등의 표현 내용이 가정에서와 다소 차이가 있을 수 있다. 이 점을 감안해 놀이를 진행하면 된다.

셋째, 준비물은 대부분 가정에서 준비할 수 있는 것이지만 가정마다 상황이 다를 수 있다. 그러므로 부모는 최대한 융통성을 발휘해 놀이를 진행할 필요가 있다.

넷째, 어린이집에서 또래 친구, 선생님과 했던 활동을 아이와 부모님이 하면서 융통성 있게 진행하며, 상호작용을 한다. 아이는 놀이 시 표현하는 내용이 각기 다를 수 있어 부모 위주의 상호작용이 예시로 되어 있음을 참고할 필요가 있다.

다섯째, 여자아이와 남자아이의 놀이 참여에 차이가 있다. 어린이집 반 편성상 남자아이가 많아 남아의 참여 비율이 높다. 여기에 제시된 놀이들은 남녀 구분 없이 할 수 있는 놀이로 자유롭게 진행하면 된다.

2. 만 2세, 어린이집 표준보육과정 놀이를 소개해요

1) 만 2세 기본생활 놀이

기본생활 놀이는 만 2세 아이에게 꼭 필요한 건강하고 안전한 일상생활을 돕는다. '제1부 제3장. 생활 밀착형 기본생활을 위한 상호작용'은 영아의 기본 생활습관 형성에 도움이 된다.

실제 편에 내 이불과 베개 정리하기, 소매 올리고 손 씻기, 식사 전 후 인사 하기, 식사 후 그릇 정리하기, 신발 스스로 정리하기, 자기 칫솔 찾아 양치하 기, 가방과 옷 정리하기가 있다.

2) 만 2세 신체운동 놀이

신체운동 놀이는 만 2세 아이가 자신의 신체를 탐색하고, 대소근육을 조절 할 수 있도록 돕는다. 또한 신체 활동에 참여하면서 감각능력과 기본적인 신 체운동능력을 기르기 위함이다. 신체운동능력은 각 연령 간의 수준 차이가 크 고, 같은 연령이라도 개인차가 크다. 영아 개인의 운동능력 내에서도 발달의 차이가 있다. 발달의 특성을 고려해 기본적인 운동능력이 충분히 습득되었을 때 다음 활동을 진행해야 한다. 영아가 성취감과 자신감을 갖게 되며, 발달에 도움을 주게 된다.

실제 편에 색깔 컵 쌓아 보기, 엄마(아빠)와 발바닥 마주하기, 수건 잡고 체 조하기, 부채 부쳐 주기, 큰 걸음 작은 걸음으로 걷기, 비치볼 주고받기, 붕붕 훌라후프 자동차 놀이하기가 있다.

3) 만 2세 의사소통 놀이

의사소통 놀이는 만 2세 아이가 기초적인 어휘와 의사소통 체계를 익힌 후에 듣기, 말하기의 능력이 향상될 수 있도록 돕는다. 또한 읽고 쓰기의 관심이 많아져 자신의 생각이나 느낌 등을 말하고, 쓰기 표현하는 능력을 기르며, 다른 사람과 소통할 수 있는 기초를 이루기 위함이다.

실제 편에 『아기돼지 삼형제』 그림책 보기, 나에 대해 말하기, 다양한 꽃 사진 보고 말하기, 내 목소리 엄마(아빠) 목소리를 들어 보기, 다양한 쓰기 도구 탐색하기, 사물 알아맞추기, 내가 가장 좋아하는 것은 뭐지? 놀이가 있다.

4) 만 2세 사회관계 놀이

사회관계 놀이는 만 2세 아이가 자신을 알고 존중하며, 자신과 다른 사람의 감정을 보다 명확히 인식할 수 있도록 돕는다. 또한 가족이나 또래, 자신이 속한 집단 등 다른 사람들과 더불어 생활해 보는 경험을 통해 기본적인 사회적 가치를 자연스럽게 익히도록 하기 위함이다.

실제 편에 블록으로 식탁 만들기, 종이 블록으로 연못 만들기, 가족 인형 놀이하기, 친구 꾸며 주기, 찰칵! 엄마(아빠)와 사진 찍기, 재미있는 놀잇감 가게, 시리얼 목걸이를 만들어 선물해요 놀이가 있다.

5) 만 2세 예술경험 놀이

예술경험 놀이는 만 2세 아이가 자신의 신체와 주변의 환경에서 예술적 요소를 탐색하는 것을 돕는다. 또한 간단한 리듬이나 노래, 움직임과 미술활동, 동작 등으로 표현하고, 자연이나 주변의 환경, 다양한 표현에서 예술적 요소를 감상하고 즐기는 태도를 기르기 위함이다.

실제 편에 손바닥 그리기, 물고기 만들기, 지퍼 백 가방 꾸미기, 나비 데칼코마니 해 보기, 알록달록 긴 꼬리 만들기, 나뭇잎 왕관 만들기, 「통통통」 노래 들으며 표현하기 놀이가 있다.

6) 만 2세 자연탐구 놀이

자연탐구 놀이는 만 2세 아이가 주변 사물과 자연 세계에 대한 호기심을 갖고 탐구하는 태도를 기르도록 돕는다. 또한 주변에서 경험하는 다양한 상황에서 기초적인 수학적, 과학적 탐구 능력과 태도를 기르기 위함이다.

실제 편에 쌀 놀이하기, 벌레 잡기, 움직이는 구슬 놀이, 나뭇가지 연필로 모래 위에 그리기, 우산 쓰고 비 오는 소리 듣기, 얼음 만져 보기, 알록달록 색 소금 눈 만들기 놀이가 있다.

만 2세 아이 놀이의 비밀!!

만 2세 아이는 기본생활 놀이로
건강하고 안전한 생활습관의 기초를 마련한다.
신체운동 놀이로
감각, 신체 조절 및 기본 운동능력을 기른다.
의사소통 놀이로
의사소통 능력의 기초를 기른다.
사회관계 놀이로
나를 인식하고 다른 사람과 더불어 생활하는 경험을 한다.
예술경험 놀이로
아름다움에 관심을 가지고 예술경험을 즐긴다.
자연탐구 놀이로
주변 환경에 호기심을 갖고 탐색하기를 즐긴다.

만 2세 아이는 놀이를 통해
몸과 마음이 건강하고 행복한 아이,
자율적이고 창의적인 아이,
자신과 타인을 존중하고 배려하는 아이,
자연과 우리 문화를 사랑하는 아이,
다양성을 인정하는 민주적인 아이로
건강하게 자란다.

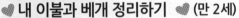

💗 내 이불과 베개 정리하기 💗 (만 2세)

📋 도움이 돼요
- 낮잠 및 충분히 휴식을 취한다.
- 스스로 개인 침구 정리를 시도한다.

📋 준비해요
- 개인 침구

📋 이렇게 해요
1. 커튼을 치고 낮잠을 잘 수 있는 분위기를 조성한다.
2. 개인 이불에 눕도록 유도한다.
   - 우리 성현이 이불은 어디 있을까?
   - 이불을 찾아볼까?
   - 따뜻하게 이불도 덮어 볼까요?
3. 조용한 음악을 들려주며 영아의 개별 수면 습관을 배려해 낮잠을 잘 수 있도록 돕는다.
   - 성현이가 코 잘 수 있도록 엄마(아빠)가 토닥여 줄게.
4. 영아의 잠자는 모습을 살펴며 적절한 도움을 줄 수 있도록 한다.
   (이불 덮어 주기, 뒤척이는 영아 토닥여 주기 등)
5. 부모가 이불과 베개를 정리할 때 영아도 함께 정리해 볼 수 있도록 격려한다.
   - 베개를 어디에 두면 좋을까?
   - 이불을 엄마(아빠)와 함께 접어 볼까?
   - 이불은 어디에 넣어 주면 좋을까?

📋 **잠깐만요!**

- 영아가 혼자 잠드는 일이 없도록 부모가 토닥거려 주거나 자장가를 불러 준다.
- 영아가 정리하는 것은 혼자 할 수 있을 때까지 부모가 도움을 준다.

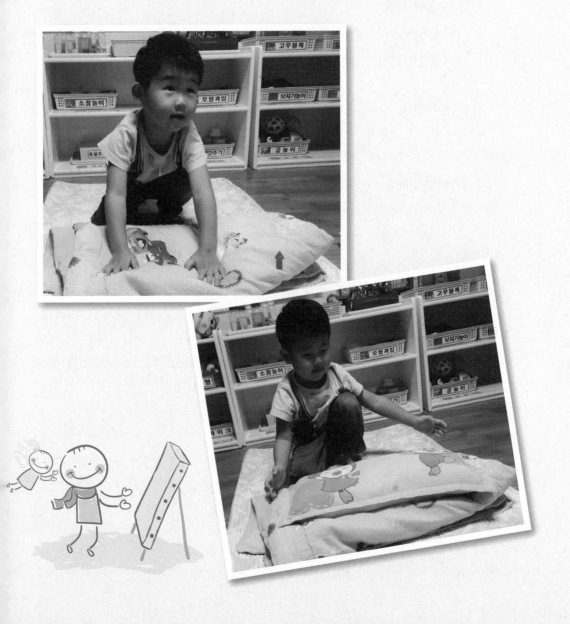

🫐 소매 올리고 손 씻기 🫐 (만 2세)

📋 도움이 돼요

- 소매를 올리고 손 씻기를 시도한다.
- 음식을 먹기 전 손을 깨끗하게 씻을 수 있다.

📋 준비해요

- 수돗물, 물비누, 수건

📋 이렇게 해요

1. 음식을 먹기 전, 손을 씻으러 화장실로 간다.
   - 손 씻기 전에 손을 살펴볼까? (손바닥, 손등, 손가락을 살펴본다.)
   - 은성아 손을 살펴보니까 어때?
   - 우리 손은 장난감을 가지고 놀면서 더러워졌대.
   - 우리 눈에는 보이지 않지만 손에는 우리 몸에 좋지 않은 것들이 많이 묻어 있대.

2. 손을 씻을 때 소매가 젖지 않도록 소매를 올리고 손을 씻을 수 있도록 한다.
   - 은성아 손을 씻으려면 옷이 젖지 않도록 소매를 올려야 해.
   - 은성이가 소매를 올려 볼까? 쭉쭉쭉~
   - 엄마(아빠)가 올리는 거 보고 해 볼까? (부모가 시범을 보인다. 먼저 영아가 스스로 할 수 있도록 해 보고 어려워하면 부모가 도와준다.)

3. 손을 다 씻은 후에는 소매를 내리도록 한다.
   - 손을 다 씻었으면 소매를 내려 볼까?
   - 엄마(아빠)처럼 이렇게 내려 볼까?

📋 **잠깐만요!**

- 비누 거품이 손에 남지 않도록 물로 충분히 헹구도록 한다.

87

💗 식사 전, 후 인사하기 💗 (만 2세)

📋 도움이 돼요

- 식사할 때와 간식 먹을 때 지켜야 할 기본 예절에 대해 안다.
- 식사 전과 후에는 감사 인사를 해야 함을 알고 실천한다.

📋 준비해요

- 숟가락, 포크, 개인 그릇 등

📋 이렇게 해요

1. 식사 전, 후에 하는 인사에 대해 알아보고, 영아가 감사 인사를 해 볼 수 있도록 한다.
   - 맛있는 음식을 먹을 때 어떤 마음이 들어?
   - 음식을 먹기 전과 먹고 난 후에는 무엇을 해야 할까?
   - 음식을 준비해 주신 분들께 감사하는 마음으로 인사를 해 볼까?
   - 어떻게 인사를 하면 좋을까? '잘 먹겠습니다.'라고 말해 볼까?
   - 음식을 다 먹은 후에는 어떻게 인사를 해야 할까?
   - '잘 먹었습니다.'라고 해야 하지~
2. 다 먹고 난 빈 그릇을 제자리에 정리해 보도록 한다.
   - 빈 그릇을 어디에 놓아 두면 좋을까?
   - 저기 쟁반 위에 올려놓아 볼까?

📋 확장 놀이해요

- 영아와 자료를 활용해 식사 전, 후 인사를 해 보도록 한다. 간식 시간과 식사 시간에 자연스럽게 감사 인사를 해 볼 수 있도록 격려한다.

잠깐만요!

- 영아가 유아용 포크나 젓가락을 사용할 때 던지거나 장난치지 않도록 사
  전에 미리 안내한다.

💗 식사 후 그릇 정리하기 💗 (만 2세)

📋 도움이 돼요

- 정리 방법에 관심 가진다.
- 식판(그릇)을 스스로 정리하기를 시도한다.

📋 준비해요

- 식판(그릇)

📋 이렇게 해요

1. 음식을 다 먹은 영아가 스스로 식판(그릇)을 정리해 볼 수 있도록 돕는다.
   - 지환아 다 먹었니?
   - 다 먹었으면 지환이가 그릇을 정리해 볼까?

2. 정리하는 장소와 정리하는 방법에 대해 안내한다.
   - 지환이가 여기에 정리해 볼까?

     (영아가 스스로 식판, 숟가락, 포크를 정리할 수 있도록 한다.)
   - 지환이 정리하는 거 엄마(아빠)가 도와줄게.
   - 식판의 음식물이 흐르지 않도록 뚜껑을 닫아 볼까?
   - 숟가락과 포크는 여기 통에 넣어 보자.

3. 영아의 정리 모습을 살피며 영아의 행동을 격려(지지)한다.
   - 그래, 지환이가 정리를 잘하는구나!
   - 다음부터는 지환이 혼자서 정리해 보자.

잠깐만요!

- 다 먹은 식판(그릇)을 들고 가다 친구들과 부딪치거나 넘어지지 않도록 조심한다.

💜 신발 스스로 정리하기 💜 (만 2세)

🖼 도움이 돼요

- 신발을 스스로 벗고 신을 수 있다.
- 신발을 벗어 제자리에 바르게 정리할 수 있다.

🖼 준비해요

- 영아 개인 신발, 사진이 붙어 있는 신발장

🖼 이렇게 해요

1. 신발장 교구를 제공한 후 영아가 관심을 보이는지 관찰한다.
2. 신발장 교구를 탐색하는 모습을 언어로 표현해 준다.
   - 신발이 많이 있네.
   - 슬찬이가 신발의 짝을 찾아 주었구나.
   - 신발장(교구)에 정리해 볼까?
3. 『신발을 정리해요』 그림책을 보며 신발을 바르게 정리해야 하는 이유에 대해 생각해 본다.
   - 신발장의 신발들이 바닥에 떨어져 있구나.
   - 신발을 정리하지 않으면 어떻게 될까?
   - 신발을 바르게 정리하지 않으면 친구들의 신발과 섞일 수 있어요.
4. 신발을 바르게 정리하는 방법을 알아본다.
   - 슬찬이 신발장을 찾으러 가 볼까?
   - 신발장에 사진이 붙어 있구나.
   - 슬찬이 사진을 찾아볼까? 사진 밑에 이름도 적혀 있구나.
   - 슬찬이 신발을 자리에 신발을 정리해 볼까?

📋 확장 놀이해요

- 일과 중에(등원, 실외 활동 등) 자신의 신발을 정리해 볼 수 있도록 한다.

📋 잠깐만요!

- 신발 벗기를 어려워하면 부모가 도움을 주어 벗을 수 있도록 돕고, 반복
  적으로 방법을 알려 주고 기다려 준다.

♥ 자기 칫솔 찾아 양치하기 ♥ (만 2세)

📺 도움이 돼요

- 규칙적으로 양치하는 습관을 형성한다.
- 스스로 자신의 물건을 찾아보는 경험을 한다.

📺 준비해요

- 칫솔, 치약, 양치 컵

📺 이렇게 해요

1. 영아가 칫솔이 있는 위치를 알고, 영아 스스로 칫솔을 찾아보도록 한다.
   - 유정이 칫솔은 어디에 있을까?
   - 엄마(아빠)와 같이 찾아볼까?
   - 이거는 누구 칫솔일까?
   - 유정이 칫솔에는 귀여운 곰돌이가 그려져 있구나.
   - 유정이 이름도 적혀 있네.
   - 유정이가 잘 찾았구나.

2. 영아 스스로 양치해 볼 수 있도록 격려한다.
   - 유정이 양치질하려고 하는구나.
   - 깨끗하게 잘 닦았구나.

3. 영아 스스로 자신의 칫솔을 정리해 볼 수 있도록 돕는다.
   - 칫솔은 어디에다 정리해 볼까?

📖 **잠깐만요!**

- 영아 스스로 칫솔을 찾고 이를 닦아 보게 한 다음, 부모가 한 번 더 이 닦기를 마무리해 준다.
- 칫솔에 이름을 적어 칫솔이 서로 섞이지 않도록 주의한다.

🍫 가방과 옷 정리하기 🍫 (만 2세)

📋 도움이 돼요
- 가방과 옷을 바르게 정리하는 방법을 익힌다.
- 가방과 옷을 스스로 정리한다.

📋 준비해요
- 정리 정돈과 관련된 이미지

📋 이렇게 해요
1. 정리가 안 되어 있는 사진 자료를 제공한 후 영아가 탐색하는 과정을 관찰한다.
2. 정리가 되어 있지 않은 사물함과 정리가 잘 되어 있는 사물함을 보면서 가방과 옷을 정리해야 하는 이유에 대해 생각해 본다.
   - 어떤 사진인 것 같니?
   - 가방과 옷을 정리하지 않으면 어떻게 될까?
   - 옷이 바닥에 떨어지면 친구들이 밟을 수도 있고, 지저분해질 거야.
3. 자신의 가방과 옷을 바르게 정리해 본다.
   - 가방을 어떻게 정리하면 좋을까?
   - 가방 장은 어디에 있는지 아니?
   - 무엇을 먼저 확인해야 할까? (가방 장의 이름표)
   - 가방은 어떻게 정리해야 할까? (자신의 가방 장 위치를 확인하고, 가방을 넣어 정리한다.)
   - 옷을 어떻게 정리하면 좋을까?
   - 옷장은 어디에 있는지 아니?

- 무엇을 먼저 확인해야 할까? (빈 옷걸이)

- 옷을 어떻게 정리해야 할까?

- 옷걸이에 옷을 걸어 차례대로 걸어 둔다.

잠깐만요!

● 일과 중에도 정리가 필요한 경우 이야기를 나누며 스스로 정리해 볼 수 있도록 격려한다.

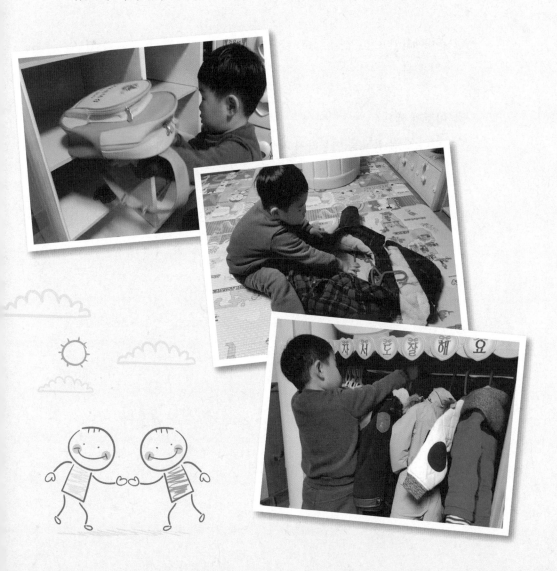

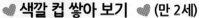

💙 색깔 컵 쌓아 보기 💙 (만 2세)

📋 도움이 돼요

- 소근육을 이용하여 안정되게 컵 쌓기를 시도한다.

📋 준비해요

- 컵 블록

📋 이렇게 해요

1. 영아가 컵 블록을 이용하여 자유롭게 놀이하도록 한다.
   - 성현이가 컵 블록을 꺼내 보고 있구나.
   - 빨간 컵을 파란 컵 위에 쌓아 주었네.

2. 다양한 방법으로 컵 쌓기를 즐기며 영아의 놀이 활동을 격려해 준다.
   - 성현이가 차곡차곡 쌓고 있네?
   - 엄마(아빠)도 성현이처럼 쌓아 보아야겠어요.
   - 성현이가 빨간 컵에 파란 컵을 담아 주었구나?
   - 작은 컵에 큰 컵을 담아 주니 쏙 들어가는구나.
   - 성현이처럼 엄마(아빠)도 컵을 담았다가 다시 쏟아 보고 있어요.

📋 확장 놀이해요

- 컵 블록과 벽돌 블록을 함께 사용하여 구성 놀이를 해 본다.

잠깐만요!

- 컵 블록을 입에 끼우거나 머리에 쓰지 않도록 지도한다.

신체운동

💙 엄마(아빠)와 발바닥 마주하기 💙 (만 2세)

📺 도움이 돼요
- 엄마(아빠)와 함께 발을 대고 앞으로 뒤로 움직여 본다.
- 중심(균형) 잡기를 시도한다.

📋 준비해요
- 매트, 넓은 공간

📺 이렇게 해요
1. 엄마(아빠)가 다양한 신체 움직임(손/발 흔들기 등)을 보여 주며 영아가 관심을 가질 수 있도록 한다.
2. 엄마(아빠)의 신체 움직임에 관심을 보이면 신체 명칭을 이야기하며 상호작용을 나눈다.
   - 엄마(아빠) 팔이 빙글빙글. 다리가 흔들흔들.
   - 발을 앞뒤로 잘 움직이는구나.
   - 자전거를 타고 가는 것 같구나.
3. 영아가 눕거나 앉아 중심을 잡고 다리를 자유롭게 움직여 볼 수 있도록 돕는다.
   - 발을 통통 굴러 볼까요?
   - 발을 앞뒤로 움직여 볼까?
   - 엄마(아빠)는 누워서 발을 굴려 볼게. 앞으로~ 뒤로~ 옆으로 쭈욱.
   - 민수도 누워서 발바닥을 콩콩.
   - 민수가 발을 앞뒤로 잘 움직이는구나.
   - 엄마(아빠)와 함께하니까 재미있지요?

📖 확장 놀이해요

- 손바닥을 마주 대고 움직여 본다.

📖 잠깐만요!

- 양말이 미끄러울 수 있으므로 양말을 벗고 놀이할 수 있도록 지도한다.

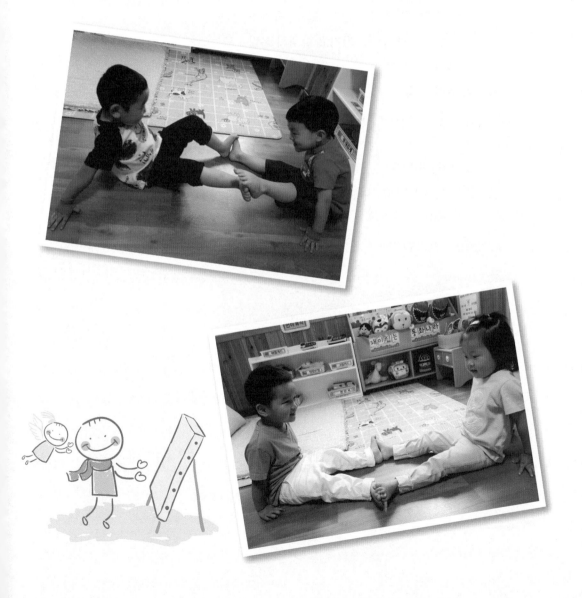

🖤 수건 잡고 체조하기 🖤 (만 2세)

📷 도움이 돼요

- 수건을 이용해 몸을 다양하게 움직여 본다.
- 수건을 호기심을 가지고 탐색해 본다.

📷 준비해요

- 수건 여러 장, 유아 체조 음원, 카세트 등 음향 기기

📷 이렇게 해요

1. 수건을 탐색한다.
   - 수건이 있네요.
   - 수건은 언제 사용해 보았니?
   - 만져 보니 느낌이 어때?

2. 수건으로 놀이해 본다.
   - 수건으로 어떻게 놀 수 있을까?
   - 수건을 흔들어 볼까? 흔들어 보니 어떤가요?
   - 수건의 끝을 잡고 당기면 어떻게 될까?
   - 성현이는 수건 끝을 잡아 나비 날개를 만들었구나.

3. 수건 체조를 해 본다.
   - 노래를 들어 보자.
   - 노래에 맞춰 수건을 움직여 볼까요?
   - 슬찬이는 손으로 수건을 잡고 팔을 쭉 폈구나!

📺 확장 놀이해요

- 부모가 한쪽 면을 잡고 다른 쪽은 영아가 잡고 앉아서 잡아당기는 활동을 할 수 있다.

📺 잠깐만요!

- 팔을 펴다가 부딪힘으로 인하여 다칠 위험이 있으므로 공간을 충분히 확보한다.

💗 부채 부쳐 주기 💗 (만 2세)

📋 도움이 돼요

- 팔을 움직여 부채를 부쳐 본다.
- 친구와 함께하는 즐거움을 경험한다.

📋 준비해요

- 부채

📋 이렇게 해요

1. 영아가 부채에 관심을 보이면 자유롭게 탐색한다.
   - 이게 뭘까요?
   - 손잡이도 달려 있네.
   - 어떻게 사용하는 걸까요?
   - 엄마(아빠)처럼 위아래로 흔들어 볼까?

2. 혼자서 부채질을 해 본 후에는 친구에게도 부채질을 해 준다.
   - 태준이가 부채질을 하는구나.
   - 느낌이 어때? 시원하니?
   - 이번엔 옆에 있는 친구에게도 시원하게 부채질을 부쳐 볼까?
   - 바람을 더 세게 느끼려면 어떻게 하면 좋을까?

3. 부채질이 익숙해지면 부채를 움직이는 방향, 바람의 세기, 속도 등을 다르게 하여 다양한 방법으로 부채질을 해 본다.
   - 민건이가 팔을 세게 흔드니까 서준이 머리카락이 세게 흩날리네.
   - 민건이는 천천히 부채질을 하고 있구나. 이번엔 좀 더 빨리해 볼 수 있을까?

확장 놀이해요

- 엄마(아빠)얼굴에 화장지를 붙이고 부채질을 하여 떨어뜨리기 놀이를 해 본다.

 잠깐만요!

- 부채의 크기는 영아들이 조작하기에 무겁거나 크지 않은 사이즈로 준비 한다. 부채질을 해 주는 과정에서 친구의 얼굴이나 눈을 찌르지 않도록 안전에 유의한다.

♥ 큰 걸음, 작은 걸음으로 걷기 ♥ (만 2세)

🖼 도움이 돼요

- 보폭을 조절하여 걸을 수 있다.
- 음악을 듣고 느낌에 따라 신체 표현을 해 본다.

🖼 준비해요

- 음원(빠른 음악과 느린 음악을 연결하여 녹음), 카세트 등 음향 기기

🖼 이렇게 해요

1. 행진하는 것처럼 보육실의 이곳저곳을 걸어 본다.
   - 민수야 엄마(아빠)랑 같이 걸어 볼까요? 하나, 둘, 하나, 둘….
   - 저기 미끄럼까지 걸어 보아요.
2. 음악을 들으며 리듬에 맞춰 걸어 본다.
   - 이번엔 음악에 맞춰 걸어 보아요.
   - 어떤 음악이 나오는지 들어 볼까요?
   - 어, 음악이 아주 빨라졌어요. 어떻게 걸어 볼까요?
   - 민건이는 다리를 빨리 움직여 걸어가는구나. 뛰는 것처럼 보이기도 하네.
   - 노래가 다시 느려졌네. 이젠 어떻게 걸어 볼까요?
   - 민수가 천천히 움직여 느릿느릿 걷고 있네.
   - 태준이는 천천이 기어가는구나. 민수도 태준이처럼 네발로 걸을 수도 있겠다.
3. 음악에 맞춰 걷는 것이 익숙해지면, 여러 가지 모습으로 몸을 움직이며 걸어 본다.

📺 **확장 놀이해요**

- 바닥에 여러 가지 모양의 발자국을 붙이고, 이를 따라 걸어 볼 수 있다. 발자국의 간격을 다르게 붙여 주어 보폭을 크게, 작게 조절하여 걸어 볼 수 있도록 한다.

📺 **잠깐만요!**

- 공간이 좁을 경우, 영아들이 더욱 동작 범위를 넓혀서 움직여 볼 수 있도록 공간이 넓은 장소를 선택하여 활동해 본다.

💗 비치볼 주고받기 💗 (만 2세)

📋 도움이 돼요
- 엄마(아빠)와 마주 보고 즐겁게 신체 활동을 한다.
- 손과 팔을 이용하여 비치볼을 던지고 받아 본다.

📋 준비해요
- 비치볼

📋 이렇게 해요
1. 비치볼을 자유롭게 탐색하며 굴려 보거나 던져 본다.
   - 이게 뭘까? 동그랗게 생겼네.
   - 공처럼 생겼구나. 만져 보니 어떠니?
   - 탱탱하기도 하고 조금 미끄럽기도 하구나.
   - 바닥에 굴려 보니 데굴데굴 굴러가네.
2. 엄마(아빠)가 한 팀이 되어 비치볼을 주고받아 본다.
   - 자, 엄마(아빠)가 민성이에게 비치볼을 던져 볼게. 한번 받아 보세요.
   - 이번에 민성이가 엄마(아빠)에게 한번 던져 보세요.
3. 주고받는 것이 익숙해지면, 두 사람 간의 거리를 넓혀서 주고받아 본다.
   - 이번엔 엄마(아빠)가 조금 더 뒤에서 던져 볼 테니 받아 보세요.
   - 멀리 던졌는데도 민성이가 공을 아주 잘 받았네요.
4. 엄마(아빠)와 주고받기가 익숙해지면 친구와도 자유롭게 비치볼을 주고 받아 본다.
   - 민수는 누구에게 볼을 던져 볼까?
   - 민수가 민건이한테 공을 던져 주었네.

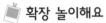 **확장 놀이해요**

- 둥글게 앉아 두 손으로 옆 친구에게 공을 전달하는 방법으로 진행해 본다.

잠깐만요!

- 비치볼을 여유 있게 준비해 다툼이 일어나지 않도록 한다.
- 던져서 받는 것을 어려워할 경우, 다리를 벌리고 앉은 자세에서 받아 보기를 한다.

💜 붕붕 훌라후프 자동차 놀이하기 💜 (만 2세)

📋 도움이 돼요

- 훌라후프를 이용해 자동차 놀이를 해 본다.
- 엄마(아빠)와 놀이하며 즐거움을 느낀다.

📋 준비해요

- 영아용 훌라후프

📋 이렇게 해요

1. 영아가 훌라후프를 탐색하는 모습을 보며 상호작용을 한다.
   - 크고 동그란 기구가 있네. 이건 훌라후프라고 해.
   - 훌라후프로 어떤 놀이를 할 수 있을까?

2. 훌라후프 자동차 놀이를 해 본다.
   - 엄마(아빠)의 훌라후프가 자동차로 변신했어!
   - 뛰뛰빵빵~ 자동차 출발합니다.
   - 자동차를 타고 어디로 갈까요?
   - 빨리 가면 위험해. 천천히 조심조심 운전해 보자.
   - 엄마(아빠)도 자동차에 태워 주세요. 어떻게 타야 할까?
   - 후프 아래로 들어가서 쏘옥~ 이제 출발~!

📋 확장 놀이해요

- 허리에서 훌라후프 돌리기
- 훌라후프 세워서 몸이 닿지 않게 통과하기
- 훌라후프 기차 놀이 해 보기

잠깐만요!

- 후프 자동차 놀이 시 영아가 함께 후프 안에 들어가서 이동할 경우 넘어
질 위험이 있으니 천천히 움직이도록 한다.

『아기돼지 삼형제』 그림책 보기 💗 (만 2세)

📺 도움이 돼요
- 『아기돼지 삼형제』 동화를 즐겁게 듣는다.
- 그림책에 관심을 갖는다.

📺 준비해요
- 『아기돼지 삼형제』 그림책, 막대 인형

📺 이렇게 해요
1. 영아에게 『아기돼지 삼형제』 동화를 들려준다.
   - (표지를 보며) 이건 어떤 제목의 동화책이지?
   - 『아기돼지 삼형제』 동화구나.
   - 무슨 이야기인지 볼까요?
2. 그림책의 앞부분부터 그림만 다시 읽어 본다.
   - 첫째 돼지는 짚으로 집을 지었네요.
   - 둘째 돼지는 나무로 집을 지었네요.
   - 셋째 돼지는 튼튼한 벽돌로 집을 지었네요.

📺 잠깐만요!
- 동화책을 읽어 줄 때 영아가 돼지 울음소리를 내어 보거나 움직임을 흉내 내면 자연스럽게 해 보도록 격려한다.
- 『아기돼지 삼형제』 동화를 테이블 동화나 융판 동화 등의 다른 형식으로 들려줄 수도 있다.

📖 확장 놀이해요

- 아기돼지처럼 걸어 보기, 아기돼지들이 도망치는 모습 흉내 내기, 늑대 흉내 내기 등의 활동으로 확장할 수 있다.
- 막대 인형이나 손 인형을 활용하여 역할 놀이를 해 본다.

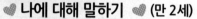

💚 나에 대해 말하기 💚 (만 2세)

📺 도움이 돼요

- 자신을 인식하고 나의 생각을 표현한다.
- 다른 사람에게 나에 대해 말해 본다.

📺 준비해요

- 없음.

📺 이렇게 해요

1. 영아에게 관심을 보이며 영아에게 대해 이야기 나눈다.
   - 성현이는 오늘 노란색 양말을 신었구나.
   - 성현이는 어떤 색을 좋아하니?
   - 성현이는 어떤 음식을 좋아하니?
   - 성현이는 어떤 놀이할 때가 제일 재미있니?
   - 성현이 가족은 누구누구가 있니?

2. 영아가 자신에 대해 이야기하면, 부모가 다시 한 번 언어적으로 반영해 준다.
   - 아~ 성현이는 보라색을 좋아하는구나.
   - 성현이는 김치를 좋아하는구나.
   - 성현이는 인형 놀이할 때가 제일 재미있구나.
   - 성현이 가족은 아빠, 엄마, 형 네 식구가 있구나.

📋 **잠깐만요!**

- 영아 스스로 자신에 대해 말하는 것은 어려울 수 있으므로, 영아가 자신에 대해 간단히 말할 수 있을 정도의 질문을 부모가 먼저 해 주도록 한다. 단, 너무 많은 질문을 한꺼번에 하기보다는 한두 가지 질문이라도 영아의 흥미와 집중 정도에 따라 편안하게 이야기할 수 있는 분위기를 조성해 주도록 한다.
- 영아가 문장으로 표현하는 것에 익숙하지 않아 단어로 표현할 때에는 부모가 다시 한 번 문장으로 들려주도록 한다.

💗 다양한 꽃 사진 보고 말하기 💗 (만 2세)

📖 도움이 돼요
- 꽃 사진을 보며 이야기해 볼 수 있다.
- 엄마(아빠)의 이야기를 관심 있게 듣는다.

📖 준비해요
- 봄꽃 사진 자료, 끼적이기 도구

📖 이렇게 해요
1. 꽃 사진을 벽면에 게시하여 영아가 자유롭게 탐색하도록 한다.
2. 영아가 관심을 보이면 꽃 사진을 함께 탐색하며 상호작용을 나눈다.
    - (봄꽃을 보고 있는 영아에게) 민성이가 벚꽃을 보고 있구나.
    - 벚꽃은 큰 나무에 열리는구나. 하얀색도 있고 분홍색도 있네.
3. 사진 자료를 보며 봄꽃에 대한 이야기 나누기와 말하기를 격려한다.
    - 민성이는 어떤 꽃을 좋아하니?
    - 노란 개나리가 있네. 또 노란 꽃이 어디 있지?
    - 맞아요. 민들레 꽃이 노랗구나~
    - 민성이는 분홍색 진달래 꽃을 어디서 보았니?
    - 민성이처럼 서준이도 사진을 찾아서 어떤 꽃인지 말해 줄 수 있겠니?
4. 영아의 이야기를 관심 있게 들으며 상호작용을 나눈다.
    - 서준이가 좋아하는 노란 민들레 꽃은 어디에 있을까?
    - 민수도 진달래 꽃을 찾고 있구나.

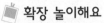 **확장 놀이해요**

- 실외 활동을 할 때 영아에게 "나는 ○○ 꽃을 좋아해." 하고 이야기해 보
  도록 한다.

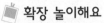 **잠깐만요!**

- 영아가 좋아하는 꽃 그림이나 사진 위에 끼적이기를 해 본다.

💗 **내 목소리, 엄마(아빠) 목소리 들어 보기** 💗 (만 2세)

📋 **도움이 돼요**

- 녹음된 소리를 주의 깊게 듣고 누구의 소리인지 인식해 본다.
- 자신의 느낌이나 감정을 언어로 표현해 본다.

📋 **준비해요**

- 녹음기

📋 **이렇게 해요**

1. 엄마(아빠)의 목소리를 녹음한 녹음기를 제공해 주고, 관심을 보이면 함께 살펴보며 상호작용을 나눈다.
   - 목소리가 들리네.
   - 누구의 목소리일까?
   - 엄마(아빠)의 목소리인 걸 어떻게 알았어?

2. 녹음기에 목소리를 녹음해 볼 수 있도록 돕는다.
   - 서준이가 먼저 녹음기에 대고 소리를 내어 보자.
   - 태준이는 어떤 소리를 내고 싶니?
   - 녹음기에 대고 노래도 불러 볼까?

3. 녹음기를 틀어 누구의 목소리인지 들어 본다.
   - 어! 누구의 목소리일까?
   - 녹음기에서 들려오는 목소리를 들으니 느낌이 어떠니?

확장 놀이해요

- 다양한 동물 소리를 녹음하여 들어 보고 말해 본다. 녹음된 소리를 들으며 나와 다른 사람의 목소리에 관심을 가질 수 있도록 돕는다.

💗 다양한 쓰기 도구 탐색하기 💗 (만 2세)

📋 도움이 돼요

- 언어 영역에 있는 다양한 쓰기 도구를 탐색하고 쓰기 도구에 관심을 갖는다.

📋 준비해요

- 다양한 색깔의 쓰기 도구(크레용, 색연필 등)

📋 이렇게 해요

1. 다양한 쓰기 도구를 제공하여 영아가 탐색해 볼 수 있도록 한다.
2. 쓰기 도구를 자유롭게 탐색하며 이야기를 나눈다.
   - 은성이는 크레용을 가지고 있구나.
   - 어떤 색을 좋아해?
   - 은성이가 좋아하는 색은 노란색이구나.
3. 부모가 쓰기 도구를 이용해 도화지에 끼적이는 모습을 보여 준다.
   - 엄마(아빠)가 은성이의 이름을 적어 볼게!
   - 은성이의 이름 옆에 그림도 그려야지.
   - 어떤 그림이 좋을까?
4. 자발적으로 영아가 끼적여 볼 수 있도록 격려한다.
   - 은성이는 어떤 색으로 끼적여 볼까?
   - 사인펜으로도 해 볼까?
   - 멋진 구름을 그렸구나.
   - 엄마(아빠)가 은성이 그림에 이름을 적어 줄까?

📺 **잠깐만요!**

- 영아는 크레파스보다는 손에 묻지 않는 크레용을 제공한다.
- 끼적이기 판은 벽면, 바닥, 책상 위에 배치할 수 있고, 쓰기 도구는 줄이나 바구니로 놓을 수 있다.

💙 사물 알아맞추기 💙 (만 2세)

📺 도움이 돼요

- 여름에 볼 수 있는 것들에 관심을 갖는다.
- 일부분을 보고 전체를 인식하여 사물의 이름을 말해 본다.

📺 준비해요

- 창문을 열면 그림이 보이는 창 달린 그림책

📺 이렇게 해요

1. 영아가 창이 달려 있는 그림책에 관심을 보이면 함께 살펴본다.
   - 책에 창문이 달려 있구나.
   - 창문 속에는 무엇이 들어 있을까? 하나씩 열어 보자.

2. 창문을 차례대로 하나씩 열고 그림의 일부분을 보면서 물건의 특징을 살펴본다.
   - 무슨 그림이 숨어 있을까? 나는 더울 때 사용해요.
   - 그것이 뭘까? 태준이는 알 수 있겠니?
   - 날개가 달려 있어 날개가 돌면 바람이 나와요.
   - 그림이 조금 더 잘 보이네. 정말 날개 같은 게 있구나.

3. 전체 그림을 보기 전에 영아에게 답이 무엇인지 먼저 물어보아 기대감을 갖게 하고, 마지막 그림을 확인하도록 한다.

📺 확장 놀이해요

- 부모가 글을 읽어 주는 방식으로 진행해도 되고, 영아 혼자 있을 경우 그림을 보며 영아 스스로 정답을 유추해 볼 수도 있다.

잠깐만요!

- 시간이 조금 걸리더라도 영아가 스스로 생각해 보고 답을 알아맞힐 수 있도록 기다려 주도록 한다.

💜 내가 가장 좋아하는 것은 뭐지? 💜 (만 2세)

📋 도움이 돼요

- 내가 좋아하는 것에 대해 생각해 본다.
- 환경 인쇄물을 이용하여 책을 만들어 본다.

📋 준비해요

- 다양한 동물, 음식, 놀잇감, 놀이에 관련된 환경 인쇄물 자료, 풀

📋 이렇게 해요

1. 다양한 환경 인쇄물 자료를 탐색해 본다.

   - 여러 가지 사진 그림들이 있네.

   - 동물도 있고 음식도 있고, 놀잇감도 있네요.

2. 영아가 좋아하는 것을 이야기하며 오리기를 한 후 붙여 본다.

   - 가위로 좋아하는 것을 오려 볼까?

   - 성현이는 무슨 동물을 제일 좋아하니?

   - 풀로 오린 것을 책에 붙여 볼까?

   - 유정이는 블록 사진을 붙이고 있네.

3. 좋아하는 환경 인쇄물 자료를 다 붙이면, 영아와 함께 넘겨 보며 이야기 나눈다.

   - 성현이가 붙인 것을 이야기해 볼까?

   - 영아가 붙인 것을 함께 이야기해 본다.

   - 유정이는 어떤 것을 붙였을까?

   - 이렇게 붙이니 유정이가 좋아하는 것이 모두 모였네.

📋 확장 놀이해요

- 완성된 책은 '내가 만든 책' 코너에 비치해 두고 상시로 펼쳐 볼 수 있도록 한다.

📋 잠깐만요!

- 글자에 관심을 갖거나 스스로 적어 보길 원하는 영아는 혼자서 끼적여 볼 수 있도록 한다.
- 사진과 글자가 함께 제시된 환경 인쇄물을 제공하면 영아가 자연스럽게 글자에 관심을 갖게 하는 효과를 볼 수 있다.

🖤 블록으로 식탁 만들기 🖤 (만 2세)

📋 도움이 돼요

- 블록을 이용해 식탁을 구성할 수 있다.
- 엄마(아빠)와 함께 식탁을 구성해 보며 놀이한다.

📋 준비해요

- 벽돌 블록, 스펀지 블록, 식탁 사진, 소꿉놀이

📋 이렇게 해요

1. 식탁 사진을 보여 주며 식탁 만들기에 흥미를 가질 수 있도록 상호작용을 나눈다.
   - 태준이가 밥을 먹고 있구나.
   - 그런데 음식들이 바닥에 있어서 불편하네. 어떻게 하면 좋을까?
   - 우리는 밥을 먹을 때 어디서 먹었지?
   - 맞아. 식탁에서도 먹고, 상에서도 먹었지?
   - 식탁을 만들어 주면 좋겠다!

2. 블록을 탐색해 보고, 블록의 느낌에 대해 이야기를 나눈다.
   - 식탁은 어떻게 생겼을까?
   - 어떤 블록으로 만들면 좋을까?
   - 편하게 앉을 수 있는 의자를 만들려면 어떤 블록으로 만들면 좋을까?

3. 여러 블록을 이용해 식탁과 의자를 구성한다.
   - 어떻게 식탁을 만들면 좋을까?
   - 민건이는 벽돌 블록으로 만들었구나.
   - 태준이는 작은 벽돌 블록으로 의자를 만들었네.

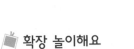 **확장 놀이해요**

- 영아와 만든 블록 식탁에 음식 차리기를 해 본다.

❤ 종이 블록으로 연못 만들기 ❤ (만 2세)

📺 도움이 돼요

- 몸을 움직이며 종이벽돌 블록으로 공간을 구성한다.
- 엄마(아빠)와 함께 놀이하는 즐거움을 느낀다.

📺 준비해요

- 종이벽돌 블록, 파란 천(바란 비닐), 자석낚싯대

📺 이렇게 해요

1. 영아가 종이벽돌 블록에 관심을 보이면 연못을 구성하는 활동에 흥미를 느낄 수 있도록 에피소드를 들려준다.
   - 민성아, 지난번에 바람이 너무 세게 불어서 물고기가 살던 집이 다 무너져 버렸대. 혹시 민성이가 물고기가 사는 연못을 만들어 줄 수 있겠니?
2. 어떤 모양의 연못을 구성할지 간단히 이야기 나누어 본다.
   - 어떤 모양으로 연못을 만들어 줄 수 있을까요?
   - 동그란 연못, 작은 연못을 만들 수 있겠구나.
3. 종이벽돌 블록을 이용하여 연못을 구성한다.
   - 연우는 종이벽돌 블록을 나란히 놓고 있네요.
   - 엄마(아빠)는 물고기들이 많이 살 수 있게 커다란 연못을 만들어 볼게요.
   - 혹시 도와줄 수 있나요?
   - 민성이와 함께 연못을 지어 주고 있네요. 더 멋진 연못이 될 것 같아요.

📺 확장 놀이해요

- 낚싯대와 양동이 등을 준비해 주어 낚시 놀이로 연계해 볼 수 있다.

잠깐만요!

- 자석낚싯대를 들어 올릴 때 옆에 있는 사람이 다치지 않도록 주의한다.

💙 가족 인형 놀이하기 💙 (만 2세)

📋 도움이 돼요

- 가족 구성원을 알고 가족의 역할을 해 본다.
- 가족 구성원이 자주 하는 말을 해 본다.

📋 준비해요

- 가족 인형, 인형 놀이 소품

📋 이렇게 해요

1. 가족 인형을 살펴본다.

 - 여기 무엇이 있나요?

 - 어떤 인형들이 있나요?

2. 가족 인형 놀이를 해 본다.

 - 유정이가 엄마 인형을 가지고 놀이를 하려고 하는구나.

 - 성현이는 아기 인형을 가지고 있네.

 - 예빈이는 아빠 인형을 좋아하는구나.

 - 엄마는 지금 무엇을 하고 있나요?

 - 아빠는 어디 가셨나요?

 - (응애응애) 아기가 울고 있네요.

 - 아기가 배가 고픈가 봐요~

 - 아기한테 무슨 음식을 줄까요?

📝 **잠깐만요!**

- 영아의 가족 구성원이 다양할 수 있으므로 가족 놀이 시 영아가 상처받지 않도록 한다.
- 엄마, 아빠 외에도 다양한 가족 인형을 준비하도록 한다.
- 영아가 가족 인형 놀이를 좋아할 경우 여유 있게 준비해 준다.

💜 친구 꾸며 주기 💜 (만 2세)

📺 도움이 돼요

- 또래의 감정에 관심을 갖고 함께 놀이한다.
- 미용사, 손님의 역할을 모방하여 표현한다.

📺 준비해요

- 안전 손거울, 놀이용 헤어드라이어, 빗, 헤어 롤, 머리띠 등

📺 이렇게 해요

1. 미용실에서 볼 수 있는 소품들을 준비해 놓고 살펴본다.
   - 이게 뭐지?
   - 태준이는 이것을 어디에서 보았니?
   - 어떻게 사용하는 걸까?
   - 아, 머리 자르기 전에 입는 것이구나.
2. 영아가 헤어드라이어, 빗, 가운, 롤 등 소품을 이용하여 손님이나 미용사의 흉내를 내 본다.
   - 여기 의자에 앉으세요.
   - 머리는 어떻게 해 드릴까요?
   - 머리카락 좀 잘라 주세요.
   - 태준이는 머리를 빗겨 달라고 하네.
3. 영아가 역할을 바꾸어서 놀이를 해 볼 수 있도록 한다.
   - 누가 미용사가 되어 볼까?
   - 그래, 태준이는 손님이 되고 싶구나.
4. 빈 화장품 통, 분첩 등을 이용하여 화장하는 흉내를 내거나 목걸이, 머리

띠를 자유롭게 선택하여 놀이한다.

– 화장품도 있네.

– 태준이가 목걸이도 하고 머리띠도 했구나!

– 거울을 한번 볼까?

📺 확장 놀이해요

- 블록을 이용하여 미용실, 옷가게 등을 구성하여 놀이를 전개해 본다.

💕 찰칵! 엄마(아빠)와 사진 찍기 💕 (만 2세)

📋 도움이 돼요

- 엄마(아빠)와 함께 놀이하는 즐거움을 경험해 본다.
- 엄마(아빠)와 사진 찍었던 영아의 경험을 놀이로 표현해 본다.

📋 준비해요

- 놀잇감 사진기

📋 이렇게 해요

1. 사진기에 관심을 보이는 영아와 함께 사진 찍기 놀이를 한다.
   - 승민이는 어떤 사진을 찍었니?
   - 놀잇감 사진을 찍고 있구나.

2. 엄마(아빠)와 사진을 찍고 싶어 하는 영아에게 사진을 찍어 준다.
   - 여기 멋진 사진을 잘 찍는 사진사가 오셨어요. 엄마(아빠)와 사진 찍고 싶으면 여기 오세요.
   - 민성이와 승민이가 같이 사진 찍고 싶은가 보구나.
   - 어디서 찍어 볼까? 거울 앞에서 찍고 싶구나.
   - 자~ 엄마(아빠)가 사진사가 되어 사진 찍어 주시네.
   - 하나, 둘, 셋 찰칵!

📋 확장 놀이해요

- 동생이나 친구와 함께 사진 찍고 싶은 곳에서 찍을 수 있도록 안내한다. 블록으로 사진관을 만들고 꽃이나 장식품 등의 소품을 이용해 사진 찍기 활동을 해 본다.

📓 **잠깐만요!**

• 놀잇감 사진기 또는 고장 난 가벼운 실물 사진기를 제공한다. 가급적이면 셔터를 누를 때 소리가 나거나 불이 반짝거리는 등 감각적 반응이 가능한 사진기를 제공하는 것이 좋다.

🖤 재미있는 놀잇감 가게 🖤 (만 2세)

📺 도움이 돼요

- 놀잇감 가게 주인과 손님 역할을 흉내 낼 수 있다.
- 엄마, 아빠와 함께하는 놀이를 즐긴다.

📺 준비해요

- 여러 가지 놀잇감, 놀잇감 가게 화보, 놀잇감 카탈로그, 장바구니

📺 이렇게 해요

1. 놀잇감 사진이나 카탈로그에 관심을 보이는 영아와 이야기를 나눈다.
   - 여기는 어디일까?
   - 놀잇감을 파는 곳이네요.
   - 어떤 놀잇감이 있는지 볼까요?
   - 자동차도 있고 인형도 있고 블록도 있네요.
   - 놀잇감 가게에서 놀잇감을 사 본 적이 있나요?
2. 놀잇감을 사기 위해 어디로 가야 하는지 이야기해 본다.
   - 엄마(아빠)도 놀잇감을 사고 싶은데 어디에서 살 수 있을까요?
   - 놀잇감 가게에서 살 수 있구나.
   - 그럼, 놀잇감 가게를 만들어 줄 수 있을까요?
3. 블록으로 놀잇감 가게를 만들고 놀잇감 가게 놀이를 한다.
   - 놀잇감 가게에 놀러 오세요. 재미있는 놀잇감이 많이 있어요.
   - (영아의 반응에 따라) 서준이도 장난감을 사러 왔어요?
   - 어떤 놀잇감이 필요해요?

확장 놀이해요

- 놀잇감 가게 화보, 놀잇감 화보 보기, 좋아하는 놀잇감 그림에 끼적이기
를 해 본다.

잠깐만요!

- 영아들은 아직 경제에 대한 개념이 약하기 때문에 돈을 주고받는 놀이는
영아의 수준에 따라 실시한다.

112

💕 시리얼 목걸이를 만들어 엄마(아빠)에게 선물해요 💕 (만 2세)

📋 도움이 돼요
- 시리얼을 이용한 만들기에 즐겁게 참여할 수 있다.
- 엄마(아빠)에게 시리얼 목걸이를 선물해 본다.

📋 준비해요
- 여러 가지 놀잇감, 놀잇감 가게 화보, 놀잇감 카탈로그, 장바구니

📋 이렇게 해요
1. 영아가 링 모양 시리얼에 관심을 보이면 이야기를 나눈다.
   - 민건아, 이게 뭘까?
   - 시리얼이구나. 이 시리얼을 먹어 본 적이 있어?
   - 간식으로 먹어 보았구나.
2. 엄마(아빠)가 운동화 끈에 링 모양 시리얼을 끼우며 영아의 모방을 유도한다.
   - 동그란 모양의 시리얼을 운동화 끈에 끼워 볼까?
   - 어떤 색 시리얼을 고를까?
   - 엄마(아빠)는 초록색 시리얼을 골랐어! 분홍색 시리얼이랑 같이 끼워 볼게.
   - 예쁜 시리얼 목걸이가 됐네?
3. 영아가 자유롭게 운동화 끈에 시리얼을 끼워 본다.
   - 이번에는 민성이가 시리얼을 끈에 끼워 볼까?
   - 민성이는 어떤 색 시리얼을 고를 거야?
   - 시리얼 구멍에 끈을 쏘옥!
   - 우와~ 멋진 시리얼 목걸이가 완성됐다!

4. 완성한 시리얼 목걸이를 엄마(아빠)에게 선물해 본다.

    – 민수가 만든 시리얼 목걸이를 누구에게 선물해 줄 거야?

    – 민수가 좋아하는 수현이에게 선물해 주고 싶어?

    – 수현이가 정말 좋아하겠다!

🖼 확장 놀이해요

- 운동화 끈 대신 리본 끈 앞에 투명 테이프로 고정해서 줄을 준비해 준다.

🖼 잠깐만요!

- 선물을 주고받을 때 소외되는 영아가 없도록 적절하게 상호작용해 준다.

💗 손바닥 그리기 💗 (만 2세)

📋 도움이 돼요
- 자신의 신체에 관심을 가진다.
- 그림을 통해 자신의 신체를 표현해 본다

📋 준비해요
- 종이, 그리기 도구

📋 이렇게 해요

1. 색연필이나 크레파스를 영아가 자유롭게 탐색해 볼 수 있도록 한다.
   - 이건 크레파스구나.
   - 영아가 크레파스를 탐색하는 모습을 보며 상호작용을 나눈다.
   - 이번엔 어떤 색으로 그려 볼까?
   - 민건이가 길게 죽 그어 보았구나.

2. 엄마(아빠)가 종이 위에 손바닥을 대어 그려 보도록 한다.
   - 여기 종이 위에 엄마(아빠) 손을 대고 그려 볼게요.
   - (손을 따라 그리며) 짜잔~ 엄마(아빠) 손바닥이 나타났어요.
   - 태준이도 손바닥 그려 볼까요?

3. 영아가 자유롭게 손바닥을 대고 그려 볼 수 있도록 돕는다.
   - 서준이 손바닥이 여기 있구나.
   - 이번엔 어떤 색으로 그려 볼까요?
   - 여기 엄마(아빠) 손바닥도 있고 서준이 손바닥도 있구나.

📖 확장 놀이해요

- 발바닥도 따라 그려 볼 수 있도록 격려한다.

📖 잠깐만요!

- 다양한 크기의 종이를 제공하여 준다.
- 크레파스를 제공할 경우 손에 묻지 않는 것을 준비한다.

🖤 물고기 만들기 🖤 (만 2세)

📋 도움이 돼요

- 물고기의 특징에 관심을 가진다.
- 새로운 재료를 이용하여 만들기를 해 본다.

📋 준비해요

- 안 쓰는 CD, 모양 골판지(물고기 입, 지느러미, 꼬리 등), 네임펜 등의 유성펜

📋 이렇게 해요

1. 물고기를 본 경험과 보았던 물고기의 모양, 색깔 등에 대해서 이야기를 나눈다.
   - 물고기를 본 적이 있나요? 수현이가 본 물고기는 어떻게 생겼었나요?
   - 민건이는 아주 큰 물고기를 보았구나. 고래처럼 컸구나.
2. 다양한 만들기 재료를 탐색한다.
   - 여러 가지 재료들이 많이 있네. 어떤 재료들이 있는지 한번 볼까요?
   - 동그랗고 가운데 구멍이 뚫려 있네.
   - 물고기 입 모양의 종이도 있고, 꼬리 모양의 종이도 있네요.
3. 다양한 만들기 재료를 가지고 물고기를 만들어 본다.
   - 민건이는 동그랗게 생긴 물고기 몸통에 하트 스티커를 붙이고 있구나.
   - CD에 눈, 입, 꼬리를 붙이고 나니 반짝반짝 물고기가 되었네.

📋 확장 놀이해요

- 만든 물고기를 환경 게시용으로 사용할 수 있다. 만든 물고기를 가지고 낚시 놀이, 생선 가게 놀이 등의 극화로 연계할 수 있다.

잠깐만요!

- 영아가 물고기의 눈을 꼬리 쪽에 붙이더라도 "눈은 머리 쪽에 붙여야지."가 아니라 "물고기 눈이 꼬리 쪽에 있네. 재미있게 생긴 물고기구나."라며 영아의 생각을 격려하고 존중해 주도록 한다.

💜 지퍼 백 가방 꾸미기 💜 (만 2세)

🖼 도움이 돼요

- 스티커를 이용하여 가방을 꾸며 본다.
- 눈과 손을 협응하여 조작 활동을 해 본다.

🖼 준비해요

- A4 사이즈의 지퍼 백(리본이나 모루로 손잡이 달기), 다양한 스티커

🖼 이렇게 해요

1. 지퍼 백을 탐색한다.
   - 가방처럼 네모난 것이 있네요.
   - 어떤 느낌인지 만져 보자.
   - 이렇게 생긴 가방을 본 적이 있니?
2. 지퍼 백을 예쁘게 꾸며 나만의 가방을 만든다.
   - 여기 있는 스티커로 가방을 꾸며 줄 수 있단다.
   - 수현이는 하트 스티커를 여러 개 붙여 주었네.
   - 승민이는 노란색 스티커를 붙이고 있구나.
3. 병원 놀이 놀잇감을 이용하여 병원 놀이를 해 본다.
   - 의사 선생님, 배가 아파요.
   - 민성이는 이 가방에 무엇을 담고 싶니?

🖼 확장 놀이해요

- 지퍼 백 가방에 놀잇감을 담아 보거나 산책을 나가 자연물을 담아 본다.

잠깐만요!

- 스티커 조작이 어려운 영아를 위해 크기가 큰 펠트 스티커를 제공해 주 거나, 너무 작은 스티커는 삼킬 위험이 있으므로 입에 넣지 않도록 주의 를 한다.

🦋 나비 데칼코마니 해 보기 🦋 (만 2세)

📋 도움이 돼요

- 물감이 묻어 있는 종이를 문지르며 감촉을 느껴본다.
- 물감을 이용한 미술 활동을 즐긴다.

📋 준비해요

- 나비 모양 종이, 물감, 신문지

📋 이렇게 해요

1. 영아가 나비 모양의 종이를 이용해 놀이하는 모습을 언어로 표현해 준다.
   - 은성이는 나비 모양 종이를 흔들고 있구나.
   - 나비 날개에 동그라미를 그려 주었구나.

2. 물감으로 나비를 표현해 볼 수 있도록 돕는다.
   - 동글동글 동그랗게 날개에 무늬를 넣어 주었네.
   - 엄마(아빠)도 은성이처럼 나비에게 그림을 그려 볼까?
   - 이번엔 물감으로 무늬를 넣어 볼까요?
   - 은성이도 물감을 묻혀 볼까?
   - 나비 종이를 반으로 접었다 펴 보자.
   - 우와! 멋진 무늬가 생겼네!

3. 다양한 모양의 종이를 준비하여 자유롭게 데칼코마니를 즐겨 본다.
   - 성현이는 동그라미 물감을 묻히고 있네.
   - 빨간색과 노란색이 섞여 있네. 어떤 색이 되었지?
   - 종이를 손으로 눌렀다 펴 보자.
   - 어떤 모습이 나올까?

잠깐만요!

• 영아에게 물감 뚜껑을 모두 열어 제공하고 활동이 끝난 후에 부모가 뚜
껑을 닫아 보관한다.

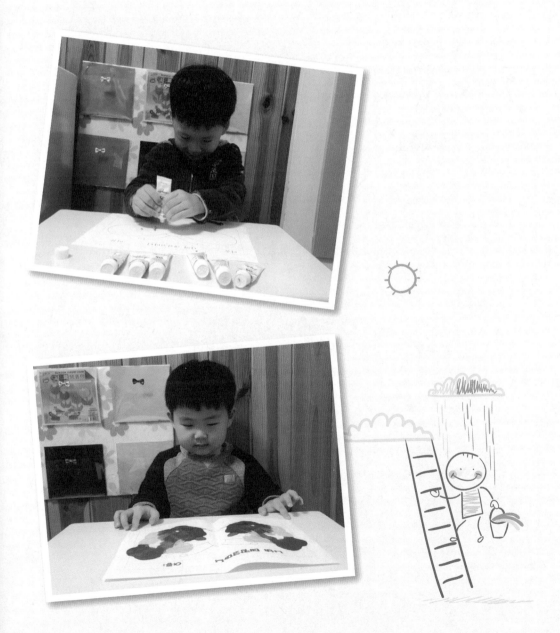

예술경험

💚 알록달록 긴 꼬리 만들기 💚 (만 2세)

📷 도움이 돼요

- 색종이를 이용한 만들기 활동에 관심을 가진다.
- 다양한 색에 관심을 가진다.

📷 준비해요

- 색종이, 풀

📷 이렇게 해요

1. 색종이를 이용해 놀이하는 모습을 관찰하며 상호작용을 나눈다.
   - 어떤 색깔의 색종이가 있니?
   - 혜원이가 접으니까 색종이가 작아졌구나.
   - 색종이를 구겼네. 동그란 종이 공이 되었구나.

2. 부모와 다양한 색의 색종이를 길게 찢어 본다.
   - 종이가 쭉 찢어졌네. 다시 찢어 볼까?
   - 찢을 때 어떤 소리가 났니?
   - 이번엔 어떤 색을 길게 찢어 볼까?

3. 찢은 색종이를 길게 연결하여 자유롭게 표현해 본다.
   - 길게 찢은 종이가 많아졌네.
   - 더 긴 종이를 만들어 볼까?
   - 종이를 두 개 붙여 보자. 흔들흔들~ 뱀 같구나.
   - 우리 더 긴 뱀을 만들어 볼까?
   - 어떤 색깔의 뱀을 만들어 볼까?
   - 꼬리가 되었구나.

📺 **잠깐만요!**

- 적당한 길이로 잘라 둔 색종이를 함께 제공하면 영아들이 조금 더 쉽게
  할 수 있다.

💜 나뭇잎 왕관 만들기 💜 (만 2세)

📋 도움이 돼요

- 나뭇잎의 모양과 색에 관심을 갖는다.
- 나뭇잎을 이용하여 왕관을 만들어 본다.

📋 준비해요

- 왕관 틀, 나뭇잎

📋 이렇게 해요

1. 나뭇잎을 살펴보며 모양이나 색깔 등에 대해 말로 표현해 본다.
   - 여러 가지 모양의 나뭇잎이 있네요.
   - 길쭉한 나뭇잎을 만지니 어떤 느낌이 드나요.
   - 나뭇잎은 어떤 색으로 변했나요?
2. 왕관을 영아 머리에 둘러 주며 어떤 것을 만들지에 대해 이야기해 본 뒤 왕관에 여러 가지 색과 모양의 나뭇잎을 붙여 꾸며 본다.
   - 머리띠에 나뭇잎을 붙여 꾸며 보면 어떨까?
   - 어떤 모양(색)의 나뭇잎을 붙여 볼까?
   - 우와, 왕관처럼 변했네요.
3. 나뭇잎 왕관을 만들어 영아가 만든 나뭇잎 왕관에 대해 이야기해 본다.
   - 연우는 길쭉한 나뭇잎을 붙였네요.
   - 태준이 나뭇잎이 한 줄 기차 하는 거 같아요.

📋 확장 놀이해요

- 영아가 만든 왕관을 쓰고 역할 놀이를 해 본다.

잠깐만요!

● 영아들이 나뭇잎을 쉽게 부착할 수 있도록 왕관 모양 종이에 양면테이프를 부착하여 준다.

「통통통」 노래 들으며 표현하기 💙(만 2세)

🎬 도움이 돼요

- 노래에 맞춰 자유롭게 신체로 표현한다.
- 반복되는 노랫말에 흥미를 갖고 따라 부르기를 시도한다.

🎬 준비해요

- 「통통통」 음원, 카세트 등 음향 기기

🎬 이렇게 해요

1. 「통통통」 노래를 들으며 자유롭게 표현하도록 한다.
   - 통통통 높이 뛰다가♬ 살살 동그랗게 뛰다가 흔들흔들 흔들흔들 춤을 추다가 ♬ 점점점점 아래로 살금살금 기어가다가♬ 살금살금 살금 떼굴떼굴떼굴 떼굴 굴러가다가 일어서!♬

2. 「통통통」 노래에 맞춰 움직여 본다.
   - 은성이는 음악에 맞춰 통통 뛰고 있네~
   - 흔들흔들 춤도 추는 거예요?
   - (통통통 높이 뛰다가) 위로 깡충깡충 뛰어 볼까요?
   - 통통통 할 때는 엄마(아빠) 따라 높이 뛰어 보자.
   - 살금살금 할 때는 어떻게 해 볼까?
   - 은성이가 살금살금 기어가네.

3. 리본 막대나 스카프를 이용하여 영아가 노래에 맞춰 움직여 보도록 한다.
   - 우리 노래에 맞춰 스카프를 들고 흔들어 보자~
   - 노래를 잘 들어 보고 '통통통' 하면 스카프를 흔들어 볼까요?
   - '흔들흔들' 할 때는 위로 스카프를 흔들어 보자~

📺 **잠깐만요!**

- 부모가 노래만 부르고 움직이지 않으면 영아의 흥미가 떨어질 수 있으므로 함께 참여한다.
- 서로 부딪히지 않도록 간격을 충분히 확보하여 움직인다.

120

🍃 쌀 놀이하기 🍃 (만 2세)

📋 도움이 돼요
- 곤충의 움직임에 관심을 가지고 살피며 반복하여 탐색한다.

📋 준비해요
- 관찰 통, 달팽이, 달팽이 먹이 등

📋 이렇게 해요

1. 쌀을 탐색한다.
   - (쌀을 보여 주며) 이것은 무엇일까?
   - 예빈아, 우리가 매일 먹는 쌀이란다. 쌀을 살펴보자.
   - 쌀을 만지니 어떤 느낌이 드니?

2. 쌀에 물을 부어 준다.
   - 엄마(아빠)가 쌀 씻는 모습을 본 적이 있니?
   - 엄마(아빠)가 쌀에 물을 부어 줄게.
   - 우리도 쌀을 씻어 보자.
   - 쌀은 쓱쓱 문지르면서 씻는단다. 쌀을 문지르니 소리가 나네.
   - 물 색깔도 변하고 있구나. 물 색깔이 왜 하얗게 변했을까?

3. 젖은 쌀의 물을 빼고 탐색한다.
   - 다 씻은 쌀을 살펴보자.
   - 쌀을 뭉쳐 보자.
   - 쌀 속에 손가락을 쏘~옥 넣어 보자.
   - 쌀 위에 손바닥을 꾸~욱 찍어 보자.
   - 쌀을 손바닥으로 비벼 보자.

잠깐만요!

- 다른 곡식류도 섞어서 놀이해 볼 수 있다.

121

자연탐구

💕 벌레 잡기 💕 (만 2세)

📋 도움이 돼요

- 곤충의 특성에 관심을 가진다.
- 주걱을 이용하여 눈과 손의 협응력을 기른다.

📋 준비해요

- 주걱, 곤충 그림 자료

📋 이렇게 해요

1. 여러 가지 곤충 그림 자료와 주걱을 탐색한다.
   - 와! 여러 가지 곤충들이 우리 집에 놀러 왔네요.
   - 어떤 곤충들이 있나요? 나비가 있구나.
   - 나비를 본 적이 있나요? 어디서 보았나요?
   - (주걱을 보여 주며) 이것을 본 적이 있나요? 어디서 보았나요? 이름을 알고 있나요?
2. 주걱으로 곤충 잡기 놀이를 한다.
   - 벌레를 잡고 싶은데 어떻게 잡을 수 있을까?
   - 주걱으로 벌레를 잡으면 되겠구나.
   - 태준이는 주걱으로 어떤 벌레를 잡았나요?

📋 확장 놀이해요

- 영아가 주걱으로 잡은 곤충의 이름을 말해 보고 곤충 흉내 내기를 해 본다.

잠깐만요!

- 주걱은 영아들의 손 크기에 맞는 적당한 것을 준비한다.

♥ 움직이는 구슬 놀이 ♥ (만 2세)

🖥 도움이 돼요

- 구슬의 움직임을 탐색한다.
- 눈과 손을 협응하여 구슬을 움직여 본다.

🖥 준비해요

- 페트병으로 만든 구슬 감각 교구

🖥 이렇게 해요

1. 구슬 교구를 제시하고, 영아가 관심을 보이면 함께 탐색한다.
   - 재미있게 생긴 놀잇감이 있네.
   - 놀잇감 속에 뭐가 들어 있을까?
   - 여러 가지 색깔 구슬이 들어 있네.
   - 민수가 놀잇감을 흔드는구나.
   - 어떤 소리가 나니? 구슬이 움직이네.
2. 구슬을 구멍에 맞춰 자유롭게 이동시켜 본다.
   - 민수가 구멍으로 구슬을 통과시키는구나.
   - 민성이가 오른쪽 통에서 왼쪽 통으로 옮겨졌구나.
   - 구슬이 한 줄로 서서 내려오네.

🖥 확장 놀이해요

- 구슬뿐 아니라 페트병 안에서 자유롭게 움직일 수 있는 재료(단추, 스팽글 등)를 넣어 활동할 수 있다.

잠깐만요!

- 페트병 뚜껑이 열려 페트병 속의 재료가 쏟아지지 않도록 페트병 뚜껑
  부분을 글루건으로 튼튼하게 봉한다.

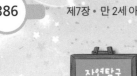

🖤 나뭇가지 연필로 모래 위에 그리기 🖤 (만 2세)

📺 도움이 돼요

- 자연물에 관심을 갖고 탐색한다.
- 모래 위에 그림 그리기를 통해 즐거움을 경험한다.

📓 준비해요

- 나뭇가지, 모래(또는 흙)

📓 이렇게 해요

1. 부모가 모래 위에 그림을 그리며 영아가 관심을 가질 수 있도록 상호작용을 나눈다.
   - 모래 위에 유정이가 좋아하는 별을 그려 볼게.
   - 성현이도 엄마(아빠)에게 그림을 그려 줄래?
   - 손가락으로 그리니까 불편하네.
   - 우리 나뭇가지 연필로 그림을 그려 볼까?

2. 나뭇가지를 이용해 모래 위에 그림을 그려 본다.
   - 나뭇가지 연필이 어디 있을까?
   - 너무 크면 그림을 그리다 다칠 수 있어.
   - 성현이가 색연필만 한 나뭇가지를 찾았네.
   - 손가락으로 그릴 때보다 더 예쁘게 그려지는구나.

📺 **잠깐만요!**

- 나뭇가지에 다치지 않도록 주의하며 영아가 찾은 나뭇가지의 상태를 확
  인 후 활동해 볼 수 있도록 한다.

♥ 우산 쓰고 비 오는 소리 듣기 ♥ (만 2세)

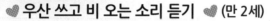

📺 도움이 돼요

- 비 오는 소리를 들어 보고 표현해 본다.

📺 준비해요

- 우산, 장화

📺 이렇게 해요

1. 영아들과 가지고 온 우산에 대해 이야기를 나눈다.
   - 유정이는 무슨 색깔 우산을 가지고 왔니?
   - 예빈이는 빨간 색깔 우산을 가지고 왔구나.
2. 장화를 신고, 우산을 들고 밖으로 나가 본다.
3. 천천히 걸으며 비 오는 느낌을 감상해 본다.
   - 장화를 신고 젖은 흙을 밟아 보니 어떤 소리가 나니?
   - 우산 위에서는 어떤 소리가 들리니?
   - 비 오는 모습을 살펴보자. 비가 어떻게 내리는 것 같니?
4. 잔디 혹은 흙 위에 앉아서 비 오는 소리를 들어 본다.
5. 빗방울이 떨어지는 모양을 관찰해 본다.

📺 확장 놀이해요

- 비 오는 모양, 소리 등을 몸으로 표현해 본다.

잠깐만요!

우산을 사용할 때 안전에 대해 충분히 이야기를 나누고 밖으로 나간다.

💙 얼음 만져 보기 💙 (만 2세)

📋 도움이 돼요
- 얼음을 탐색하고 얼음의 변화를 관찰한다.
- 얼음을 탐색한 느낌을 언어적으로 표현한다.

📋 준비해요
- 여러 가지 모양, 색 얼음

📋 이렇게 해요
1. 여러 가지 모양의 얼음을 다양한 방법으로 탐색해 본다.
    - 아이스크림 모양, 네모 모양 얼음이 있네.
    - 얼음을 손으로 만져 보니 어떠니?
    - 차갑구나. 미끌미끌하기도 하구나.

2. 얼음을 손으로 만져 보고, 얼음의 변화를 살펴보며 언어적으로 표현해 본다.
    - 얼음을 손바닥 위에 놓고 한번 기다려 볼까?
    - 손바닥 느낌이 어떠니?
    - 아주 차갑구나.
    - 민수 손에서 물이 뚝뚝 떨어지네.
    - 얼음 크기가 점점 어떻게 되고 있나요?
    - 점점 작아지고 있구나.

3. 색 얼음과 투명 얼음을 접시 위에 두고 녹아내리는 모습을 관찰한다.
    - 여기 노란색 얼음과 그냥 얼음을 녹이면 어떻게 될까?
    - 와! 노란색 얼음을 녹이니까 노란색 물이 되었네? 정말 신기하다.

확장 놀이해요

- 색 얼음으로 종이에 그림 그리기를 해 본다.

잠깐만요!

- 얼음이 녹았을 때 미끄러지지 않도록 수건으로 닦아 준다.

알록달록 색 소금 눈 만들기 ♥ (만 2세)

📋 도움이 돼요

- 파스텔 가루를 이용하여 색 소금을 만들어 본다.
- 색 소금을 이용하여 그림을 그려 본다.

📋 준비해요

- 소금, 파스텔 가루, 지퍼 백, 전지

📋 이렇게 해요

1. 그릇에 담긴 소금을 탐색해 보며 소금의 색깔, 냄새, 촉감 등에 대해 이야기해 본다.
   - 여기 하얀 가루가 있네요. 무슨 가루일까요?
   - 한번 만져 볼까요? 까끌까끌하네요.
   - 냄새를 맡아 볼까요? 어떤 냄새가 나요?
   - 맛을 볼까요?

2. 지퍼 백에 소금을 담고 준비된 색깔 가루(파스텔 가루)를 넣어 본다.
   - 소금에 은성이가 좋아하는 색의 파스텔 가루를 넣어 볼까요?
   - 소금에 색이 입혀질 수 있도록 지퍼 백을 흔들어 보자.
   - 은성이가 흔들어 볼까요? 하얀색 소금이 조금씩 변해요.
   - 하얀색 소금이 어떤 색으로 변했나요?

확장 놀이해요

- 커다란 전지에 여러 가지 색 소금을 올려놓고 색을 섞어 보고 만져 보며 탐색하여 본다.
- 영아와 함께 만든 여러 가지 색 소금을 이용하여 색 소금 그림 활동을 연계하여 진행해 본다.
- 실외 활동을 하면서 소금을 발로 밟아 본다.

잠깐만요!

- 영아가 색 소금을 먹지 않도록 주의 깊게 살펴본다.

아이는 놀이를 먹고 자란다.

전업주부든 워킹 맘이든 자녀가 잘 자라기를 바라는 마음은 똑같을 것이다. 워킹 맘의 경우 아이와 충분하게 놀아 주지 못하고 교감하지 못하는 경우 전업주부가 느끼지 못하는 또 다른 감정을 경험한다. 전업주부로 있다가 워킹 맘으로 지낸 수년 동안 조금씩 누적된 것이 '가슴 한 칸에 머무는 것이 있다'는 것을 삶의 순간순간 느낄 때가 있다. 그 감정을 표현하자면 아이를 향한 '미안함'이었다. 자녀가 성장해 가는 과정에서 힘들어할 때마다 그 색깔은 더욱 선명하고 진하게 느껴졌다.

저자는 이십여 년 동안 어린이집을 운영하며 셀 수 없을 만큼 많은 영아와 호흡하며 지냈다. 아이들은 다양한 놀이를 통해 즐거움을 느끼며 행복해했다. 어린이집에서뿐만 아니라 아이는 언제 어디서든지 부모와 상호작용하며 다양한 놀이를 즐길 수 있어야 한다. 하지만 저자는 그것을 제대로 실천하지 못했다. 자녀를 키우며 가졌던 아쉬움과 부족함을 채워『내 아이랑 뭐 하고 놀지?』로 엮어 선보이는 것은 육아 경험이 없는 엄마(아빠)나 시간이 부족하고 경험이 적은 양육자에게 놀이 육아 팁이 담긴 선물을 드리고 싶어서이다.

최근 지인의 페이스 북을 통해 놀이를 먹고 자라는 아이 모습을 본다. 괜히 내 기분이 좋아지며 웃음 짓는다. 아이는 0세와 만 2세 여자아이로 엄마 아빠의 퇴근 시간이 늦어 어린이집 시간 연장반을 이용한다. 아이와 지내는 시간이 부족한 엄마는 시간의 양보다 질을 선택해 짧은 시간이라도 잘 놀아 주신다. 엄마가 퇴근한 후 놀이하는 아이는 거창한 놀이가 아니더라도 놀이에 흠뻑 빠진다. 토라졌다가도 엄마가 설거지해 놓은 그릇들을 다시 헹구고, 건조대에 올려놓고, 허리를 펴고 한숨 쉬는 것으로 엄마 따라 하기를 완성하며 매우 흡족해한다. 이후 엄마가 이불 패드를 말리려고 그네 위에 걸어 둔 것을 비밀 아지트라 생각했는지 동생 손을 잡고 들어가서 빠끔빠끔 왔다 갔다 한참을 논다. 엄마의 거대한 프로젝트보다 더 좋은 놀이를 하고 기분이 좋아진 아이들이다.

엄마는 아는 분이 주신 딸기로 아이와 요리 놀이를 시작한다. 좋아하는 딸기를 몇 개 씻어 왔는데 갑자기 큰아이 연이가 짜증을 낸다. 엄마 손을 잡고 주방으로 가길래 혹시나 해서 딸기를 씻도록 해 주었더니 좋다고 난리다. 어찌나 야무지게 씻던지, 딸기가 다 문드러지는 줄 알았단다. 씻으면 탈탈 터는 건 어디서 배웠는지 물을 털 줄도 안다. 엄마는 앞치마 세트를 입혀 주고 칼질하도록 도마와 장난감 칼을 세팅하고 요리 준비를 한다. 엄마는 오늘 놀이도 난장판이라 표현하면서도 즐거운 표정을 짓는다.

바쁜 아침, 엄마를 도와주는 대견한 딸아이였다가 건조대 살 사이로 양말을 골인시키는 놀이를 발견한 아이 덕분에 양말은 따뜻한 방바닥에서 그냥 말리기로 했다. 이후에 콩콩이 입힌다고 기저귀 스무 장을 다 뜯어 놓은 걸 안 엄마의 화난 모습이 그려졌지만 그 모습은 보이지 않는다.

이번에는 이불더미를 판매대라 여기고 "아이스크림 줄까요?" "네!!! 주세요." "여기 있어요." "얼마예요?" "오만 원이에요." "너무 비싸요!!!" 하며 아이스크림 가게 놀이를 한다. 잠자기 전에 엄마는 토끼 인형, 아이들은 각자 콩콩이 인형을 안고 나란히 누워 자장가를 불러 준다. 이런 과정 속에 큰아이는 상황에 맞게 노랫말도 잘 바꿔 부른다. 작은아이는 허밍도 많이 늘었다고 소개한다.

어느 날은 퇴근하자마자 놀이 매트와 전지 4장을 깔고 솜, 안 신는 양말, 국수, 현미, 도장을 준비했다. 플라스틱 접시에 물감을 풀었다. 촉감 놀이로 준비한 국수와 현미가 손가락과 발가락 사이사이에 끼는 게 거북했는지 큰아이 연이가 곧 흥미를 잃고 "엄마, 그만하자."고 했다. 준비하는 데 10분, 놀이하는 데 5분, 정리하는 데 1시간. 모든 놀이가 아이에게 다 재미있는 게 아니란 걸

알게 되었단다. 주말에 시간이 난 아빠는 아이들과 공을 주고받으며 신체 놀이를 한다. 아이와 아빠의 웃음으로 거실 가득 웃음꽃이 핀다. 워킹 맘으로 아이들과 놀아 주던 엄마는 모처럼 독박육아에서 잠시 벗어난 듯하다.

이렇듯 육아는 즐거움도 있지만 때로는 버겁고 귀찮고 힘든 과정이기도 하다. 부모는 아이가 자유스럽게 놀이하며 인내심을 배울 때까지 긍정 마인드와 너그러운 마음으로 기다려 주는 인내가 필요하다. 『7가지 인간 행복사용설명서』(김현경)에 소개되는 이야기 중 『이나중 탁구부』(미노루 후루야)에 인류의 가장 큰 적은 '귀찮음'이라는 내용이 있다. 귀찮아서 자꾸 택시를 탔더니 택시비에 폭탄 맞고, 살찌고… '귀찮아서' 분리수거를 하지 않고 마구 쓰레기를 버리면 지구가 몸살을 앓는다. 아이와 놀이하는 것이 '귀찮아서' 행하지 못한 일들로 인해 아이의 발달에 도움 줄 기회를 잃고, 부모와의 관계가 소원해질 수 있다. 부모에게 후회로 남을 수 있고, 가슴에 미안함이 자리 잡을 수도 있다.

이 '귀찮음'이라는 생각을 떨치기 위해서는 놀이를 긍정마인드로 받아들이는 마음이 필요하다. 놀이의 힘은 크다. 『내 아이랑 뭐 하고 놀지?』가 마중물이 되어 놀이를 먹고 자라는 행복한 아이들이 많아졌으면 좋겠다.

나는 아이와 상호작용을 잘하는 부모일까?

다음은 아이와의 놀이에 있어 상호작용을 얼마나 잘하는 부모인지 알아볼수 있는 테스트이다. 놀이를 이끄는 주체는 누구인지, 부모의 놀이 참여도, 놀이에 대한 지지나 정서적 교류 등을 체크해 볼 수 있다. 이 평가를 통해 아이와 얼마나 상호작용을 잘하며 잘 놀아 주는 부모인지 체크해 보자.

항목	번호	내용	Yes	No
주도성	1	아이가 놀잇감을 선택하도록 기회를 제공한다.		
	2	놀이가 전개되도록 돕는다.		
함께 놀이 하기	3	함께 놀자는 아이의 요구에 응한다.		
	4	아이가 선택한 놀잇감에 관심을 나타낸다.		
	5	놀잇감을 바꾸는 아이의 행동에 긍정적으로 반응한다.		
	6	놀이에 몰입하도록 언어 / 비언어적 반응을 한다.		
	7	놀이를 돕거나 확장을 위해 지시적이지 않은 태도로 제안을 한다.		
	8	상황에 따른 감정 표현에 공감적으로 반응한다.		
정서적 유대	9	아이의 얼굴을 응시한다.		
	11	아이의 시선을 눈으로 따라간다.		
	12	눈 맞춤이 자연스럽다.		
	13	아이에게 긍정적인 신체적 접촉을 시도한다.		

	14	아이의 신체적 접촉을 수용한다.		
	15	아이의 행동에 대해 격려, 칭찬, 지지를 보낸다.		
	16	신체적 지원 및 언어적 지원이 동시에 이루어진다.		
즐거움	17	아이의 움직임 수준에 맞춘다.		
	18	긍정적인 표정이 나타난다.		
	19	놀이의 즐거움에 대해 언어로 표현한다.		
	20	놀이의 즐거움에 대해 동작으로 표현한다.		

* 출처: EBS 〈놀이의 반란〉 제작팀(2013). 놀이의 반란(pp. 220-221) 재구성.

영유아기 놀이에 대해 얼마만큼 알고 계십니까?

범주		번호	문항 내용	표기		
				양호	보통	미흡
인식 역량		1	나는 아이와 함께 놀면서 보내는 시간이 중요하다는 것을 인식하고 있다.			
		2	나는 놀이가 아이의 발달에 중요함을 알고 있다.			
		3	나는 바깥 놀이의 중요성을 알고 있다.			
		4	나는 놀이를 통해 학습이 이루어질 수 있음을 알고 있다.			
		5	나는 놀이가 부모―자녀 관계에 긍정적인 영향을 미침을 알고 있다.			
실 행 역 량 · 성 장 역 량	공 통	6	나는 아이가 좋아하는 놀잇감과 놀이를 알고 있다.			
		7	나는 아이가 함께 놀고자 할 경우, 놀이를 함께한다.			
		8	나는 아이와의 다양한 놀이(소꿉, 퍼즐 등)에 참여한다.			
		9	나는 아이의 연령이나 발달 수준에 맞는 놀잇감을 찾아 준다.			
		10	나는 아이의 놀잇감을 살 때 재질, 크기, 유독성 등의 유무를 세심하게 고려하는 편이다.			
		11	나는 아이가 다양한 유형의 놀잇감을 접할 수 있도록 돕는다.			
		12	나는 아이가 자연과 친해질 수 있는 놀이를 제공한다.			
		13	나는 휴일에도 자녀와 함께 시간을 보내기가 어렵다.			

	14	나는 아이와 즐겨 하는 게임이나 활동이 몇 가지 있다.			
	15	나는 아이와 하는 놀이에 참여하며 함께 하는 것을 즐긴다.			
	16	나는 아이가 놀이를 통해 새로운 것을 접하거나 시도하도록 유도하는 편이다.			
	17	나를 비롯한 가족 구성원 모두가 아이의 놀이에 참여한다.			
	18	나는 아이와 까꿍이나 잼잼 등 소리 내어 놀면서 상호작용한다.			
	19	나는 아이가 오감을 활용하여 가지고 놀 수 있는 놀잇감(딸랑이, 헝겊 인형, 오뚝이, 모빌 등)으로 놀아 준다.			
	20	나는 최소한 1주일에 1번은 아이와 함께 바깥 놀이를 한다.			
	21	나는 놀이를 통해 아이의 지적 호기심을 자극한다.			
	22	나는 집 밖에서 나이와 놀이를 주기적으로 함께 한다.			
성장 역량	23	나는 아이의 발달 수준에 적합한 다양한 놀이를 제공아기 위해 자료를 찾는 등 실제로 노력한다.			
	24	나는 시간이 없어도 아이와 놀아 주는 것에 우선 순위를 둔다.			

* 출처: 장혜진, 이정림, 윤은주, 김해인(2013). 영유아 행복을 위한 부모역량 제고 방안 연구. 육아정책연구소.

참고문헌

- 강현식(2016). 아빠 효과. 도래할 책.
- 권오진(2005). 아빠의 놀이 혁명. 웅진지식하우스
- 김영훈(2009). 엄마가 모르는 아빠 효과. 베가북스.
- 김현경(2015). 7가지 인간행복사용설명서. M&K.
- 로스 D. 파크(2012). 아버지만이 줄 수 있는 것이 따로 있다. 샘터사.
- 리처드 플레처(2012). 0-3세, 아빠 육아가 미래를 결정한다. 글담출판.
- 문재현(2016). 젊은 부모를 위한 백만 년의 육아 슬기(p. 231.). 살림터.
- 박찬옥 · 구수연 · 이옥임(2010). 영아-교사 상호작용의 이론과 실제. 정민사.
- 보건복지부(2014). 놀이를 통해 배워요. (재)한국보육진흥원.
- 보건복지부(2013). 0~2세 제3차 어린이집 표준보육과정 교사용 해설서.
- 보건복지부(2013). 어린이집 표준보육과정에 기초한 영아보육프로그램 0세.
- 보건복지부(2013). 어린이집 표준보육과정에 기초한 영아보육프로그램 1세.
- 보건복지부(2013). 어린이집 표준보육과정에 기초한 영아보육프로그램 2세.
- 보건복지부(2013). 어린이집 표준보육과정에 기초한 영아보육프로그램 운영의 이해.
- 보건복지부(2016). 어린이집 평가인증 안내.
- 서민, 강병철(2016). 서민과 닥터 강이 똑똑한 처방전을 드립니다. 알마.
- 서정숙 · 김언경 · 안은희 · 최현주 · 최소린(2016). 그림책 읽어 주기의 실제. 창지사.
- 야마다 마사토(2014). 아빠는 육아 휴직 중. 안테나.
- 오타 토시마사(2014). 내 아이를 위한 아빠의 3분육아. 한국경제신문.
- 이병용(2005). 장난감을 버려라 아이의 인생이 달라진다. 살림.
- 이보연(2011). 우리 아빠가 달라졌어요. 끌레마.
- 이상화 · 임희숙(2013). 하루 20분, 놀이의 힘. 조선앤북.
- 이영애(2013). 엄마도 놀이전문가. 마음상자.

• 이현수(2013). 하루 3시간 엄마 냄새. 김영사.
• 장혜진 · 이정림 · 윤은주 · 김혜인(2013). 영유아 행복을 위한 부모역량 제고 방안 연구. 육아정책연구소.
• 정윤경 · 김윤경(2014). 장난감 육아의 비밀. 예담Friend.
• 조하연(2016). 0~36개월 두뇌가 좋아지고 자존감이 커지는 말 걸기. 푸른육아.
• 중앙M&B 편집부(2010). 3세 아이에게 꼭 해줘야 할 49가지. 중앙M&B.
• 중앙M&B 편집부(2010). 4세 아이에게 꼭 해줘야 할 58가지. 중앙M&B.
• 편해문(2012). 아이들은 놀이가 밥이다. 소나무.
• 황경숙(2013). 그림책족보. 마음상자
• EBS 〈놀이의 반란〉 제작팀(2013). 놀이의 반란. 지식너머.

저자 소개

임미정(Lim mi-jeong)

세 자녀를 둔 엄마이다. 아이가 어릴 때 영아 놀이와 상호작용하는 것을 잘 몰라서, 육아가 벅차서, 바쁘다는 이유로 잘 놀아 주지 못해 때로는 장성한 자녀를 바라보며 미안한 마음이 앞서는 엄마이기도 하다.

저자는 1993년 어린이집을 개원한 이래 여러 가지 사정으로 가정 양육이 어려워 맡겨진 아이들을 위해 부모와 같은 역할을 해 왔다. 100일이 채 되지 않은 영아부터 만 2세까지 아이와 호흡하며 지낸 수많은 시간이 있었다. 처음 부모 품을 벗어나 어린이집에 오는 어린아이들에게 '긍정적 경험 환경을 마련해 주어야 한다.'는 신념은 부모님들의 무한한 사랑과 신뢰를 한몸에 받게 했다. 이러한 경험의 축적은 영아보육전문가로 인정받게 했으며, 대학에서 강의하는 기회도 주어졌다. 전문성 향상을 위한 지속적인 노력으로 창원대학교에서 교육학 박사학위를 받았으며, 2017년에는 보육유공자로 선정되어 대통령 표창을 받았다.

현재 슬기어린이집 원장, 한국영유아안전문화연구소 소장으로 활동하고 있으며, 이와 함께 경남육아종합지원센터 IP위원(정보제공위원)과 학습공동체인 경남영아보육연구회를 이끌고 있다.

저서로는 공저한 『0 · 1 · 2세아 영아보육프로그램』과 『SMART 재난 안전 가이드』가 있다.

E-mail : seulgi5547@hanmail.net

한 뼘만큼 놀아 주면 한 폭만큼 행복해요

내 아이랑 뭐하고 놀지?

(0세, 만 1세, 만 2세 영아 부모를 위한 육아 놀이 126)

2018년 3월 5일 1판 1쇄 발행
2019년 2월 19일 1판 2쇄 발행

지은이 • 임 미 정
펴낸이 • 김 진 환
펴낸곳 • ㈜ **학지사**

        04031 서울특별시 마포구 양화로 15길 20 마인드월드빌딩 5층

대표전화 • 02) 330-5114   팩스 • 02) 324-2345

등록번호 • 제313-2006-000265호

홈페이지 • http://www.hakjisa.co.kr
페이스북 • https://www.facebook.com/hakjisabook

ISBN 978-89-997-1488-7 03370

정가 20,000원

이 도서의 국립중앙도서관 출판시도서목록(CIP)은 서지정보유통지원시스템
홈페이지(http://seoji.nl.go.kr)와 국가자료공동목록시스템(http://www.nl.go.kr/kolisnet)
에서 이용하실 수 있습니다.
(CIP제어번호: CIP2018002774)

교육문화출판미디어그룹 **학지사**

학술논문서비스 **뉴논문** www.newnonmun.com
심리검사연구소 **인싸이트** www.inpsyt.co.kr
원격교육연수원 **카운피아** www.counpia.com
간호보건의학출판 **학지사메디컬** www.hakjisamd.co.kr